互惠经济

Putting Purpose Into Practice
The Economics of Mutuality

[英] 科林·迈耶（Colin Mayer）
[法] 布鲁诺·罗奇（Bruno Roche） 主编

彭相珍 译

中国出版集团
中译出版社

图书在版编目（CIP）数据

互惠经济 /（英）科林·迈耶,（法）布鲁诺·罗奇
主编；彭相珍译 . -- 北京：中译出版社, 2022.7
书名原文：Putting Purpose Into Practice：The Economics of Mutuality
ISBN 978-7-5001-7090-7

Ⅰ. ①互… Ⅱ. ①科… ②布… ③彭… Ⅲ. ①企业管理 Ⅳ. ① F272

中国版本图书馆 CIP 数据核字（2022）第 082722 号

PUTTING PURPOSE INTO PRACTICE: THE ECONOMICS OF MUTUALITY, FIRST EDITION © Oxford University Press 2021
PUTTING PURPOSE INTO PRACTICE: THE ECONOMICS OF MUTUALITY, FIRST EDITION was originally published in English in 2021. This translation is published by arrangement with Oxford University Press. China Translation & Publishing House is solely responsible for this translation from the original work and Oxford University Press shall have no liability for any errors, omissions or inaccuracies or ambiguities in such translation or for any losses caused by reliance thereon.
The simplified Chinese translation copyright © 2022 by China Translation and Publishing House.
ALL RIGHTS RESERVED

互惠经济
HUHUI JINGJI

主　　编	［英］科林·迈耶（Colin Mayer）　［法］布鲁诺·罗奇（Bruno Roche）
译　　者	彭相珍
策划编辑	于　宇　华楠楠　薛　宇
责任编辑	于　宇
文字编辑	华楠楠　薛　宇
出版发行	中译出版社
地　　址	北京市西城区新街口外大街 28 号普天德胜大厦主楼 4 层
电　　话	（010）68002494（编辑部）
邮　　编	100088
电子邮箱	book@ctph.com.cn
网　　址	http://www.ctph.com.cn
印　　刷	北京顶佳世纪印刷有限公司
经　　销	新华书店
规　　格	710 mm × 1000 mm　1/16
印　　张	27.75
字　　数	380 千字
版　　次	2022 年 7 月第 1 版
印　　次	2022 年 7 月第 1 次印刷

ISBN 978-7-5001-7090-7　　　　定价：89.00 元

版权所有　侵权必究
中 译 出 版 社

序 一

互惠经济：实现共同富裕的新思路

21世纪的第二个十年，中国发展进入了新阶段，党中央提出了要扎实推动共同富裕，并将其作为社会主义的本质要求，中国式现代化的重要特征。围绕如何实现共同富裕，中国社会各界进行了许多讨论，一定程度上也产生了不少误解。很多人担心共同富裕是不是意味着先富起来的一部分人的财富将会以某种方式上交给政府，再由政府分配给那些收入和财富相对较低的群体，这样会不会导致企业家的财富无法被正常传承，导致企业家和投资者积极性下降，经济运行效率下降，甚至运行不畅？

事实上，共同富裕是人类社会的美好愿景，如何实现共同富裕更是一个重大的世界性难题。本书为回答这个问题提供了一个崭新的视角。

我们先来回顾一下传统市场经济社会中共同富裕的实现路径。通常认为，传统的共同富裕的实现是两个过程的复合：第一，充满活力的企业家和各类生产要素（包括土地、资本、劳动力等）的所有者在参与经济活动的过程中获得自己的回报，效率最大化是该过程的主要目标；第二，由政府或者其他社会机构自愿或非自愿地对不同群体的财富和收入进行再分配，实现社会公平是该过程的主要目标。于是，这就出现了一个效率与公平此消彼长的两难问题：如果照顾效率，就意味着要减少再分配，往往使得全社会不同群体间的收入和财富的差距会被拉大；如果照顾公平，增加了再分配，往往会导致关键生产要素所有者的经济回报下降，其积极性受挫，全社会的效率损失，甚至陷入高福利陷阱。

效率与公平的两难问题是传统的市场经济社会的基本矛盾，在美国尤其突出。美国的市场经济模式在生产侧是相当高效的，我们不妨沿着马克·艾略特·扎克伯格（Mark Elliot Zuckerberg）的足迹来探讨这一模式。扎克伯格作为一个受过极好教育、年轻有为的社会精英，还没大学毕业就已经有了创业的想法，进而仅用不到十年的时间，凭借其发达的商业头脑和不懈努力，迅速跻身全球最富有者行列。在美国的社会模式下，下一步扎克伯格会做什么呢？若干年以后，扎克伯格可能会完全从企业退休，然后把公司通过股市转给社会公众，把自己变现的财富投向公益事业，这就是共同富裕的美国模式。该模式的优点是效率非常高，年轻有为的社会精英有巨大的动力进行创新、创业。但也存在两方面显著缺陷：第一，并不是每一个人都有扎克伯格这样高的境界，在取得成功后把财富捐献出来，所以财富高度集中始终是困扰美国社会的难题，近年来随着科技革命加快，新企业、新财富大量涌现，使得这一矛盾尤为突出；第二，在该模式中，有大量的年轻人按照"996"的方式辛勤工作，他们得到的回报相对于其付出并不一定是匹配的；第三，这种以利润为目标的公司在运行和扩张过程中往往罔顾公众的长远利益，事实上，扎克伯格的公司已经陷入了众多社会争议的漩涡。

讨论至此，互惠经济的想法便呼之欲出。互惠经济是什么呢？互惠经济的想法是要在经济的生产阶段就把共同富裕的目标考虑进去，而不是像扎克伯格的例子，先在生产的过程中追求效率、积累财富，然后再分配财富。互惠经济提倡，一个企业不应是完全以利润最大化为目标的经济体，一个企业从本质上讲应该是一个利益共同体，是包括企业的投资者、管理者、员工、顾客、上下游供应商，乃至整个社会在内的一个利益共同体，类似一个生态或者平台。企业所追求的目标也应该是所有利益相关者的福利最大化。

互惠经济这个概念听上去很美好，到底有没有成功的案例呢？我第一次接触到互惠经济的成功案例，是一家以生产巧克力等食品为主的美国家族企业——玛氏公司。玛氏家族已经经营了这家公司上百年，其产品遍布全世界，在市场上极具竞争力，但迄今为止，玛氏公司一直没有上市。公司里还有一条明确的规定，即公司挣得的全部利润不许分红，必须留在企业内进行再生产，或者用于进行其他的公益活动。互惠经济这个概念最早就是由玛氏公司的掌门人之一——斯蒂芬·巴杰（Stephen Badger）在2007年提出的。他的想法是，公司既不能以投资者为中心，也不能以管理者为中心，公司是一个利益共同体，是一个平台，各方的利益都要照顾到。按照互惠经济的原则，在一个经济体的生产过程中就已经考虑了整个社会的福利效应，实际上这已经贯彻了共同富裕的原则。以咖啡生产公司为例，在采购过程中，要考虑到咖农的利益，留给咖农足够的经济回报；在生产过程中，要考虑员工的利益，要给他们提供足够的假期、福利保障和教育培训机会；在销售过程中，要考虑顾客的利益，要保证产品是健康无害的。

也许就是互惠经济这个理念及其实践，玛氏家族至今仍然团结一心，大家不被财富所累，其乐融融，实属传奇！

我最早接触互惠经济的概念，是由本书的作者之一——布鲁诺·罗奇亲自介绍的，他在玛氏公司工作，向我介绍了玛氏公司的传奇发展。后来，我又在博鳌论坛见到了玛氏公司的掌门人，给我留下了深刻印象。在我自己的授课和研究中，我也经常引用玛氏公司的案例。

现今世界上还有很多其他公司已经走上了互惠经济的道路。比如德国的博世、贝塔斯曼，丹麦的马士基等，这些都是全球最知名的跨国公司，他们的创始人及其家族成员早已退出了公司的经营，把自己的股份转让给基金会，由公益的基金会来参与管理。因此，这类公司与扎克伯格的公司的行为表现是不太一样的，他们往往更能兼顾平衡的、多元化的目标，如环境保护、员工福利、客户利益、长期研发等。我之前研究过的德国市场经济模式就是建立在互惠经济的原则基础之上的。

本书是基于作者之前的研究而撰写的，与之前的研究相比，有两个重要的创新。第一，本书力图让互惠经济从经济学概念走向实际运用。例如，作者提出要为企业设计新的资产负债表，不仅考虑传统的金融资产负债，也要考虑社会资本的资产负债。第二，本书提供了大量的实际案例。除了玛氏公司的案例，这本书还提到了包括全球最大的办公室地毯生产商英特飞企业、英国著名的玛莎百货公司的案例，通过这些案例，让读者能够最直接地理解互惠经济的概念及互惠经济型企业的运行方式。

互惠经济这个概念运用到中国的经济中是否可行？我的观点是，总体上互惠经济这个概念在中国是可行的。比如，中国的华为公司在某些方面上已经在践行互惠经济的理念。华为并不追求投资者或创办人的金融回报，他追求的是包括研发创新、员工福利、上下游客户等在内的整个社会的利益。本书中提到的京东公司的案例也说明了互惠经济的概念在中国已经得到了逐步应用。

互惠经济要想在理论和实践中真正推广开来，我认为还需要加一个新的维度，这也许是本书强调不够的地方，那就是政府也是互惠经济的一个重要组成部分。在任何现代市场经济体中，政府是一个极为重要的利益相关者和经济活动的参与者。在多数发达国家，40%左右的 GDP 都是通过政府之"手"进行分配的。因此，互惠经济这一概念要想进一步推广，必须把政府的利益考虑进去，政府的利益不能简单地等同于社会福利最大化，其包括了维持经济增长、社会稳定、增加就业、扩大税收等方面。清华大学中国经济思想与实践研究院提出了政府与市场经济学的概念，把它作为一个重要的经济学新兴领域加以研究，还为此创办了国际学会，出版了学术期刊，也开发了相关的教材和研究生课程。政府与市场经济学认为，政府是在现代市场经济中一个极为重要的直接参与者，政府的行为和激励直接影响了市场经济的表现。为此，必须建立一套机制，激励政府培育与监管市场经济的发展，从而让政府的作用与市场的作用同向发力。因此，互惠经济的进一步研究和推广离不开政府与市场经济学。

总之，互惠经济是一个极其重要的概念，在实践中已经进行了很多有益探索，为我们实现共同富裕提出了一个新思路。如果能与政府与市场经济学进一步结合的话，互惠经济有望在理论和实践中得到进一步深化推广。

清华大学中国经济思想与实践研究院院长
李稻葵

序 二

互惠模式：迈向共同富裕的一种参考

在高质量发展中促进共同富裕，这是中国正在努力的新方向。

过去40年，中国在减贫方面已经取得了突出成就。按照世界银行每人每天1.9美元的贫困标准，中国的贫困发生率从1981年的88.1%下降到2018年的0.3%，贫困人数减少近8亿，占同期全球减贫人数的近75%。

但是，中国的贫富分化也在加剧。目前中国收入意义的基尼系数在0.47左右，财富意义的基尼系数更高。按照瑞信《2021年全球财富报告》，2020年中国财富基尼系数为0.704。"马太效应"十分明显。

作为社会主义国家，中国视共同富裕为社会主义的本质要求和中国式现代化的重要特征。显然，在"让一部分人、一部分地区先富起来"之后，如何先富带后富，迈向共同富裕，就成为更重要的时代主题。

按照政府的规划，要分阶段促进共同富裕。要鼓励勤劳、创新、致富，坚持在发展中保障和改善民生，为人民提高受教育程度、增强发展能力创造更加普惠公平的条件，畅通向上流动通道，给更多人创造致富机会，形成人人参与的发展环境。要正确处理效率和公平的关系，构建初次分配、再分配、三次分配协调配套的基础性制度安排，形成中间大、两头小的橄榄型分配结构。

在这一大背景下阅读本书，深感互惠模式可以作为迈向共同富裕的一种参考。

互惠模式强调企业的社会性宗旨，强调企业不能只是作为股东利益最大化的工具，而应该将自身置于一个更大的生态系统之中。在这个生态系统中，既包括股东、消费者、供应商、员工、零售与物流合作伙伴、社区、政府等，也包括所有社会成员。互惠模式考虑的不是在当下如何赚更多的钱，甚至不惜以压榨生态系统成员为代价，而是如何在长期赚到正确的、分配合理的钱，让整个生态健康可持续发展，实现整个生态的平衡和福祉最大化。

互惠模式天然带有悲悯之心，但又不是慈善公益，而是企业如何去撬动和利用社会的资源为过去经常被忽略的弱势群体、弱势区域提供建设性的机会，让他们创造出经济价值，在得到体面收入的同时获得成长与尊严。互惠模式的很多案例实践都体现了这种思想，即在原本贫穷落后的地方，通过和当地的社会资本结合，一边导入某种适应性的产品和服务，一边培养和提升人力资本，最终形成可循环的商业模式。

互惠模式的探索，与中国政府"为人民提高受教育程度、增强发展能力创造更加普惠公平的条件，形成人人参与的发展环境"的希望是非常一致的。互惠模式不是为了短期资本利益最大化而对社会资源进行攫取，或对社会成员进行排斥，而是采取包容性立场，将社会资源和社会成员作为创造长期福祉的基础。换句话说，互惠模式将社会发展与社会成员的成长纳入了企业理念、战略定位和实践探索。

过去几十年，全球企业在应对环境、社会挑战的实践中，探索了企业社会责任、社会企业、共益企业、影响力投资、创造共享价值等多种模式。和这些模式相比，互惠模式不是重起炉灶搞一套新东西，而是更多地立足于现有的企业的觉醒进行升华和转变，因此有着更广泛的企业基础。互惠模式在全球各地都有成功的探索（包括中国），也说明这一模式具有跨国界、跨文化的价值。

老子的《道德经》说："上善若水，水善利万物而不争""江河所以能为百谷之王者，以其善下之"。互惠模式也如水一样，因为有着根本也更长远的社会性宗旨，所以利万物而生生不息。

我希望，也相信，中国将会有更多企业走上互惠模式之路，把企业的发展和社会的发展更好地融为一体，推动商业文明进步和社会可持续健康发展。

人文财经观察家

秦朔朋友圈、中国商业文明研究中心发起人

秦朔

序 三

从1947年福雷斯特·玛氏（Forrest Mars）先生提出"互惠性"经营方式，明确了玛氏公司（Mars）的企业经营的社会性宗旨为：质量、责任、效率、自由、互惠；到2006年，其家族企业的接班人约翰·玛氏（John Mars）先生提出了，"对于玛氏而言，什么样的利润水平是正当的"这样直击灵魂的问题；再到玛氏智库与牛津大学的联合研究，让人思考企业存在的意义是什么。这既是玛氏公司的思考，也代表了这一历史时期企业对自身目标和意义的探寻。

从追求股东利益最大化，到关注利益相关方，再到提出企业的良性发展应该建立自己商业生态系统，玛氏还在商业生态系统的构建里充分考虑和设计了企业与政府、企业与社会组织等非企业方的关系，这大大超越了仅限于商业本身的利益相关方设计。

在努力探索推动商业向善的过程中，我们有幸与本书的作者之一——布鲁诺·罗奇先生结缘，并提前拜读本书。通读下来，同频共振、与我心有戚戚焉的激动心情难以言表。几年以来，我们的思考和我们的困惑，在本书中都已尽数表达。我们今天所讨论的企业的公益慈善、社会责任、ESG（环境、社会和公司治理）；企业慈善与企业本身利益的区隔；企业与社会、环境、治理之间的关系；企业与社会组织之间的关系；企业如何将互惠性内化上升到企业战略高度，但同时又注重与外部利益相关方的关系；从企业经营要注重利润，但以互惠性指导企业经营，最后回到互惠性并不损害企业利润的创造反而会促进利润的提升，本书观点鲜明且不避讳，恰恰是我们中国人所推崇的自利利他、利他和合。这也正与近几年来我们提出的商业向善是指"商业企业致力于解决社会和环境问题，开发与主营业务或服务相关联的项目，在取得创新性社会和环境影响力的同时，为公司创造财务和商业回报"高度契合。同时，在我们探讨可持续社会价值创新的当下，玛氏公司早已并一直在强调企业的社会性宗旨，令人佩服其互惠互利的经营理念。同时，本书也客观地说明，互惠性经营原则即使是在玛氏公司，也是在一定条件下进行实践并取得成功的，在其成为传统的、公认的准则之前，还有漫长的路要走。

在此，由衷地感谢本书两位主编和所有的作者、探索者。有幸读到本书令我茅塞顿开，希望本书的出版能让更多思考当下时代变局下企业使命的企业家、社会创新家，以及认同商业向善理念的各界人士有所获益。

中国社会企业与影响力投资论坛总裁
马翔宇

前　言

本书的创新之处，不仅在于传达互惠宗旨的重要性，以及如何从互惠经济的角度将互惠宗旨付诸实践，还在于采用了创新的方式，传递了这些至关重要的信息。互惠经济的概念，通过一家企业（玛氏公司）和一所大学（牛津大学）之间的合作得以体现。双方建立了一种多年的合作伙伴关系，本书得出的诸多结论，均以这种合作伙伴关系的研究成果为基础。

多年来，双方之间的合作伙伴范围，已经从一家公司和一所大学扩大到了多家不同的公司和多个知名的大学。因此，它也借鉴了全球范围内许多企业的经验，以及全球各地诸多学者和研究人员贡献的真知灼见。企业界和学术界之间深入而广泛的合作关系，为我们提供了一个异常丰富的信息、数据和知识来源。

本书内容的呈现方式也有别常规，既要传达一个连贯一致的信息，又要吸收参与互惠经济计划的诸多公司和人员的经验、见解。因此，本书由两位编者共同编撰，但同时由多位研究人员执笔书写。各位作者都是各自研究领域的顶尖专家，他们对内容的贡献使本书精彩而专业。然而，本书并非由内容相关但各自为政的论述组成的传统文集，它旨在传递同一个声音，即对企业改革的迫切呼吁。

首先要感谢项目的所有参与者提供的建设性成果，以及他们在本书编辑过程中的积极回应，确保了本书的连贯性和一致性。在此感谢玛氏公司、牛津大学,以及许多其他公司和大学的所有项目参与者,在本书构思和行文的过程中,他们提供了大量的支持和协助。

如果没有卡罗莱·斯科特·梅普莱斯(Caroline Scotter Mainprize)、弗洛伊德通信公司(Freud Communications)的本·杰克逊(Ben Jackson)、牛津大学的凯特·罗尔(Kate Roll)以及玛氏智库(Mars Catalyst)的杰伊·雅各布(Jay Jakub)和弗朗西斯科·科达罗(Francesco Cordaro)提供的巨大支持,我们也无法取得这样的成果。感谢玛氏公司对赛德商学院为期6年的商业互助研究项目的资助,这个项目是本书探讨的研究结果的基础。我们非常感谢来自牛津大学、玛氏公司以及世界上许多其他大学和机构的研究人员,他们撰写了本书第一部分的各章内容。我们也非常感谢阿拉斯泰尔·科林-琼斯(Alastair Colin-Jones)、贾斯汀·艾斯塔尔·埃里斯(Justine Esta Ellis)、艾达·哈哈茨克(Aida Hadzic)、弗朗索瓦·劳伦(François Laurent)、苏哈尔·罗摩·墨菲(Sudhir Rama Murthy)、海伦·坎贝尔·皮克福德(Helen Campbell Pickford)、亚辛·埃尔·卡茨奇(Yassine El Ouarzazi)、朱迪斯·C.斯托尔赫(Judith C. Stroehle)以及参与本书第二部分案例研究的14家公司,在编写过程中给予的巨大帮助。最后,我们要感谢牛津大学出版社的亚当·斯沃洛(Adam Swallow),以及图书提案的两位匿名审稿人。

本书绪论部分介绍互惠经济主题并总结全书内容。第一部分描述了将互惠的宗旨付诸实践的不同组成部分,它们与基本的商业概念有关,被称为"互惠的经济"。第二部分提供了一组案例研究,分析了全球各地不同行业的公司。这些公司处于不同的发展阶段,但都已经成功地将企业的互惠宗旨付诸实践。这些案例也揭示了企业在多大程度上采纳了本书提出的互惠性经济的观点。结论部分总结并讨论了将互惠的目标付诸实践所需的其他方面的改革。

科林·迈耶（Colin Mayer）

布鲁诺·罗奇（Bruno Roche）

2019 年 12 月 31 日

目 录

第一部分 绪论

第一章 引 言 003

第二章 综 述 024

第二部分 何为互惠经济

第三章 社会繁荣、互惠和经济发展 043

第四章 互惠性的定义 055

第五章 互惠经济的根基 069

第六章 互惠性与负责任企业的概念 088

第七章 致力于互惠的生态系统协同 100

第八章 企业目标的履行：商业生态系统协同的实践 116

第九章 创建跨行业的合作伙伴关系 133

第十章 非财务形式资本的衡量 145

第十一章 构建社会资本 159

第十二章 作为人力资本的工作幸福感 168

第十三章 自然资本的核算 179

第十四章 执行互惠损益表 193

第十五章　互惠利益对商业行为的影响　205

第十六章　互惠性和小额股权信贷的无限潜力　218

第十七章　互惠性对所有权的影响　229

第十八章　大型投资基金的影响　240

第十九章　非政府组织行动主义的影响　255

第三部分　互惠经济经典案例

第二十章　法国贝勒集团：利用非正式分销网络的力量　269

第二十一章　英国玛莎百货：提高供应链的可持续性　280

第二十二章　Sabka牙科诊所：实现可负担的牙科护理的规模化　291

第二十三章　添柏岚公司和小农户联盟：在海地创建一个数据驱动的小农棉花供应链　297

第二十四章　戴尔公司：可持续供应链的商业案例　307

第二十五章　英特飞公司：将环境问题转化为商业机会　319

第二十六章　苏威化工集团：识别和规划可持续商业战略的工具　328

第二十七章　苏黎世基金会：在洪灾多发地区建立有效保险的案例　336

第二十八章　非凡巧克力公司：通过共同所有权，在可可行业创造可持续价值　343

第二十九章　蒙德拉贡联合公司：通过合作性战略保持公司的复原力　351

第三十章　京东电商平台：利用电商平台助力中国农村贫困地区脱贫　359

第三十一章　凯特·丝蓓公司：将社会目标整合到核心业务运营中　366

第三十二章　马恒达首选公司：协调二手车生态系统　374

第三十三章　诺和诺德公司：以生态系统的方法预防糖尿病　384

结　论　393

本书作者列表（第二部分）　399

本书作者列表（第三部分）　409

参考书目和拓展阅读　411

第一部分
绪 论

第一章
引 言*

一、追求正当的利润水平

本书主要探讨的是"宗旨",或者说"社会性宗旨"的实现,即任何企业或个人的最高形式的愿望的实现。

当今全球化的世界,所面临的真正挑战并非自由主义和保护主义之争,或全球化和民族主义的对立,而是企业或个人是否实现了社会性宗旨,是否履行了社会责任。

导致各个国家和全球社会分崩离析的因素,即繁荣的城市与贫困的农村地区、掌握了技术的精英阶层和受教育程度较低的阶层、富有的金融资产所有者和工薪阶层之间的鸿沟与对立,其根源都在于现行的经济模式(芝加哥经济学派的模式),这种模式的概念存在本质的错误,随着时间的推移,这种错误变得根深蒂固。稀缺性的本质已经发生了变化,从金融资本的稀缺,彻底转变为其他形式的资本稀缺,而我们的经济模式却没有与之适应,这使得芝加哥经济学派推崇的理论最大化的方法变得日益丧失效率和效果,且对价

---

* 本文作者是科林·迈耶、布鲁诺·罗奇。

值创造造成了与日俱增的破坏。

当今，全球化的主要参与者不再是民族国家，而是越来越多的跨国公司和大型的国际非政府组织（INGO），它们的权力和影响力与日俱增，并已经具备了重塑全球议程的能力（如果它们愿意的话），但它们依然缺乏政治层面的合法性。然而，这种权力和影响力也为跨国公司提供了一个特殊的责任和机会，使其能够引导企业转变为可信赖的正面力量，通过与政府合作，为其经营业务的全新全球环境调整监管体制。

新出现的鸿沟与对立过于强大，而共同推动这些挑战出现的经济模式和经济行为者也变得过于失常，导致传统的慈善项目或企业社会责任（CSR）等倡议，以及传统意义上作为企业社会责任补充成分的慈善事业已经无法弥补鸿沟。因此，企业需要在企业的社会性宗旨方面进行深刻的改革，将企业的有效边界拓展到法律边界之外，重新定义价值创造的流程，使其不再只是为股东创造金融资本，并最终推动全球利润构建模式的变革。只有这样，经济学家、学者、商业从业者、监管者和政策制定者才会具备所需的工具和动力，承担起各自的责任并抓住机会，在新的宏观经济和微观经济范式的背景下，能够传播和实际执行所需的变革。

最成功的企业往往会选择高于自身利益的社会性宗旨，并将其作为发展的动力。这个社会性宗旨要求企业在致力于为利益相关方创造最大化利润的同时，强调互惠发展的义务；这个社会性宗旨也将转变企业的表现，使其有利于全人类、全世界和全体股东的利润（按重要性排序），换句话说，它要求企业将单纯的商业模式转换为互惠的模式。

当今企业面临的问题并非缺乏社会性宗旨，而是如何履行其社会性宗旨。当今时代的以下特征，使得企业社会性宗旨的履行变得极其重要。

第一章 引 言

- 大多数跨国公司阐明和宣传的社会性宗旨都高于纯粹的利润最大化需求，实际却未能履行其社会性宗旨。
- 社会性宗旨与运营之间的差距日益扩大——这是一种危险的、潜在的破坏性现象，可能导致公众对企业的社会性宗旨进行批判，讽刺性地将其称为"可持续发展的庞氏骗局"，即企业对可持续发展的做法抱有幻想，但缺乏真正实现可持续发展的能力。
- 社会对企业和企业管理者的信任日渐减弱。

这并非什么远在天边的抽象问题，而是真实的、活生生的冲突，是每一个负责任的商业、金融和学术界的领头人当前必须面对的现状。这也是现代经济学和管理学需要着力解决的核心问题，即如何在一个快速增长的、混乱不堪的世界中，为企业社会性宗旨而战——企业不仅要制定一个社会性宗旨，还需要在企业内部的各个层面上确保该社会性宗旨的实现，尤其是在大环境存在重重困难的情况下。以下就是互惠经济的目标。

- 通过重新定义企业商业生态系统的边界，更完整地定义企业的业绩、价值创造过程以及构建超越了财务利润的企业利润新定义，将企业的社会性宗旨付诸实践。
- 激励企业，利用经过市场检验的手段，获取未开发的资源，并以兼顾人类、生态和利润的方式，全面提升企业的业绩。
- 确定企业和金融行业如何恢复其在社会和生态中的积极作用。

商业的发展经历了一些周期性的革命：从股份公司的出现，到有限责任公司，到企业控制的市场，再到精益生产和准时制管理体系等，这些变革不仅影响了企业和商业部门，还影响了客户、雇员、投资者、经济、社会和整体的环境，并对全人类的生活、福祉产生了深刻的影响。

我们当前正在经历的变革时期，其特征是存在两种同时发挥作用的力量。第一种是技术，所谓的第四次工业革命正在从根本上转变工作、消费、生活和发展的方式。技术为我们提供了沟通、社交、思考、生产和分配的新手段，它正在以全新的方式将人类彼此、人类与信息和知识联系起来，这些方式在数年前是无法想象的。第二种发挥作用的力量，恰好是本书论述的核心主题，即商业本身的性质。随着当今世界深刻而迅速的变化，企业的性质也必须迅速转变，以确保企业自身不会与不断发展变革的社会脱节。在过去的60年中，社会兴起了一种特殊的商业观点，并随后占据主导地位，它塑造了企业开展运营活动的范式。这种观点已经被广泛地接受，并被视为优秀企业在经营时必须遵守的唯一成功范式。它确实推动了中产阶级在全球范围内的兴起，在一个经历了人口翻倍、饥荒、瘟疫、战争、第四次工业革命以及跨国公司崛起的世界中，成功地使数亿人脱离了贫困，就这些成就而言，它的确是一个成功的范式。

然而，取得这种成功并非没有付出代价，代价包括但不限于：极度不平衡的价值分配；金融资本所有者和受过高等教育的劳动者从中受益，对应的则是受教育程度较低的人群受到损害；对自然资源的消耗达到了空前的程度，并仍在加剧——人类目前消耗环境资源的速度是地球生态系统再生速度的1.7倍；社会对企业和政府的不信任程度加深。所有这些都令人十分担忧。

在这种大背景下，2008年的经济危机敲响了警钟，社会和经济的支柱产业开始动摇。这一场经济危机也被视为一个里程碑事件，开始凸显出无情地追求利润最大化的过度行为及其后果——不平等的扩大、公众不信任的加剧和环境的恶化。金融资本主义和无节制的全球化形成的结果，正日益被排他主义、民粹主义、民族主义和保护主义所扼杀，而对他人的恐惧、第四次工业革命带来的工作方式演变、中产阶级的衰落以及对生态环境的威胁，则助长了这些因素的发展。

尽管有大量的论文、书籍、会议、论坛、峰会以及联合国可持续发展目标、世界经济论坛等倡议，还有包容性资本主义、创造共享价值、有觉悟的资本主义和超越利润的社会性宗旨等运动，但现状依然没有得到改善。同样的，一系列提倡负责任企业的想法遭遇的现状也一如过往，正如老话说的那样，如果说"通往地狱的道路，是由良好的愿望铺就的"，那么负责任的企业就有可能成为诅咒的源头。然而，在过去的几年中，人们越来越认识到企业需要改变。人们探讨的问题不再是企业是否应该改革，或为什么改革，而是如何改革，以及如何立刻开始改革。为此，企业到底应该如何变革以满足21世纪的要求？这正是本书所要回答的问题。

本书试图拨开对变革的一般性劝告、美化性描述和良好意图的重重迷雾，切实地描述企业变革应该如何发生，以及企业如何能够自主实现这一目标。本书讲述了一些最开放、最成功的企业是如何努力实现变革的，以及它们在变革中获得了什么经验。能否取得变革的成功，不在于企业是否具备良好的意图，而是关乎其愿景和行动。在21世纪，企业能够且应该如何调整，使其具备做好事的能力，不一定是为了有价值的或更崇高的事业，而是因为企业本身就是一个对社会有益的存在。本书还将探讨哪些变革是有效的，哪些是无效的，以及造成这些结果的背后原因。

因此本书还包含了"如何做"的内容，但并没有止步于此。本书论述的探索，主要基于玛氏智库的一项广泛的研究计划。这个机构，是玛氏公司内部成立的智囊团，作为玛氏公司资助的研究计划的一部分，它自2007年以来一直与几所大学合作，包括牛津大学的赛德商学院。

这项研究计划在企业的性质、社会性宗旨、价值创造过程以及最重要的企业如何以互惠的方式促进经济、环境和社会福利的发展等方面，提出了深刻的见解。本书阐述了这项研究计划的贡献，以及它在实践中提出的深刻见解，即企业可以采取哪些做法确保其行动对企业自身、企业服务的社会以及企业经营的环境产生互惠互利的效果。

我们将介绍本书论述的背景，即商业领域中信任的丧失。造成这个结果的原因包括：传统商业范式的失败；基于互惠经济的新范式的性质，以及它的不同组成部分。我们试图用概念性想法与大量案例研究的实际证据相结合的方式来进行描述。

二、民众对企业的信任度

目前的商业状况是矛盾的，即便按照大多数的评价标准来看，当前的商业呈现一片繁荣的景象。在本书撰写期间，世界上许多地区仍保持着高经济增长率、低失业率和适度的膨胀率。按照传统的经济衡量标准和从各个方面来看，都可以称之为商业的鼎盛时期。此外，技术进步为企业提供了前所未有的机会，使其可以在无数领域改善人们的生活，包括通信、计算机、能源、食品、医药和运输等，这些仅是少数具有代表性的领域。

然而，尽管取得了罕见的成功和拥有了前所未见的机遇，企业在社会中的地位却前所未有的低。例如，爱德曼信任晴雨表（Edelman Trust Barometer，由公共关系公司爱德曼设计的一个检测工具，已经有19年的历史，主要用于检测和记录全球范围内的重大舆论变化）的最新数据，显示了一个令人震惊，但在全球范围内趋同的模式:"只有五分之一的人认为,商业系统在为他们工作;近一半的人认为,商业系统让他们失望。"知情的公众(代表受过高等教育的人)和其他人群之间,对商业、政府、非政府组织和媒体的信任度的差距越来越大。然而,尽管现状暗淡,2019 年的晴雨表也重点指出,公众正在期待商业领袖引领和促进企业进行所需的变革。

在过去的 35 年里,市场研究公司 IPOS-Mori 每年都会对英国的 1 000 人进行调查,调查他们认为哪些领域的专家会说真话。2018 年的调查记录显示,商业领袖的排名接近末位——仅高于房地产经纪人、职业足球运动员、媒体从业者和政治家。随机受访者对商业领袖的信任度低于政府官员和街上随机遇到的陌生人。民众对企业的不信任几乎是根深蒂固、普遍存在且长期持续的。

(一)到底哪里出了错?

在《繁荣:更好的商业成就更伟大的事业》(*Prosperity: Better Business Makes the Great Good*,2018 年)一书中,科林·迈耶描述了商业在过去的 60 年里,如何从根本上转移了其经营重点。自企业根据罗马法创建以来,在其两千年的发展历史中,几乎所有的企业都是为了履行公共职责,如收税和铸造硬币,它同时结合了公共职能和商业功能。米尔顿·弗里德曼(Milton Friedman)首次提出"企业的社会目的有且只有一个……在不违反游戏规则的前提下,尽可能地追求利润的增长"的理论以来,在过去短短 60 年间,利润才成为企业的唯一目标。

20 世纪上半叶,由于股票市场上的上市公司股权日益分散,导致所有权和控制权分离,人们对企业管理层缺乏责任感问题的担忧日益加剧,并导致了公众对商业领袖信任感的丧失。作为回应,企业对市场的控制权首先以敌意收购的形式出现,最近则通过对冲基金的积极行动体现,这导致了企业的董事会越来越专注于追逐利润。

（二）互惠经济

在《互惠资本主义——从治愈商业到治愈世界》(Completing Capitalism—Heal Business to Heal the World, 2017年）一书中，布鲁诺·罗奇和杰伊·雅各布描述了商业运作的环境在过去60年里如何发生了根本性的变化，并重点强调经济/商业模式需要调整。作者认为，经济学关乎稀缺性的管理，而自从50年前金融资本主义出现并成为商业运作的主导模式以来，稀缺性的性质已经发生了变化，曾经稀缺的东西（金钱）变得过剩，曾经富余的东西（自然资源和与工作岗位相匹配的人才）正在日益减少。在这样的背景下，这种模式变得多余，因为世界已经发生了变化，但这种经济的主导模式继续提供一种过剩的价值形式，并在很大程度上忽略了不足的东西。

在商业领域，正如那句老话说的："只有能够被衡量的东西，才能被管理。"在金融资本主义模式下，企业只能衡量和管理单一形式的资本——货币，而非其他多种形式的资本，如社会、人力和自然等资本。这些其他类型的"资本"具备相当大的价值，但它们的价值并没有以传统的货币术语来表达，导致那些没有考虑到这种形式价值的企业对此类抽象资本的利用不足。罗奇和雅各布（2017年）展示了企业如何通过调动其掌握的更多价值为社会和自然创造更大价值的方法。通过这种模式获得利润，要比单纯追求利润最大化得到的利润更多。

在二者合著的《互惠资本主义——从治愈商业到治愈世界》一书中，罗奇和雅各布阐述了互惠经济的愿景、背景、目标、根源、原则和理念。他们将其定位为一种管理创新，旨在使企业在恢复其对社会和环境的积极影响的同时，获得超额收益，并强调商业领袖和商学院有义务、有机会以及最重要的是，有责任带头重塑企业的角色。他们描述了互惠经济的方法论的核心内容：生态系统的建立和规划（确定企业在其社会性宗旨方面的有效边界和相关边界）、痛点的确定（确定产生影响的机会）、创新的管理实践（实现上述机会）、创新的指标和绩效测量，以及新的利润构建模式的最终确定——即一荣俱荣、一损俱损的概念（帮助企业评估正当的利润水平，从而使企业的社会性宗旨和实践保持一致）。这本书还着重介绍了互惠经济在实际运营中的应用。

本书阐述了这样一个简单而有力的观点：世界上许多最紧迫的社会和环境问题，都可以通过商业手段解决，即利用综合商业模式方法，推动积极的社会和环境影响，同时为企业本身提供强大的财务收益，并描述了企业在实践中如何执行互惠经济的理念，以及如何从历史实践中吸取经验和教训。

我们将在后续章节中，进一步介绍互惠经济方法的核心要素，以及企业以不同形式实施互惠经济的15个案例。通过对案例的分析，论证了互惠经济可以在多样化的企业和经济领域中实施的可能性。本书还讨论了互惠经济在扩展企业边界、包容物质和金融资本以外的资本方面的表现，包括人力、社会和自然等资本。

（三）企业的终极目标并非利润

追求利润本身并没有错，恰恰相反，利润是企业的命脉，是企业维持运营的前提，它为企业提供资源，以支持企业在发展、投资和研究方面的资金投入。正如格莱珉银行（Grameen Bank，又称官方乡村银行。因为在孟加拉语中，"格莱珉"意为乡村的，所以也有人称其为"孟加拉乡村银行"）的创始人穆罕默德·尤努斯（Muhammed Yunus）曾经说过的那样，作为慈善资金的1美元只有一次生命，而作为商业资金的1美元（通过利润再投资于企业）可以拥有多次生命，甚至是无限的生命。

正如《繁荣：更好的商业成就更伟大的事业》一书所写的那样，问题并不在于利润本身，而在于企业以牺牲其他利益相关者的利益为代价，追求利润最大化的实现，以及认为利润是企业的全部和终极以及唯一的目标。但利润不应该是企业的唯一目标，企业的目标应该是"为人类和生态的问题提供可行的解决方案，而不是通过给人类和生态制造问题的方式获取利润"。在这个过程中，企业当然能够获取利润，但利润本身并不是企业的目标，企业也不应该为了获取利润而给人类和生态带来问题。

每一个成功企业的经营者都明白这个事实，他们要做的是认识到公众对企业的信任，以及企业值得信赖的品质在对其社会性宗旨的承诺方面的重要性。他们对企业社会性宗旨以及对那些为创造共同利益而做出贡献的人做出承诺。反过来，这些人也将致力于实现企业的共同宗旨。

正是这个做法，在企业和企业的不同当事方——其利益相关者之间创造了相互信任的关系，同时也为企业和其利益相关者创造了利益。它给企业带来了更忠诚的客户、更投入的员工、更可靠的供应商，以及更愿意提供支持的股东和社会。通过提升收入和降低成本的方法实际上为企业创造了更多利润。

这就是互惠互利的本质——为企业提供更高的利润，通过为客户、员工、供应商、债权人、股东和社区提供福祉，创造社会价值，这也是互惠经济的基础[1]。

（四）企业的有效边界并非法律边界

在一个日益全球化、复杂化和相互关联的世界中，企业管理者认识到，他们不能再仅仅依靠企业自身资源和经营理念保持竞争力。尤其是他们已经看到，创新可以来自任何地方，并且往往来自

第一章 引言

公司的直线价值链之外的领域。

在这种情况下,现代企业不仅需要在企业内部建立信任,还需要在其所处的社会中建立信任,并与其所处的生态环境实现协同。信任意味着联系、认可和支持人类共同的互惠性宗旨,所有参与者都为之努力,并从目标的实现中受益,从而为社会凝聚力提供经济层面的支持。在这种情况下,企业目标的重点必须转变——从企业仅仅作为资本市场的工具(作为一种能够被交易、购买和出售的商品)转向将企业视为伙伴关系的理念。在这个伙伴关系社区中,每个利益相关者(包括地球)都相互关联且相互影响。企业的生态系统必须扩大,超越企业的法律边界并与企业的有效边界(取决于其社会性宗旨)保持一致,以涵盖所有的利益相关者。简而言之,包含互惠性。

互惠关系的概念在商业领域中并不新鲜,其本身也不是一个特别新颖的创意。然而,互惠经济与其他负责任企业相关的类似理念的不同点在于,互惠经济对企业构成的理解以及(也许是最重要的)它在确定企业的有效边界方面与众不同。此外,互惠经济还运用了一套简单、稳定和可操作的指标,来衡量企业的非财务业绩,并利用管理和会计的力量,将互惠性变成企业的核心务实方法。

根据企业的传统定义,企业包括一些资产,如建筑物、厂房、机器以及土地,它对这些资产拥有控制权。然后,企业与客户、供应商、分销商、雇员和投资者等各方签订合同,将他们与企业的资产联系在一起。就这个层面而言,产权和合同共同确定了企业的边界。所有不属于企业或与企业签订了合同的对象,均被视为企业的外部因素。它们给企业带来了利益或成本,但企业并不会因此而获得奖赏,或被收取相应的成本。因为对于企业而言,它们是外部因素,在市场未能对企业进行奖励或惩罚时,这些外部因素就会造成资源的错配。

然而，这种传统的合同关系的观点，是对企业的一种误导性理解。首先，正如人们已经普遍承认的那样，合同自身存在很大的局限性，它们顶多只反映了与企业互动关系的部分因素。其次，合同在很多情况下是不可行的，例如，企业与未来的子孙后代签订合同的可行性很低，因为他们可能尚未出生，但却需要承担企业活动带来的严重后果，尤其是生态环境方面的后果。最严重的是，合同关系没有认识到，大多数关系根本不是基于合同，而是基于信任。即一方相信，哪怕不存在合同关系，另一方也会尊重他们的利益。这种信念来自对另一方的信任评估。

商业的意义，在于建立信任关系，而信任的价值却远远超出了企业的边界。在信任关系领域，产权和合同的概念不过是一种幻觉。

互惠经济研究的内容，就是如何在传统商业不允许企业涉足的领域里创造一种互惠的信任和信赖关系，并借此推动创造性商业形式的产生。企业不再为了做好事而做好事，也不再为了他人的利益而做好事，而是因为这样做，能够让企业自身成为更优秀的企业。这是一种全新的商业理念，能够帮助企业挖掘未开发的资源，调动隐藏的能力，创造市场和发掘企业未能认识到的其他可行活动。

一旦企业能够从这些方面进行考虑，通过建立互惠的信任关系来扩展企业的边界，那么以前无法想象的商业机会就会出现。企业的经营目标变成了解决人类和生态问题的目标，因为人类和地球为企业提供了可利用的机会，使企业、人类和地球都能从中受益。

而本书探讨的核心内容，正是这种能够将一些最相关的外部因素内部化的概念，即"互惠经济"，我们将在接下来的章节中，对此进行详述。本书将从原则上和实践上，描述企业如何创造这些互惠互利的机会。

将企业的社会性宗旨而非自身的利益放在最核心的位置上，意味着我们可以转变整个商业生态系统的设计，使其有利于社区的整体福祉,同时帮助企业利用多种形式的资本,如财力、人力、社会和自然等资本,使所有人的利益倍增。要做到这一点,企业需要超越传统的定位战略,采用全新的方法,将更全面的视角带到塑造商业生态系统的战略中。

因此,实施互惠经济的出发点,是将互惠原则与企业作为更大的商业生态系统的构成部分这一事实结合起来,企业对个人、社区和资源负有责任,这将有助于提高企业自身的业绩。

三、我们需要新的管理指标,以衡量非财务资本的业绩

在传统的商业中,企业通过管理可衡量的资本以及良好的管理,取得预期的良好业绩。但目前存在的问题是,企业往往只衡量金融资本,而且只衡量自身的业绩(忽略了其所处的生态系统中其他企业的业绩)。整体而言,企业对其财务业绩管理得非常好,但在其他方面却显得力不从心。尽管企业通常对测量以及管理非金融资本缺乏兴趣,但其活动一直在积极地创造或破坏这些非金融资本。

然而,真正的问题并非企业对业绩衡量的过分关注,而是企业过度痴迷于对短期内金融资本的衡量,而忽略了非金融形式资本的价值,但如果抛开这些价值,企业将无法有效地运作。

因此,互惠经济提出的非财务指标,不是为企业业绩的衡量提供新的指标,也不是致力于利用非金融资本的衡量来解决可持续性问题,尽管它的确可以用来解决这些问题。

首先,我们将互惠经济的衡量标准设计成简单、实用、稳定和可操作的工具,供企业管理其业绩。它们与常规的财务指标相似,但旨在推动管理实践和决策对人类、生态和企业利润产生积极的影响。换句话说,企业要想有意识地成为社会中一股向善的力量,就需要配备相应的衡量标准、管理实践和激励措施,以推动企业行为

朝着这个目标发展。但如果企业不扩大其衡量和管理的核心内容，它将永远不会真正地改变自己的行为。

四、我们需要互惠的管理会计

互惠经济的最后一个核心要素是互惠损益（P&L），通过使用现有的会计工具，整合非财务指标和新的实践，推动企业在其核心业务领域实现人员、生态和利润绩效的有效管理。

互惠损益是针对企业账户损益管理的补充，供企业内部使用，改变企业传统的财务损益表述，将企业的各业务单位对选定的人力、社会和环境资本问题的影响纳入衡量范围。在非金融资本核算方面，存在很多挑战，这是因为在很大程度上，自然、人类和社会资本是无价的，因为它们不能被任意地赋予对应的货币价值。另一个挑战是，这些非金融资本对企业来说是外部因素，它们是共享的资源，并不像建筑物或机器那样是属于特定企业的内部因素。因此，通过将这些非金融资本转化为具有金融价值的有形资产，然后将其纳入企业损益表的可能性不大。然而，通过互惠经济的衡量方法，我们有可能做到这一点。

- 避免将非金融资本与金融资本相提并论（例如，给人力、社会等资本赋予货币价值），避免将一种资本任意地置于其他资本之上。
- 赋权企业，使其可以针对每一种资本予以相应形式的报酬（例如，以金融资本回报金融资本，以自然资本回报自然资本等）。
- 对非金融资本维护和增长的相应成本进行核算，将此类成本体现在损益表中。
- 据此计算出一个单一的成本底线，包括企业在其经营的生态系统中,最相关的利益相关者所创造和破坏以及可以利用的全部金融和非金融形式的价值。

这就要求企业在损益表中区分下面两类活动。

区分外部资本耗损:企业应该扩大经营损益内容,以反映更换耗损资本的成本。得益于这一调整,初期的互惠利润将低于传统的经营利润,但任何可衡量的改善(即减少外部资本消耗)都将通过指标(如上所述)进行监测,与此同时,互惠损益也将得到逐年改善,借此鼓励企业为实现商业模式的持久性去做正确的事情。

区分外部资本创造:改变运营损益的表述,将企业干预活动的相关成本(预算、人员成本等)作为投资,而不是运营费用,并将这些成本从共同的损益表中删除,其效果类似于现有的会计惯例对内部研发、信息技术 IT 成本的资本化或重组的处理,即将它们视为一次性成本的"线下项目"。得益于这一调整,互惠利润将高于传统经营利润。这种修改后的损益表,有助于缓解企业在业务层面上的预算紧张,并避免这种预算紧张影响到短期成本高但长期影响巨大的互惠性战略举措的制定和实施。

上述损益表的修改,可以显示为账户损益表管理中的一个简单的重新分类,其方式类似于企业传统意义上对非营业成本的处理。这是一个简单、务实的步骤,旨在将非财务指标纳入管理账户中,促进多种资本形式的决策和绩效管理为企业提供一种替代的利润构建模式,而不是纯粹地追求财务利润最大化,同时消除在实现损益和对人类、社会、自然资本问题的长期负责之间,必须进行权衡的矛盾。这也使得企业有可能相应地调整激励制度和红利,从而开始做正确的事情,使企业的社会性宗旨与企业对员工和股东的回报相一致,最终将可变的薪酬激励从财务利益转向共同利益。

值得注意的是,互惠经济的意义远远超出了微观层面上的商业理论和实践，其在解决经济和企业绩效方面可给人们带来宏观的经济思考。

将企业的边界扩大到常规范围之外的意义在于，它使得各方有能力参与他们以前被排除在外的经济活动。这种排斥并不仅仅源于宏观经济学对总需求和货币供应量的过分关注，而是源自个体和组织实现其生产供应的能力。

商业生态系统图谱中确定的痛点，不仅是消费者在满足其消费需求方面的挑战，而且还体现了员工、供应商、社区和环境在提供商品和服务方面所存在的问题，它们的提供能力受限于获得知识、培训、技能以及资金和物质投入等因素，因为它们从现行的商业安排中无法获得这些资源，但其他企业恰恰有能力提供这些东西，前提是后者意识到它们有这样的潜在能力。

它们在供应方面受到的限制，反映了凯恩斯经济学的需求限制。这些限制不是源自个别代理机构的能力，而是多方之间系统协调和合作的体现。没有哪个单独行动的代理机构能够在没有其他人的帮助下实现所需的供应，为此，我们有必要协调不同参与方的贡献，确保集体目标的实现。

因此，企业在建设生态系统方面的干预，不仅提高了人类、社会和自然的福祉以及参与企业的业绩，还刺激了供应水平和经济的整体增长和发展。以往受限企业所获得的成功，反过来又使它们能够参与和协助其他各方，从而进一步减轻因此可能面临的限制。因此，一个企业推动互惠经济，就会产生乘数效应，使其他企业也能效仿。

五、互惠经济的局限性

本书试图以客观和平衡的方式，尽可能清楚地描述互惠经济的情况，并展开相关的探讨。企业与科研机构的合作，比如玛氏公司与牛津大学建立的合作伙伴关系，在这个过程中发挥了重要作用。这个重要的合作伙伴关系首先提供了科研机构难以获得的关于企业基本活动和业绩的信息，同时确保科研机构可以对企业活动进行客观的独立评估，此外还提供了创造新知识的机会和能力，使得这些知识可以在企业中实施，在商学院中教授，并通过书籍、学术出版物和论坛等渠道传播。

但这种伙伴关系也不可避免地带来了风险和问题，例如，学术界被商业利益俘获，给出只有利于企业的结论。然而，牛津大学与玛氏的合作计划在保持研究独立性的同时，提供了发人深省的见解，是一个可借鉴的范本。本书并没有声称要对互惠经济这一特殊的商业模式的优点或缺点给出明确的定论，但相关的研究确实表明，这种模式值得其他企业认真考虑，并进行深入分析。

第一个限制是，按照某些圈子的传统理解，互惠性是导致问题的根源，而不是解决问题的方案[2]。鉴于互惠性经济以自由交换为基础，那么各方自愿贡献的互惠交易就不能脱离其本质的权力不平衡和集中控制，而创造一个互利的结果会让富人和强势一方收割几乎所有的收益，同时穷人或弱势一方的命运只得到微不足道的改善，这当然不是鼓舞人心的结果，并可能加剧不平等和财富差距导致的危害。

因此，理解本书提倡的互助互惠概念，已经超越了传统的交换概念，包含了同时促进他人和自身的积极以及重大利益实现的想法，并将企业的目标社会性宗旨转变为解决问题的导向，同时适当地将解决问题确定为经济绩效和社会福祉的来源，以此将企业的目标社会性宗旨转变为发展的驱动力。

第二个限制是，按照目前的形式，互惠经济是一种管理创新，只限于商业领域。它尚未解决宏观经济和政策制定问题，而这些问题的解决是互惠经济框架设立的必要前提。互惠经济框架的设立，也是确保企业（不具备民主合法性）、民间社会和政府的角色不会混淆的重要条件。在这种情况下，互惠政治学的话题将独立于经济学之外，同样重要的是，互惠政治学与商业学一样，需要转变管理的范式，并向两个方向倾斜：首先，加强企业宗旨的核心建设（向内汲取核心意义）；其次，拥抱参与的力量（向外推动相关方的参与），发展管理能力，有效地将内在目的和外在参与结合起来。

第三个限制是，按照目前的形式，尽管将互惠经济从快速消费品领域的商业模式转换为金融投资模式是下一步的计划，但由于互惠经济是一种适用于商业领域的模式创新，它还没有被设计为金融领域的投资模式。考虑到金融（在实体经济中）的压倒性统治，人们可能会认为，互惠经济在解决金融领域的问题之前，不可能会引领一场变革性运动。

第四个限制是，互惠经济不应被视为解决企业在社会或环境中存在缺陷的灵丹妙药，也不应被视为企业一定可以改善业绩的手段。与任何商业创新一样，它在对企业以及企业所处的社会和环境的影响方面，既有缺点也有优点，而本书的目标是对这些缺点和优点做出客观的说明。

为此，在这个过程中，研究计划特别着重提出，认识有觉悟的资本主义的两个要素，即企业不仅"应该为人类和地球面临的问题提供可行的解决方案"，而且不应该"以给人类和地球造成问题的方式来获利"。后一个因素可以帮助企业避免因追逐业绩而产生不良的后果。换句话说，将企业的边界扩大到其资产和合同权利之外，可以督促其通过做好事来使其成为社会善之力量。

有个例子可以说明这一点："零工经济"提供了比以往更灵活的就业形式。然而，这种形式也缺乏传统就业的保障，并有可能因为弱势群体缺乏其他的选择而受到剥削。截至目前，"零工经济"究竟是有利的，还是有剥削性的，尚未有定论。

第一章 引 言

其次，企业可以在给全球缺乏就业的地区带来就业的同时，因为带来不良的商品和服务，例如，酒精、毒品、快餐和烟草等成瘾性产品，从而使人力和社会资本遭到损害。

在上述两种情况下，公司可能会通过做好事——创造就业来赚取利润，但它们的活动实际上导致了不良的后果，即就业的不稳定性和人们的成瘾问题。因此，这些利益是虚幻的，不符合企业在解决其他问题的同时，避免产生一系列新问题的前提条件。

在探讨企业是否应该采取开明和创新的方式开展业务时，人们也提出了企业是否可以或应该进行道德和福祉层面判断的问题。正如米尔顿·弗里德曼在其阐述的传统商业观点中提出，企业在寻求利润方面的作用，与政府在制定公司应遵守的规则方面的作用，应该明确分开。将这两者混为一谈，有可能将福祉的判断权交给那些没有发言权的人手中。因此，这将颠覆民主进程，赋予企业所有者和高管远超社会其他成员的权力。

因此，政府和监管机构在制定和执行针对企业行为的标准方面，仍然起着主导作用，例如，在企业雇用员工的条款和条件等方面。然而，企业的许多义务不仅体现在正式的法规体系中，也体现在社会可接受的规范中，例如《联合国可持续发展目标》的相关规定。

尤其是监管不仅在制定公司应遵守的规则方面发挥着重要作用，而且在履行公共职能和提供公共产品和服务的企业中，负责确保企业的目标与公共目的相一致。这一点尤为适用从事公用事业的企业，如能源、电信、交通、水务公司、基础设施供应商、参与公私合营和私人融资举措的企业，以及具有重大市场力量的企业等。在所有这些情况下，企业在履行公共职能的同时，也履行了私人和商业职能，并需要将其企业社会性宗旨与公共目标相结合。

六、小结

在当今这样一个日益复杂和混乱的世界里，确保企业实现其社会性宗旨变得越来越困难，但也越来越有必要。因为当前的世界比以往任何时候都更需要守望相助，即使反对实现互惠的力量正在变得日益强大。

在目前的形势下，互惠经济成了朝着这个方向迈出的第一步，它可以应用于企业，并有助于形成企业和企业管理者的基层运动，比当今主导商业实践的纯金融形式更公平、更有效。通过互惠经济，人们可以打造一个更加平等的、以社会和环境为导向的经济环境，这实际上比纯粹的金融经济更有前途。为了重新设定自身的互惠性宗旨，企业不能只关注与自身生存相关的短期金融资本利益。

本书通过将这些互惠性的意图转化为可操作的现实，避免了负责任的企业好心办坏事的情况出现。它阐述了企业如何通过做好事来取得积极的业绩，以及如何避免做坏事来实现利润的证据。

本书专门阐述了企业进行互惠性商业实践的原因，它以企业的社会性宗旨为中心，因为这些宗旨已经超越了对利润的纯粹追求，而旨在解决人类和地球所面临的问题。它强调了超越财产所有权和合同的可信赖性的重要性。它描述了生态系统的建立、痛点的确定，以及人力、社会和自然资本的促进、衡量和奖励的过程。

然而，最重要的是，它指出了企业应该将边界从财产和合同控制权扩展到传统上被视为企业外部因素的重要性。通过将这些外部因素内部化，互惠经济鼓励企业自主解决在过去属于政府职权范围的市场失灵问题。

这不仅对企业和与之相关的社会群体有意义，对整个经济也有至关重要的意义。互惠经济所做的，是确立互惠经济在宏观经济和微观经济层面的意义，它不仅使那些需求受限的人能够确保自身的名义需求得到实现，而且也使那些供应受限的人能够使他们的名义供应富有成效，并通过为这些群体提供所需的技能、关系和财政资源，实现这一目标。

因此，本书的意义不仅在于解决企业的缺陷，解决人类和地球的问题，避开目前强加给人类和地球的问题，而且在于促进国际间的经济运作。将企业的社会性宗旨付诸实践，就有可能提供一个促进全体社会和个人福祉发展的过程，其核心将是一种全新的商业和金融模式，由全新的利润建设模式与商业、社会、环境和工作之间的全新关系所驱动。

注释

1. 欲了解在企业社会性宗旨驱动下企业财务业绩的优越证据，请参见Gartenberg, Prat, and Serafeim（2016）；欲了解善待员工的企业的财务业绩的表现，请参见 De Neve, Krekel, and Ward（2019）。
2. Rangan（2015, 2018）.

第二章
综 述*

一、互惠经济和玛氏公司

　　本书的一开始,将从哲学和神学的角度,对互惠性和经济学的概念进行探讨。这部分内容探讨了商业、财政、社会繁荣和道德之间不断变化的关系,并提出:"我们越来越清楚地意识到,市场经济的短视是建立在一系列价值观和假设之上的,而这些价值观和假设将个人置于社会之上,将财富置于更广泛的繁荣概念之上。"传统的市场经济概念,描述了促进人类繁荣的价值观,以及这些价值观是如何被浓缩在纯粹的利润价值观中,并逐渐成为人类生活和社会的主导。

　　本书描述了互惠经济作为一个概念,诞生于玛氏公司的历史。这个概念,最早起源于一封题为《企业目标》的致股东信。彼时,玛氏公司创始人弗兰克·玛氏(Frank Mars)的儿子——福雷斯特·玛氏在信中首次提出了"互惠互利"的概念,玛氏公司的目标体现在消费者、分销商、竞争者、供应商、政府、雇员和股东之间

---

* 本文作者是科林·迈耶、布鲁诺·罗奇。

的服务和利益的互利性框架中。

其中最引人注目的是，玛氏公司强调了股东以外的其他各方的利益或利益相关者的利益，而不仅仅是股东的利益，这就是玛氏公司的智囊团——玛氏智库在21世纪前20年里进行研究的基础。

本书探讨了互惠性的意义，尤其是玛氏公司的员工如何看待玛氏公司内部使用的互惠性概念，然而关于互惠性的含义和意义，人们有着诸多不同的看法，即便在最高级别的管理层和玛氏公司内部，人们对互惠性概念的态度也存在巨大的分歧。

尽管这种模糊性可能导致理解的混乱，但它也使我们能够采用不同的方法来开展更大程度的实验和创新，从而获得更适应并能够存在于多种文化中的成果。对一些人来说，互惠的核心要义被视为确保各方利益的包容性增长；但对另一些人来说，它既不是一种慈善，也不是对利润超出道德界限的追求；而对持第三种观点的人来说，最重要的是要以持久关系为前提的长期商业导向。

这个关于多样性和模糊性的观点，对负责任的商业项目的管理和实施，提出了一个重要问题。有些人可能会说，确保企业有一套贯穿始终的社会性宗旨和价值观，以反映其基本目标是董事会和高级管理层的职责。然而，玛氏公司所展示的，是将决策权下放给各个业务单位，由它们自行决定在多大程度上采用互惠的商业原则。反过来，随着时间的推移，随着不断地试验，企业可以从成功和失败的经验教训中总结出一套更一致的观点，即什么样的做法有可能更适用于整个企业。

二、互惠经济和负责任商业理论

本书将互惠经济置于更广泛的负责任商业概念的背景下进行分析，如利益相关者理论和创造共享价值（CSV）[1]。本书探讨了这些想法是否代表了商业基本范式的转变,还是它们只不过是新瓶装旧酒,并得出结论:利益相关者理论是一个重大的转变,摆脱了以股东为中心的企业观点,而共享创造价值理论则保留了以企业为中心、以经济为导向的企业概念。

与利益相关者理论一样,互惠经济将股东价值之外的企业目的当作公司的核心,并在此基础上衍生出商业实践。但它与利益相关者理论的不同点在于,它强调了与利益相关者的关系在实现企业宗旨方面的重要性,而不是利益相关者本身的利益。互惠经济也不同于现有的商业模式,因为它所关注的企业边界已经超越了传统的所有权和合同关系。因此,它是一种解决问题的企业观,而不是以利润或利益相关者为导向的概念,它包含了股东和利益相关者,但却没有将二者视为企业目标的核心。

互惠经济与企业社会责任有着本质的区别,后者认为,企业负责任的行为是企业现有活动的补充——如慈善的、社会的、有价值的活动——但不是企业的核心业务。然而,真正的责任企业就是企业自身,责任的概念将被嵌入企业的宗旨中,并推动企业的结构、行为和表现的转变。

三、企业宗旨与生态系统的协调

本书阐述了企业社会性宗旨的性质和重要性。企业目标的力量和效果,取决于它的真实性和具体的实现方式。企业能否在互惠的宗旨上具备广度和深度,实现具体性和精确性之间的平衡,决定了企业社会性宗旨的相关性和影响力。真实性要求企业践行其互惠的宗旨,并将其有效地转化为企业行动。企业的互惠宗旨不应该是亘古不变的,而应该随着时间的推移稳步发展,以确保相关性。

第二章 综 述

不仅企业内部组织应该与其互惠的宗旨保持一致,其外部生态系统也应如此。这里的生态系统包括其他企业、非营利组织、当地社区和政府。例如,制药公司与病人团体、医院和政府卫生机构等密切相关的外部生态系统。

能否共同创造产品和想法,取决于参与行动的企业其宗旨是否具备一致性。如果企业承诺将其资源用于一个共同的目标,则生态系统协调指的就是协调多个利益相关者追求一个共同目标的实现。因此,生态系统的协调就是将单个企业的互惠宗旨拓展为一系列帮助内化外部性因素和实现内部各方的共同目标。生态系统协调将利益相关者在企业目标中的"利益"重新定义为共同创造价值的前瞻性机会,而不是获取企业自身创造价值的后向机会。

本书案例部分有一个 Sabka 牙科连锁机构(SD)的案例,这是印度最大的牙科连锁诊所,说明了企业明确互惠宗旨的重要性。该公司的使命是为印度所有的人提供其负担得起的牙科护理,并将服务的重点放在最贫困的城市人群上。该公司的核心商业模式是诊疗流程的高度标准化,包括用预制的单位配置诊所,使公司能够在三周内建立一个新的诊所。该公司不仅大量投资培训项目,还向患者提供无息贷款,并以员工治疗的病人数、内部审计分数、病人满意度和每个病人的平均收入来衡量各个诊所的业绩。

本书详细地描述了生态系统协调的过程,并提出了一个围绕以下八个步骤开展的过程:(1)确立互惠宗旨;(2)设计衡量互惠宗旨的指标;(3)识别利益相关者;(4)描绘利益相关者的目标、能力、关系和痛点(即问题);(5)选择企业应该解决的生态系统痛点;(6)在实施干预前,衡量基准绩效指标;(7)识别、测试和实施干预措施,以解决痛点;(8)衡量干预措施对企业互惠宗旨和绩效的影响。

生态系统的协调过程,要求企业将生态系统的利益和生态系统的目标而非企业自身的利益,视为其企业互惠宗旨的核心目标。在这样做的时候,企业应该接受创造互利,不是为了理性的利己主义,而是致力于实现生态系统目标这一事实。这就要求企业作为生态系统的协调者而不是独裁者行事,并通过开发正确的工具和伙伴关系,履行其协调者的职能。在此过程中,企业将为自身和生态系统的其他成员创造战略优势。

印度二手车垂直市场调查公司马恒达首选公司(Mahindra Firstchoice)的案例,清晰地描述了在印度二手车市场背景下,企业担任生态系统协调者的商业过程。它描述了马恒达首选公司如何绘制了与六个关键方有关的生态系统——作为买家的消费者、作为卖家的消费者、汽车制造商、独立的二手车经销商、独立的汽车维修厂和银行等,并随即确定了影响这六方遭遇的瓶颈和"痛点"。

由于缺乏信任、信息和透明度,印度的二手车市场无法正常运作,为此马恒达首选公司与各方合作,找出解决市场失灵的办法。这些措施包括建立第三方汽车检测服务,建立多品牌汽车经销商特许经营权,建立保修系统,建立二手车价格和交易蓝皮书,以及建立汽车诊断和维修系统等。

通过清晰地理解生态系统中存在的问题性质,马恒达首选公司能够提供精确的解决方案,从而低成本地解决上述问题,并同时避免了因收购生态系统中的参与者而产生更高成本。

全球各地的民众和社区面临的一个最严重的风险,就是洪灾。正如本书案例部分所述,苏黎世金融服务集团(Zurich Financial Services,简称苏黎世)是世界领先的保险集团之一,其使命是帮助客户"了解并保护自己免受风险"。苏黎世正在寻求通过预防行动来减少洪灾风险,并在2013年启动了一项全球洪灾复原力计划。包括与一些组织建立伙伴关系,如红十字会和红新月会,以及沃顿商学院等。此外,苏黎世还在墨西哥、印度尼西亚、尼泊尔、秘鲁和孟加拉国的社区开展洪灾干预活动。苏黎世认为，在减少灾害风险方面每花费1美元，就可以因避免和减少灾害损失而节省5美元。

本书详细地研究了跨行业伙伴关系的建立。这些伙伴关系包括在传统上没有紧密合作的组织之间，特别是在企业和非营利组织之间，建立非常规的关系。为了实现这一目标，我们需要适当地利用关键绩效指标（KPI），体现对不同企业目标以及参与组织的承认和认可。例如，一个公司可能关心的是卖出的肥皂数量，而非营利组织关心的是参加卫生宣传活动的人数。但二者之间伙伴关系的目标体现在通过用肥皂彻底清洗来解决卫生问题的人数上。

跨领域的合作伙伴关系经历了几个不同的发展阶段，从慈善事业到以合作伙伴之间的互惠交流为形式的交易，再到合作伙伴的价值和目标的整合，以及这些价值在社会或社区层面，而不是单个合作伙伴层面的转化。其中最复杂的发展阶段是从交易到整合的过渡，在很多情况下，许多跨领域的伙伴关系会卡在这个阶段。完成伙伴关系的全面转变过程需要时间，因此伙伴组织需要具备足够长远的视野。

法国贝勒集团（Bel Group）的案例记录了该公司在世界许多国家营销和销售其乐芝牛（Laughing Cow）品牌时，与各方跨界合作的方式。在这个过程中，贝勒集团首先调查了街头流动小贩的现有结构和模式，然后确定它希望合作的对象。这个过程要求贝勒集团组织焦点分析小组，确定生态系统中的痛点，然后提供培训、健康保险、融资，以及完成正规部门的税收、社会保障和移民登记等手续。该计划在启动后的两年内，实现了盈利，有400多名微型企业家从其培训课程中毕业，并为1 000多人提供了健康保险。目前，它的目标是到2025年在全球范围内创建8万个街头小贩合作关系。

关于添柏岚（Timberland）的案例，就是一个企业与非营利组织合作的好例子。添柏岚公司主营户外鞋类、服装，以及配件的设计、制造和销售。它与海地的一个非营利组织"小农联盟"合作，试图建立一个新的供应链，重新引进海地种植的有机棉花，并激励当地农民植树。从 2010 年开始，这项计划已经发展到包含 3 000 个农场和 6 000 多名成员的规模。

四、指标和评估

本书探讨了评估企业和生态系统目标履行情况的方法。指标旨在捕捉生态系统中需要解决的痛点，以及评估干预措施在解决这些痛点方面的成效，这需要企业同时衡量非财务和财务绩效。

本书还概述了对自然、人类和社会等非财务形式资本的评估。在考察自然资本时，本书对比了记录生产过程中使用的自然资源数量的投入评估方法，以及考察投入对产品、排放、废物等影响的产出评估方法，并指出衡量投入从整体来说比衡量产出更直接。因此，本书提出的观点认为，自然资本的衡量标准应该围绕投入而不是产出来构建。

例如，在衡量生产一杯咖啡需要使用的资源时，就涉及原材料、空气排放、生物多样性和种植咖啡豆过程中使用的土地，以及包装、分销和饮用咖啡成品过程中的原材料、能源、水和废物生产等。从本质上讲，这种方法衡量了咖啡从种植到消费者手中的不同生产阶段所使用的资源，并力图减少整个价值链中环境和自然的资本投入。

在循环经济中，产品制造商对其产品的废弃处置负责，将其回收并再次投入到生产过程中，用于制造新产品。为此，循环经济也被视为在整个价值链中实现环境和自然资本投入互利减少的一个正面例子。正如书中所提到的，有关电脑制造商戴尔公司实施了全球最大的电子产品回收计划的例子。自 2008 年以来，该公司已经回收了超过 80 万吨的电子产品。在服务个人消费者方面，戴尔选择与货运公司合作，实现从消费者家中回收设备，并与 Goodwill（一个旨在通过教育和培训使人们摆脱对电子产品依赖的非营利组织）合作，在美国各地设立了 2 000 个回收点，回收消费者丢弃的旧电子产品（品牌不限）。

英特飞（Interface）是一家价值 10 亿美元的公司，也是全球最大的一家地毯生产商，是循环经济企业的另一个代表。英特飞利用废弃的捕鱼网来制造地毯。通过社会性企业 Net-Works，英特飞从菲律宾和喀麦隆当地的捕鱼社区收集和购买废弃的捕鱼网，在为当地社区创造收入的同时，减少废弃捕鱼网对环境的危害，并同时为新地毯的制造提供原材料。

本书详细研究了社会资本，将其定义为："交换和团队工作的社会环境的质量：社会环境是促进效率和协调，还是阻碍贸易并成为不信任的来源？"这其中的关键，关系到交易各方的信任和可信度，这就要求创建一个提倡集体利益而非个人利益的群体身份，领导力和社会规范在其中发挥了至关重要的作用。

如果社会资本鼓励企业外部的忠诚，则可能对企业的业绩产生利弊交加的效果，例如，以腐败和裙带关系的方式。要避免这种情况的出现，企业就必须创造一个共同目标和价值观，推动各方之间建立合作伙伴关系，而不是剥削彼此或迎合特定利益集团。自古以来，人类社会一直在培养以互惠互利关系为基础的相互投资，以创建社会资本，实现互利的交换。创新的点在于，这个方法现在被应用于市场领域，而众所周知，市场是人类活力和创造力的最强驱动力。正是这种新与旧的结合，使互惠经济有望成为一条可实现共同繁荣的途径。

社会资本的三个指标，似乎特别重要：（1）包容和凝聚力；（2）信任、团结和互惠；（3）集体行动和合作。它们在世界各地弱势农业社区的社会资本中占了较大比重,并与这些社区的生产力息息相关。也有证据表明,这些社会资本的衡量标准,与信息交流和学习以及新的农业实践的采用之间存在关联。

京东是中国最大的一家电子商务公司,在 2017 年占据了中国规模为 6 000 亿美元(约合 38.8 万亿人民币)的企业对消费者的电子商务模式(B2C)市场的 1/4 以上份额。本书案例部分有一个章节介绍了京东如何致力于成为全球最值得信赖的一家公司,并积极与地方的农民合作社、农民和地方的互联网企业主合作,创建了一个名为"走地鸡"的脱贫项目,从河北省武邑县的低收入农民处大规模采购土鸡。京东以高于市场 3 倍的平均价格购买"走地鸡",但要求农户必须遵守严格的标准并对其进行监督。这个商业项目增加了贫困农民的收入,使数百个家庭摆脱了贫困,并使武邑县从国家贫困名单中被移除。京东目前正在进行试点,希望能够在中国的其他贫困县推广类似的脱贫计划。

丹麦著名跨国制药公司诺和诺德(Novo Nordisk)已经采取了一种创新的方法,即"城市改变糖尿病"(Cities Changing Diabetes)合作计划,来解决全球各地的糖尿病问题。这项合作计划需要病人、政策制定者、卫生保健专业人员和非政府组织一起合作和参与,共同制定政策,改变人们的生活方式,以此帮助生活在城市环境中的人们避免患上 2 型糖尿病,或使他们接受预防和控制治疗。该计划尝试实行了社区参与健康、促进健康的政策和加强卫生系统等举措,并测评了影响效果,以评估计划的总体成效。

本书探讨了人力资本。通常,人力资本与雇员通过教育、培训所掌握和积累的技能、经验有关。然而,本书论述的人力资本,涉及更广泛背景下的工作福利,因此不仅受到工资和工作时长的影响,还受到一个企业内部的等级程度、管理风格、工资差异、向上流动的前景,以及企业身份认同的影响。除了等级制度、地位、职业发展和包容性之外，企业文化（被定义为企业员工共同的信仰、理解、价值观、目标和实践）在决定工作幸福感方面起着关键作用。企业可以根据这些因素，构建可行的工作幸福感指标，用于确定企业内部的痛点，以及解决这些问题所需的行动。

凯特·丝蓓（Kate Spade）的案例很好地说明了，一家位于卢旺达的员工持股的社会型企业是如何以女性生态赋权的形式来寻求人力资本创造的。该公司的目标是通过对当地女性进行培训，为全球时尚产业生产高质量的高端产品，同时使这些女性有能力促进其社区积极地发展。该企业为熟练工匠支付的工资已经高于卢旺达私营部门的工资中位数，同时，这家社会型企业在 2017 年就实现了盈利。

英国的玛莎百货公司（Marks and Spencer）的案例说明了，该公司如何使用可持续发展记分卡，通过向相关供应商进行评级，以鼓励供应商参与其可持续能力计划。分数基于供应商的环境、人力资源、道德贸易和精益生产等指标给出，且供应商每年至少要对记分卡进行一次自我评估，并接受玛莎百货的审计和保证。自 2007 年以来，该计划通过减少废物和提升环境效率，节省了大量资金，总金额超过 6 亿英镑。玛莎百货的目标是，到 2020 年其售卖的所有产品都从银级和金级供应商处采购。

五、会计准则

本书阐述了为负责任企业设计会计制度的原则，并将其放在自然资本核算的背景下进行考虑。描述了在互惠的背景下，独立企业的会计必须是内在的，即为了实现自身的目标，促进自然资本的提高，而不是出于提高利润和股东价值的动机，从而导致会计原则与股东利益格格不入。

这可能强调的是自然资本的一个结果，而不是动机。再者，一个企业的会计体系应该反映它对自然资本的全部影响，而不仅仅是描述企业取得的改善成果，因此也要记录不利的因素。企业应该意识到，一家公司的自然资本的起始水平可能是不可持续的，因为这些自然资本可能已经低于其自我再生的水平，因此需要企业对其自然资本进行投资，使其恢复到最低的临界值。

此外，企业的会计原则需要认识到自然资本的显著非线性特征。例如，低于阈值水平就容易崩溃——生物生态系统的复杂性，以及它们对外部条件的时间依赖性，例如，当一个公司在利用和维护自然资本方面做出重大改进时，其业绩的增长和企业的发展可能正在导致自然资本的恶化。

最后，与第一点相关的是，自然资本的核算应该反映出一个以自然资本的内在利益为核心的企业宗旨。虽然企业可能无法管理其未衡量的资产，但它也不一定能适当地管理其衡量的资产。因此，在企业没有明确会计原则的目标之前，会计工作能够实现的互惠性目标也是十分有限的。

本书记录了玛氏公司如何在其管理账目中致力于实施互惠损益表的经验。玛氏公司利用互惠损益表调整其管理系统，使之符合其企业宗旨，并向整个企业发出信号，即玛氏公司在人力、社会和自然资本方面的表现与财务表现同样重要。

互惠损益表的运用，反映了上面的观点，即公司的边界不应局限于其法律和合同规定的权利和义务，还应该包括与实现其企业目标相关的生态系统。它将生态系统中的支出作为企业活动的一部分。关键的是，将这些支出确认为投资，而不仅仅是当前的运营支出，因此这些支出对人力、社会和自然资本以及物质和金融资本都有贡献。而如果按照传统的会计方法，这些投资将以成本而不是以市场价值来估算。

第二章 综 述

互惠损益是财务损益的延伸，它考虑到了在企业既定目标实现的过程中，与企业及其生态系统相关的人力、社会和环境问题。这部分内容描述了构建互惠损益的四个阶段：第一个阶段是选择相关的实质性问题；第二个阶段是衡量人力、社会和自然资本的创造和耗损；第三个阶段是按成本作为资本投资或耗损对其影响进行估值；第四个阶段是在公司的管理会计系统中，整合和展示互惠损益。

本书介绍了在玛氏公司采用互惠损益管理会计后，玛氏公司和牛津大学如何监测它对玛氏业务不同部分管理的影响。在分析人力、社会和自然资本时，将支出作为投资，有望鼓励管理层参与影响采购供应、包装和储存的活动。它鼓励管理层促进特定活动的开展，即那些出于对企业盈利的底线的担忧而当前不愿意开展的活动，因为在未来，这些活动将得到认可，将被视为有助于实现公司目标的资产投资。这一过程，不仅会受限于企业是否采用了适当的会计制度，而且还会受到公司的财务、投资、所有权和参与安排采用创新实践和投资程度的限制。

互惠损益关系不过是企业将非财务因素纳入公司账户的诸多尝试之一。另一种尝试是采用综合报告形式。苏威化工公司（Solvay）是一家总部设在比利时的全球化学公司，其2017年的收入为100亿欧元。本书将苏威化工公司列为正在尝试采用综合报告的企业案例。苏威化工公司已经开发了一个可持续的投资组合管理工具，以协助公司减少其产品的环境和社会风险，并形成一个综合的财务报告。该工具描绘了苏威化工公司所有产品、投资、研究和创新项目，以及潜在的兼并和收购的环境足迹、成本和社会风险。

六、金融、投资、所有权和参与

企业通常通过金融工具实现分享，例如，股权是企业实现各方分享风险和回报的一种形式。在过去的 20 年里，世界各地的微型企业家和借款人通过小额信贷，以债务形式获得资金量激增，这使得个人和社区能够促进过去缺乏资金的新企业和创业活动的发展。然而，它也迫使人们出于消费和投资目的而举债，并使那些没有能力满足偿还条件的人承担大量的还款义务。

从原则上说，股权为共有资金的安排提供了更大潜力。本书介绍了肯尼亚正在进行的一项试验，该试验旨在通过小额资产股权而不是小额债务为投资提供资金，鼓励创业活动。参与这项试验的人，负责在肯尼亚分销箭牌口香糖和其他商品，特别是在这些产品通过现有的分销机制无法渗透的地区进行销售。为了帮助参与试验的个体分销商开展销售活动，箭牌预先提供了先期资金，允许分销商购买自行车作为交通投资。

该研究调查了当分销商被提供其他形式的融资，即从传统的债务工具转型为风险（收入）共享的股权形式时，会发生什么。在撰写本书时，已经进行的一项试点研究结果显示，在还款方面，股权融资形式比债务融资形式表现得更好。如果这个结果能够在更大规模的研究中得到证实，这将对设计融资工具以促进企业传统边界以外的活动（在这个案例中，是箭牌产品的自营经销商），以及评估发展更多相互分享的资金安排带来好处并产生重要影响。

尽管融资很重要，但互惠性所包含的内容远远不止以风险分担形式存在的资金。事实上，互惠性在传统上，通常与特定类型的组织（互助组织）有关，这些组织的建立，是为了优先考虑其客户和雇员的利益。共同所有权被认为是确保企业的利益与其成员的利益一致的关键，作为反面案例，股份公司的股东利益则与利益相关者的利益相背离。

本书所描述的互惠性概念，已经远远超出了共同拥有的企业范围。玛氏公司本身，完全由玛氏家族拥有，而本书案例部分描述的许多公司都是外部股东持有的股份公司。在家族企业退出企业或出售其所有权给其他股东后，确保家族企业仍然能够保持对企业互惠目标的关注是通过工业基金会的方式实现的，即将企业的大部分所有权授予基金会。这种操作形式在丹麦和德国特别普遍，全球一些最成功的公司，如航运公司马士基和媒体公司贝塔斯曼，都以这种所有权形式运作。

互惠经济的原则，是将各方不同的利益统一到一个共同的目标上。任何类型的企业都可采用这个原则，但如果企业选择采用共同股权或工业基金会等形式，就会产生对共同目标的承诺，而这种承诺在其他地方可能无法得到同样程度的遵守。

非凡巧克力（Divine Chocolate）是一家位于英国的公平贸易糖果公司，其采用了一种创新的所有权模式，即由加纳农民拥有的合作社提供可可豆，并拥有非凡巧克力业务44%的股权。合作社分享企业的利润，并在企业的经营中拥有发言权，包括在非凡巧克力的董事会中派有代表。因此，通过这种全新的所有权模式，它试图解决巧克力行业面临的众多挑战，如农民的收入低、生产率低、价格不稳定、雇用童工和砍伐森林等，这些都是促使许多人离开可可种植业的原因。

蒙德拉贡联合公司（Mondragon）是1959年在西班牙的巴斯克地区成立的工业合作协会，其在35个国家有260多家子公司。截至目前，它已经雇用了75 000名工人，收入约为140亿美元。该协会给予每个员工平等的投票权和所有权；其管理委员会由来自组织各阶层的员工组成；最高管理者的工资不超过最底层员工工资的6倍；临时工的比例不得超过20%；如何分配70%的税后利润,将由员工和股权所有者大会决定。这种所有结构的积极效果,在大型家用电器制造商——蒙德拉贡最大的合作社之一的法格电子(Fagor)的倒闭中得到体现。在法格电子濒临倒闭时,1 800名员工面临失业的风险,蒙德拉贡员工的岗位轮换培训,让他们在其他合作社中担任不同的岗位,将资本从稳定的合作社转移到濒临破产的合作社,并将1 500人安置在集团下属的其他合作社,成功地解决了这些员工的再就业问题。

与小额融资机构相对应的是机构投资者,如共同基金、养老基金和人寿保险公司等。它们的重要性不仅体现在提供融资上,还体现在它们通过拥有公司股权对公司进行的治理上。关于这些机构投资者,人们担忧的问题是它们无法认识到作为所有者的责任,以及作为股东的权利。这些责任包括它们对公司投资的管理职能,促进公司实现企业宗旨,确保公司拥有实现这些目的所需的资源和支持,并在公司未能实现这些目的时纠正其管理等作用。

尤其是在英国和美国流行的分散所有权制度,意味着企业拥有大量的机构投资者,每个机构投资者都仅持有大型上市公司的一小部分股权(例如,不到5%或10%的股权)。因此,它们很少积极参与自己所投资的企业的治理,反而依赖于市场机制的放任管理,使得敌意收购和对冲基金的行动能够以较低成本代表机构投资者进行企业管理。

然而,部分机构投资者对更多地参与其公司投资的兴趣越来越大。一些加拿大的养老基金和部分国家的主权基金,在这方面率先做出了尝试。本书描述了这些基金正在采取的一些管理方法,包括收购公司的大量股份,长期持有这些股份,并由资产所有者直接管理,而不是由中间资产管理者代为管理。

转变的关键在于,投资绩效的监测和衡量方式。除了在比常规操作更长的时间内衡量财务业绩外,还需要结合与人力、社会和自然资本相关的其他业绩指标进行评估。在这方面,环境、社会和治理指标的权重越来越高。越来越多的证据表明,从长远来看,环境、社会和治理与财务业绩存在正相关。然而,环境、社会和治理指标的可靠性存在局限,在此情况下,采用互惠损益表可以为机构投资者和企业提供更有用的管理工具。

不仅是机构投资者应该对企业施加影响,以促进企业采用超越利润的企业目标,人们也日益认识到,消费者团体、员工论坛和非政府组织也可以对企业活动施加强大影响。本书描述了非政府组织在使企业宗旨与社会和环境目标保持一致方面的实践和成效。

在过去,企业和非政府组织之间一直都是对立关系。然而,越来越多的企业和非政府组织正在开展跨领域合作,以实现共同的目标。非政府组织在影响企业活动方面的作用并不局限于这种伙伴关系,它们一直在通过积极的运动,推动预期结果的实现,其形式与机构投资者并无不同。事实上,在某些情况下,非政府组织已经收购了企业的股份,以加强对企业的影响力。

但企业通常将非政府组织的这些活动视为破坏股东价值的活动。然而,情况并非总是如此,非政府组织的活动对企业和社会都是有益的。本书阐述了非政府组织是如何给企业带来它们可能缺乏的社区知识、技术以及法律专业知识。非政府组织与企业共同执行项目,为不同的利益相关方制定议程,交流不同领域的互补性知识,并为企业提供进入各种关系网的渠道。

七、小结

本书记录了互惠经济如何通过为企业提供一个强大的方法,确保企业可以将其互惠的宗旨付诸实践,其关键在于明确阐述企业的目标,并将与企业相关的不同群体统一起来,共同致力于实现统一的目标。互惠经济与其他负责任的企业相关的概念的区别在于，它承认在这个过程中，需要将企业的边界扩展到法律和合同规定的范围之外，以充分实现企业目标的全部潜力。

生态系统的建立和规划以及痛点的确定，对企业将这些外部参与的因素内化的过程来说至关重要。这就是为什么企业可以将传统上被认为是外部因素的东西内化，并解决在过去被视为政府责任的市场失灵问题。在这个过程中，企业通常会与地方和国家公共机构合作，但并非以公共组织负责制定游戏规则、私人组织负责实施游戏规则的形式，而是通过真正的互利伙伴关系进行合作。

除了生态系统的建立和规划，在实现企业目标的过程中，衡量标准也至关重要。这些衡量标准超出了金融和物质资产的范围，包括人力、社会和自然资本。对这些资本的衡量，涉及与金融和物质资本截然不同的数据积累，但同样能够以一种允许企业在其管理过程中实际采用的形式进行评估。

这些措施应进一步被纳入公司的会计系统，以制定互惠的损益表。这些措施以适当的方式将人力、社会和自然资本的支出认定为投资，并认为应该以类似于物质资产的方式，进行非金融因素的资本化和折旧。这些措施也导致了相应的负债，反映了企业保护和促进非金融形式资本的义务。

互惠经济不仅涉及合作方式、衡量和会计制度的创新，还包括金融工具、所有权形式、机构参与以及与公民社会合作方式的创新。尤其是机构投资者和非政府组织等外部机构，需要采用一些企业所需的衡量和管理的做法和形式。它们也应该认识到，投资于人力、社会和自然资本的重要性，以及可能由此带来的经济和社会效益。

注释

1. 详见 Porter and Kramer（2011）.

第二部分

何为互惠经济

第三章

社会繁荣、互惠和经济发展*

最早期基督教团体的典型特征就是互助、慈善和强调经济层面的公平性。第一位基督教殉道者司提反,是一位专门负责向寡妇和孤儿发放救济金的执事。这一善行,也体现了教会对福音书中所倡导的慈善和服务的承诺。为此,不出意料的是,第一批教会虽然在实践和信仰上各不相同,但似乎都表现出对互助性、平等性和包容性的彻底开放态度。事实上,英语中的"教会"(church)一词源自希腊缩略语"ekkle-sia",意思是属于一个社区,但应召而出的是"人们的集会"。在整个地中海地区,集会决定了社区和城市的政治、政体和公民秩序。但它们通常只对合法公民开放,而且发言权和投票权通常由男性掌握。

"经济学"这个词,同样源自于希腊语的"Oikos",即一个管理良好的、设有专门的金钱或财产管理者的家庭。"Oikos"同样也是最早被用来描述"教会"的一个术语,其字面意思就是"信仰之家"。从词源上看,家庭的管理与预算有关,因此耶稣在谈论教会

---

* 本文作者是马丁·珀西(Martyn Percy)。

时，用了很多关于家庭管理和金钱的比喻，这并非偶然。在公元1世纪时，神学领域的家庭，其含义与我们现代人所关注的核心家庭不同：它是一个由仆人、奴隶、远房亲戚，或许还有家庭教师和其他服务人员组成的家庭。换句话说，"Oikos"是一个超越血缘家庭关系的小型社会单位，它关爱穷人、呵护赤贫者、照顾其成员，正如后来的教会那样。

一、潜移默化的力量

为此，我们会经常发现，教会培养和关注的独特价值观往往来自牧师培训的过程（通常是通过根植于塑造美德和高洁品性的非正式教育），然后在复杂的环境中，提供潜移默化的影响。为此，信仰团体通常会发现自身在促进善行，而世俗和功利的组织则无视这些善行。在这方面，布鲁斯·里德（Bruce Reed）通过借鉴自然界的一个类比，解释了互惠性和神职服务的部分功能：

如果蜜蜂会说话，当我们遇到它们在花圃中忙碌，并询问它们在做什么时，它们的回答可能是："采集花蜜，制造蜂蜜。"但如果我们问园丁，他肯定会回答："蜜蜂在给我的花授粉。"在执行其制造食物的标志性功能时，蜜蜂同时在发挥给花授粉这一潜在功能，而蜜蜂和花之间相互依赖的关系，实际上类似于教会和社会的关系[1]。

通过这个比喻，里德为我们提供了一种生动的使命与神职服务之间的关系描述，我们可能会认识到，牧师为他们所服务的教区、社区和机构所做的好事，往往比他们自身意识到的更多。他们可能只是定期提供免费的午餐，简单地探访教友，或在任何时候举办开放日，用咖啡和茶饮招待访客，这些都是带有明显神学服务和教会性质的举动，然而这些做法的影响力更多在于它们潜移默化的力量。就像耶稣在这方面树立了一个榜样，他只是从一个地方，走到另一个地方，通过看似偶然的接触，而不是通过公开的安排，就吸引了无数的信徒。

牧师的做法说明了社区中存在不同类型空间的可能性，包括社会的、牧师的、知识的、精神的，等等，仅举几例。这些不同的空间为生活在社区或机构中的个体打开了其所属组织充满人性的另一面。教会通过在社区中举办项目和活动以及热情好客的善举（尽管别有用意），实际上正在推动社区的建设，朝着它们所期望的至高无上的社会型社区发展。

经济层面的导向性具备极大的凝聚力和巨大的推动作用，但有时候，价值观和有价值的社会资本"软"形式，可能会从那些一开始被视为"无用的"时间和空间中产生。这是我们需要把握的一个微妙的概念。按照约翰·凯伊（John Kay）的说法，斜度的概念描述了一个简单的过程：即间接地实现复杂的目标[2]，这不禁令人想到了波洛涅斯（Polonius）在《哈姆雷特》(Hamlet)中的讲话，建议我们通过间接的手段来开启我们的智慧并且实现目标。

因此，凭借智慧和能力，
利用风镜和偏见的测试，
我们将通过间接的方式，
找出正确的方向。

凯伊讨论了建筑评论家查尔斯·詹克斯（Charles Jencks）的判决，他认为，现代主义已经在 1972 年 7 月 15 日下午 3 时 32 分终结。这一天，承包商引爆了导火索，炸毁了圣路易斯的一个住房开发项目。仅仅在 20 年前，这种房屋——尤其是高层塔楼——备受勒·柯布西耶（Le Corbusier）的推崇，他曾发表过一个著名的言论，声称这种建筑是现代主义的最高表现形式，而房屋（仅仅）是"供人类生存的机器"。

但正如凯伊所指出的那样，现代主义者并不如自认为的那么知识渊博，毕竟房子绝不只是一个可供居住的机器。事实上，一座房子和一个家之间是有区别的，房子作为一种财产，其效用和实际功能只是设计中的一个要素，这些千篇一律的房屋设计，在不同的人入住之后，形成了不同风格的空间，展示了个体和群体的社会生活特征。为此，建筑物具有可以促进微妙品质和提升有价值的美感的功能；然而，有些建筑会促使人们产生疏离感和个人主义；还有一些建筑则可以促进公民的社会性、慷慨性和相互滋养的品质的产生。

凯伊的"斜度"概念，比乍看之下更有价值。以教会发展为例，通过设定明确的发展目标以及明确的计划和活动来实现，是否是最佳的途径？或者，通过间接的手段来实现的发展是否更好？在某种程度上，答案将取决于"发展"的含义是什么。如果可衡量的数字增长是主要目标，并且植根于以成员为基础的教会组织概念中，那么，直截了当的方案将得到珍惜和重视。宣教的活动具备明显的意图，其目标和结果往往是可衡量的。但或许我们需要回归前文提出的那个问题，即蜜蜂认为它们在做什么？而它们实际上又做了些什么？

关于蜂蜜，我们就论述这么多，那么关于面包呢？值得一看的是艾比·达伊（Abby Day）对"A 世代"（Generation A）妇女的前瞻性研究。她们出生于 20 世纪 20 年代和 30 年代，是母亲联盟（Mother's Union）[3] 等组织的骨干力量。达伊分析了这些女教友在教会中的功能，她们经常通过"软"形式的教牧关怀，尤其是通过餐饮服务，来为其他教友提供支持。达伊专门提到了这些女性教友一起进行的烘焙活动。

达伊的叙述表明,通过集体烘焙等活动——尽管严格来说并不经济实惠——但却提供了一个促进相互关怀、滋养、祈祷教友福祉的环境。相较之下,随便在一家超市购买蛋糕和饼干,显然会更便宜,但是集体烘焙能促进人们其他方面的发展。矛盾之处在于,达伊所描述的活动,在其显性和隐性功能之间存在差距。社区烘焙的显性意图,是为教会和社区提供餐饮服务方面的支持,而其深层次隐藏的潜在意图,是聚会所带来的浓厚的教牧关怀,这也让参与活动的教友之间产生了更丰富的精神交流。值得一提的是,这样的烘焙活动不具备任何经济意义,其价值并不在于其实际和表面上的低效率性——而是这种低效率行为带来的更深层次的、超乎预期的回报,以及一个并非人为预先设定的目标的实现。

二、早期的教会与互惠性

早期的教会在互惠性方面早已存在成文的规定。一个鲜为人知的事实是,《米兰敕令》(Edict of Milan,313 年),即李锡尼(Licinius)和君士坦丁(Constantine)之间达成的一项协议,除了承认教会的法人资格、平等对待所有宗教,以及恢复教会在迫害中被没收的土地和财产之外,其部分内容也对驴子的使用做出了规定。根据《米兰敕令》,基督教徒呼吁,所有其他善意的人要确保驴子在运送重物上山时不被虐待。对现代读者来说,这种关注可能是微不足道的,但《米兰敕令》提供了一个早期的证据,表明基督教信仰不仅十分关注互惠性和社会秩序方面的利益,甚至十分关注在日常生活里细节方面的互惠性。一代又一代的基督徒在其他问题上效仿了类似的做法,在这些问题上,正义的实现可能意味着必须破坏和抛弃现实的普遍标准和社会契约。解放奴隶〔塞缪尔·威尔伯福斯（Samuel Wilberforce）]、对美国南部深处受压迫者应该受到平等对待的呼吁[马丁·路德·金（Martin Luther King）]或维多利亚时代伦敦的扶贫[威廉·布斯（William Booth）]等，都是杰出的事例代表。

尽管《米兰敕令》并没有在正式意义上确立基督教的合法性，但依然被广泛地认为是确立基督教地位的最初基础。然而，新兴的君士坦丁堡式的定居点确实提供了一个范式，在欧洲接受基督教的过程中影响了许多国家，即将公民管理、宗教和经济联系起来，以提供对社会有益的、可持续的社会秩序模式（例如，禁止发放高利贷等）。以英国为例，教区和教堂之间的关系成了一个地区的本质特征，例如，在经济上和社会上具备生存能力的社区能够维持一个教堂和其事工的生存，这反过来又保证了一定程度的道德福利、社会改善和教民供应（包括圣礼的提供）之间存在的关联。或换句话说，教堂在一个社区内的存在，证实了该地区的特征，赋予了它可识别的意义，从而带来了一种社会秩序，其中穷人的需求和其他道德问题可以由教会代表社区来解决[4]。为此，教会也被视为最早期的互惠性机构。

同样，许多医院、学校、临终关怀机构和其他福利机构（如收养、寄养机构等），起初都是作为教会的衍生机构而存在的，它们的目的都是为了实现公共利益。纵观整个基督教的历史，许多教会运动和个人信仰带来了一些特别的东西，直接推动了社会秩序的重构。基督教在医疗保健、福利和教育方面的贡献和影响力尤为突出，但在社会的道德福祉方面，同样具备了深远的影响力。

三、挑战晚期资本主义的假设

全球金融危机加上诸多银行巨头的倒闭，以及一些主权国家

（如希腊和冰岛）的实质性破产，触发了新一轮的道德和经济反思，其重点是资本主义对人类生存条件和社会繁荣的限制。戴维·黑尔（David Hare）的戏剧《是的力量》（The Power of Yes）解构了21世纪金融危机的内在动力（即被神化的经济增长），很好地概括了这些问题：

在宾利银行成立之后，我记得该银行的一个新任非执行董事说了一句让我十分不喜欢的话，他说："我想从这家公司得到的，就是定期的、渐进式的增长。"换句话说，他想要这个公司必须每年都有增长。但我们都知道，世界上没有什么东西能够显示出有规律的正增长。你知道这一点，我也知道[5]。

大卫·塞恩斯伯里（David Sainsbury）在他富有先见之明的作品中[6]，回顾了塞恩斯伯里家族企业的私募股权竞购。在他看来，对该企业的竞标，不过是试图收购该公司、出售该公司的资产组合，并在收购过程中，承担额外的债务（就像英超足球俱乐部的新富所有者可能做的那样）。塞恩斯伯里认为，参与其家族企业竞标的人甚至没有假装致力于改善公司的业绩。换句话说，这些人参与竞标的目的，不是为了个人、公司或他们所服务的社区的发展。相反，竞标纯粹是为了实现竞标者的利益。面对这种变化，塞恩斯伯里已经成为进步资本主义的坚定倡导者。但这并不意味着他支持政府干预，也不意味着支持缩减政府影响力和去监管化。相反，他希望能够推动更好和更聪明的政府监管。灵活和强大的监管力知道什么时候实施干预，什么时候允许市场发挥主动性。

塞恩斯伯里的反思属于一种新兴的批判思维流派，这些思考已经开始对晚期资本主义所蕴含的，与人类和社会性质有关的隐性假设产生一些怀疑。例如，心理治疗师和社会评论家苏·格哈特

（Sue Gerhardt）在她的《自私的社会》（*The Selfish Society*）中，探讨了一个专注于个人获取，而不考虑邻里和更广泛的社会关切和需求的社会可能造成的后果，她表示，"自私往往是人际联系失败的征兆[7]"，是互惠性和公共生活的失败。

她所指的问题也许是商业、财政、社会福利和道德之间的关系。斯蒂芬·格林（Stephen Green）在《良好价值》（*Good Value*）一书中，探讨了存在明显缺陷的资本主义如何能够更广泛地考虑精神和社会需求[8]的问题。从一个银行家（格林曾是汇丰银行前主席）和圣公会牧师的角度来看，格林认为，金融服务业对其服务对象负有责任。他赞同塞恩斯伯里的观点，认为企业对社会的责任比其创造利润的目标更为重要。虽然他承认"开放的市场资本主义"可能是创造财富的最佳方式，但其本身并没有规定个人应如何为共同利益而合作。在一个日益城市化、联系日益紧密、要求更为苛刻的世界中，要做到这一点尤为困难，但也更为重要。在当今世界里，对道德和精神的强烈和多元化的压力——这些压力促进了个人和社会的价值和性格的形成——受到了个人主义的自我完善的威胁。换句话说，格林是平衡"私人"（即企业）和更广泛的"公共"领域利益的又一个"软倡导者"。他也表示，类似戴维·黑尔的戏剧《是的力量》所提倡的观点，社会繁荣的未来在于确保每个领域都可以做出独特的贡献。

在《是的力量》中，黑尔虚构了一个支持私有化的银行家与一个政府公务员之间的对话。对话的内容包括：

我自己来自私营部门，但我确实已经厌倦了某种私营部门（组织）的傲慢。当人们说："哦，让一些私营部门的人进入学校，问题就迎刃而解了。"但事实上，我不认为金融行业的工作会像在一所难搞的学校里教一班14岁的男孩那样难。因为在某种程度上，商业是非常简单的，它有明确的目标，其目的是赚钱。因此，存在一个明确的衡量标准用来判断所有附属机构的行动，它们的行动加起来，就是企业取得的整体结果。而管理一家医院就复杂得多，因为很难确定具体的目标是什么。在提供更好的癌症护理还是更好的急诊室之间，不存在以一种金钱的衡量标准，来帮助我们做出选择。此外，经营一家医院意味着要做出一连串无休止的判断，而其标准和目标都非常不明确。所以别跟我说，这比赚钱更容易[9]。

　　黑尔这部戏剧的吸引人之处在于，他质疑了我们对货币和经济学的假设和重视，即我们似乎没有注意到，经济学——实际上是经济体系——不可能是价值中立的。任何经济学，都包含了一套对个人、社区和更广泛的社会繁荣有影响的价值观。在假设当前的经济体系具有任何不变性并已经认为这是理所当然的时候，我们反而应该保持谨慎的态度[10]。

　　关键的问题在于，在大多数发达国家的社会经济体系中，资本主义目前享有了无可争议的主导地位，且资本主义已经成为人类生存的一种"必不可少的条件"。凯瑟琳·坦纳（Kathryn Tanner）等神学家甚至认为，资本主义作为一种观点和哲学，已成为一种信仰体系[11]。然而，我们不应该简单地将经济学解读为一种人造的宗教信条，它也可以披上"硬科学"的外衣——事实上，我们注意到马克思和恩格斯所理解的"政治经济学"一词，已经被改造成更简单、更谦逊的"经济学"了。

　　这种简化的后果很严重，因为"经济学"作为一门学科，可以简单地将一切都简化为商品化的范畴：劳动、服务、关系……甚至是宗教。罗文·威廉姆斯（Rowan Williams）借鉴了迈克尔·桑德尔（Michael Sandel）著作的思路，指出教育是受到商品化威胁最严重的领域，"除了提高利润，教育还可能有其他价值，这几乎是不可想象的。[12]"桑德尔本人认为，社会的平衡已经被打破：

  我们认为，公民的义务不应该被视为私有财产，而应该被视为公共责任。将它们外包是对它们的贬低，是以错误的方式评价它们……在没有完全意识到的情况下，在没有决定这样做的情况下，我们已经从拥有市场经济变成了成为市场经济[13]。

  桑德尔热衷于提倡禁止限制自由市场经济。例如，我们无法"购买"朋友[14]，因为友谊是由某些无法定价的规范、美德和态度构成的，如同情、慷慨、体贴和细心等，这些都无法用市场价值取代。试图以这些特征作为商品出售，将同时在购买行为中破坏它们的存在。

四、小结

  金钱买不到爱情，也买不到真正的友谊。然而，市场在开发和生产替代物方面，有着不可思议的诀窍，这些替代物用快速和即时满足的东西取代了建立关系和发展人际网络所需的缓慢、耐心的过程。理查德·塞内特（Richard Sennett）的文章《在一起》(*Together*)[15]引用了少年菲利普的例子，这位少年在脸书（Facebook）平台上有639个线上朋友，并声称认识其中的绝大多数人。塞内特指出，如果639个朋友每人同时给菲利普发送一条信息或一张图片，并要求菲利普收到后回复，那么菲利普将需要理解和处理816 642条信息——这是一项根本不可能完成的任务[16]。在一个人际关系因经济生活的需求而日益被压缩的世界里，友谊、教育、家庭生活和爱作为社会纽带和人类繁荣的形式出现，将把市场经济放回其应有的位置，即市场经济是社会拥有的东西，而不是拥有社会的东西。

在人类生存的当前阶段中，仍存在一些转机。教会、神学家和运动团体最近开始关注（商业和政府）透明度、公平贸易和税收等问题。货币和市场在其价值方面，并非中立。我们日益意识到，市场经济的短视是建立在一系列的价值和假设之上的，这些价值和假设将个人置于社会之上，将财富置于更广泛的社会繁荣概念之上。在要求政府、企业和金融服务部门承担责任的过程中，21世纪的神学家可能会发挥关键的预言性作用，使社会看到它最初的愿望可能不是人们真正需要的，尽管财富和个人自主权可能很诱人，但人与人之间是相互联系的。人类彼此之间的相互性和社会繁荣，都是关于面包和蜂蜜（金钱），以及经济的不平等性的关系。在这个相互关联的世界里，没有人是一座孤岛。

注释

1. Reed（1978: 139）.
2. Kay（2010）.
3. Day（2017）.
4. Pounds（2001）.
5. Hare（2009: 37）.
6. Sainsbury（2013）.
7. Gerhardt（2010: 115）.
8. Green（2009）.
9. Hare（2009）.
10. 有关此参数的一个例子，请参见，Berry（2003: 207–8）.
11. Tanner（2010）.
12. Williams（2012: 75）.
13. Sandel（2012: 10）.

14. Sandel（2012: 137–41）.
15. Sennett（2012）.
16. Sennett（2012: 145）.

第四章

互惠性的定义 *

近几十年来，有关道德资本主义方法的相关研究得到了蓬勃发展，有助于在企业中传播和提倡新的问责制和可持续性制度。尤其是企业一直处于致力于推动资本主义的"重新道德化"的前沿。企业寻求通过采用新的倡议，从企业社会责任到善因营销等，减轻存在于企业中的潜在有害影响，使企业的目标不仅仅是为了追求利润。最近，企业的道德任务围绕着供应链的"人性化"工作而展开，企业最近对授权、伙伴关系和共享价值的强调，就是最好的证明。在这一背景下，我们发现，玛氏公司独特的道德资本主义模式建立在互惠原则之上。

早在20世纪90年代，在全球供应链中掀起企业社会责任标准的浪潮之前，玛氏公司就对互惠性做出了承诺。在1947年，福雷斯特·玛氏先生就已经提出，玛氏公司的"目标"和"整体宗旨"是以"促进消费者、分销商、竞争者、供应商、政府以及公司员工

---

* 本文作者是凯瑟琳·多兰（Catherine Dolan）、博扬·安吉洛夫（Bojan Angelov）、保罗·吉尔伯特（Paul Gilbert）。

和股东之间，服务和利益的互惠性"的方式来制造和分销食品。此后，互惠性成为玛氏企业的一个关键结构性原则，并在 2014 年成为企业宗旨的最核心内容，当时，玛氏宣布其打算"成为世界上最具互惠性的公司"。尽管这一原则在玛氏公司内部得到强调，并成为对玛氏而言具备战略性意义的原则，但这样的宣言在实践中意味着什么，却不太容易解析，这就促使玛氏智库和牛津大学赛德商学院共同开展了一项为期多年的研究计划，研究内容是"互惠性的概念化和实践"，这也是本章主要探讨的内容。我们希望这项研究能使人们更广泛地理解互惠性，将其作为一种经济模式和管理理论，为现有的企业资本主义的"股东价值最大化"标准提供一种可替代的选择[拉松尼克（Lazonick）和奥沙利文（O'Sullivan），2000 年]。

玛氏与牛津大学的合作研究，提出了一个简单的问题：玛氏企业内部的员工是如何理解互惠性的？然而，这个简单的问题实际上关联到一系列更为复杂而广泛的问题，包括：企业将其商业决策与互惠性原则协调统一是什么意思？我们如何认识互惠性的存在以及它在商业互动中的缺失？互惠性是否代表着一种价值？它是否已经在玛氏供应链中得到了一致的认可？或者我们是否应该将其视为一种为适应不同环境而被调整，但仍然保留了足够的共同意义的价值，以确保企业的不同部门和业务单元能够识别它？

基于对玛氏公司员工（合伙人）和供应商的采访[1]，本章内容阐述了我们为定义和定位互惠性所做的努力。我们并没有假设玛氏公司及其价值链上的不同行为者对互惠性的理解完全一致，而是试图在行为者使用互惠商业的方式中，找出差异和相似之处。我们发现，尽管这一原则的总体意义是道德层面的互惠法则，即"你希望别人怎样对待你，你就该怎样对待别人"[格沃思（Gewirth），1978 年]，但在实践中，互惠性包含了多种含义，这些含义有时是相互竞争和矛盾的，因为玛氏公司内外的个人都赋予了互惠性不同的定义和理解。

在其合作伙伴（牛津大学赛德商学院）将互惠性视为一种新兴的道德资本主义核心原则时，玛氏公司的管理层却声称互惠性是玛氏公司特有的、长期确立的价值观。但玛氏的合作伙伴（员工）将互惠性与责任和互助的道德规范联系在一起时，对于那些参与了玛氏在肯尼亚发起的互惠性试点项目（Maua）的"微型企业家"[2]而言，互惠性的意义更接近于赞助和依附的概念。然而，我们认为，互惠性定义的模糊性并没有造成混乱和不协调，而是作为一种战略资源，将不均衡的共同利益、野心和目的结合起来。我们认为，正是互惠性的易变性使其具备了长期的稳定性，并使其在内部和外部的关系中，都能发挥积极作用。在本章接下来的内容中，我们将讨论互惠性如何在玛氏的关系生态系统中得到体现，并确定商业中互惠性的六个基本属性[3]，这些特性使互惠性具备了作为企业和组织原则的一致性。

一、互惠式企业

经济哲学家早就公开承认，将道德标准作为企业的应急部署，可以通过消除企业的不道德行为导致的低效率来改善资本主义的效果［库斯汀（Kustin）等人，2018年］。这一逻辑也支撑了福雷斯特·玛氏将企业利润的互惠性作为企业核心宗旨的做法。他认为，只有所有的利益相关者都获得成功，只有"公司和所有与之相关的人都实现了共同繁荣"，公司才能被称为成功（迈耶，2015年）。因此，互惠性原则既不是资本主义的替代品，也不是资本主义的补充，而是对公司及其与更广泛的社会关系的重新认识。互惠性是一个将社会和环境价值纳入商业实践和决策中，将阻止"非互助"行为以及企业过度的破坏性后果［布拉德利（Brady），2014年］的信念，并能够催化商业与社会关系的转型和变化（罗奇和雅各布，2017年）。

从这个角度理解，玛氏公司通过商业互惠的方式重塑资本主义的计划，与企业社会责任等企业价值制度有着惊人的相似之处。然而，正如我们即将阐述的那样，玛氏管理层和员工都试图将商业互惠的方法与其他道德商业模式区分开来，无论是企业社会责任、企业慈善事业、共享价值，还是长期以来的互惠企业传统，其成员资格取决于对互惠性机构的投资，而利益的分配则取决于是否具备成员资格。

最值得注意的是，他们还将商业互惠的方法与股东价值的意识形态区分开来，从比股东利润更广泛的角度定义企业的成功，部分原因是玛氏公司作为私人家族企业，保持了相对的独立性（巴杰，2014年），这使玛氏公司能够将利润再投资于企业发展，而不是简单地将其清算为股息（库斯汀等人，2018年）。尽管如此，正如迈耶所指出的那样，"相互分享利润，是推动利润产生的核心，而利润又是达成互助合作的关键"（迈耶，2015年）以及"利润是促进承诺和互惠参与的必要条件，对所有相关方都有好处"（迈耶，2014年）。因此，虽然互惠原则同样重视利润和竞争优势，但其明确的道德要求与强调个人自我利益的常规新古典主义模式不同，互惠性原则更优先考虑可持续的利益。

二、玛氏对互惠性的理解

互惠性通常是指在同一亲属群体的成员之间，发现的一种独特的伦理和经济关系，这种关系以互惠和彼此责任为基础［皮纳·卡布拉尔（Pina-Cabral），2013年；古德曼，2009年］。因此，互惠性意味着一种共同的意义和理解，一种对社区成员彼此行为的规范性期望。这种互惠性的概念——作为一种指导现在和未来互动的包容机制——也隐含在玛氏的道德商业方法中。在玛氏的组织层面上，互惠性被描述为玛氏企业身份的一个基本特征，员工（合伙人）[4]将其与玛氏家族和独特的家族所有权联系起来，这使得玛氏公司能够在其供应链中提供价值（包括社会、人类、自然和财务价值）。

一位玛氏的员工（合伙人）解释说："其他公司也许写了一份企业宣言，或一套原则，或针对价值观的使命声明，但只是挂在墙上，或放在抽屉里，没有人真正去实践它……互惠性将玛氏所有的员工团结在一起，成了我们对待彼此和对待合伙人的方式，以及对待其他利益相关者的方式。所以这是一个极具感染力的叙述。"事实上，在我们与玛氏高层领导以及玛氏箭牌肯尼亚地区员工的访谈中，有一个共同的主题就是互惠性作为玛氏五大原则之一的独特地位。这五大原则分别是：质量、责任、互惠、效率和自由。一位高级管理者（玛氏四个部门其中一个区域总裁）指出：

你会发现，很多其他的公司（你知道，这样的公司很多，我将它们比作是英超联赛）都在谈论企业效率，谈论质量，谈论责任，但我认为互惠性原则和自由原则是一种独特的经营方式，影响了玛氏公司的所有权和结构，对我们的运作方式也产生了深远的影响。

对于这位高级管理者来说，质量、效率和责任等原则并没有什么特殊之处，都是一些常规的"商业服务标准"，并非指导"经理人道德行为或员工行动"的组织价值（威廉姆斯，2011年）。与这些司空见惯的"价值"相比，互惠性被玛氏视为组织实践的试金石，也是玛氏企业文化中充分调动员工积极性的因素，帮助玛氏凝聚了不同的行动者、职能和利益。

然而，尽管互惠性是一个强大的符号，在玛氏不同部门、地区和亚文化的合伙人（员工）之间流传，但在我们要求合伙人定义互惠性时，他们提供了五花八门的理解和定义。正如一位玛氏合伙人所指出的那样，"对不同的人来说，'互惠性'意味着许多不同的东西。我们可能会看到，在不同部门的办公室墙上，都写着关于互惠性的内容，但它可能意味着某种抽象的东西，而它对个人来说，也意味着不同的东西。"毫无疑问，互惠性作为一个充满不确定性的概念出现，能够承载不同的含义，正如我们所认为的那样，使它随着时间的推移而具备了稳定性。互惠性根据不同的情境而变化的特性反而使其具备了实用性。我们发现，互惠性作为一个带有不同含义并能产生组织认同的原则，是玛氏企业六个属性中第一个能够使企业中的互惠性具有连贯性，并有助于在玛氏公司的不同行动者中内化互惠性的原则。

在下文中，我们将研究关于互惠性的不同解释，重点关注玛氏的高级管理者和员工，以及参与玛氏箭牌在肯尼亚的 Maua 项目的员工和微型企业主是如何通过强调互惠性的不同属性，以（1）加强企业认同；（2）理解互惠与增长之间的关系；（3）认识到玛氏的互惠方式，与慈善或公益以及道德的市场交易不同，与企业社会责任和"共享价值"方式不同；（4）包容矛盾；（5）在商业模式中确保公平；（6）思考互惠性随着时间的推移可能凸显的可能性和局限性。显而易见的是，不同的行动者在谈论互惠性时，要么将其作为一种关系的属性，要么将其作为一种方法，换句话说，他们到底是将互惠性理解为只能由关系双方同时实施的东西，还是由玛氏公司单方面作为一种"做生意的方式"而执行的原则。

（一）互惠性与企业发展

在玛氏，关于互惠性的交流已经渗透到所有员工的日常交流之中。它被纳入"玛氏精髓"入职课程和绩效评估中,在玛氏公司的文件和日常接触中不断被提及,并且在玛氏数百个办公室和生产基地的墙上都能看到。尽管它无处不在,一些高级管理者发现依然很难将互惠性作为一个独立的原则探讨,于是选择将互惠性与企业增长联系起来。用一位玛氏区域总裁的话说,"我可以为玛氏引以为豪的增长而努力,这对我来说就足够了,完全不需要其他五项原则的激励。而对其他人来说,只有当公司业绩良好(高于行业平均水平),并在竞争激烈的市场中实现增长时,才能建立起互惠性。我认为,只有当我们在谈论如何做大'蛋糕'时,才会存在互惠性。"另一位担任玛氏全球职务的高级管理者说:"你知道,就是要有能力才能使我们未来的业务规模比现在的更大。如果你带着这种心态去经营,那么你就会意识到,我可以承担起互惠的责任。但如果你带着这样的心态说:'好吧,我需要以不同的方式来分割我们今天的利益,那么就永远都不可能实现互惠'。"对另一位高级副总裁来说,互惠性是与企业增长联系在一起的,因为从持久和相互加强的业务关系中,所有参与者都获得了共同的利益,玛氏公司和他们的合作伙伴都需要对方的成功来实现自身的发展,"所以我认为,互惠性一直存在,但如果我们想要实现互惠的想法,我们的业务增长也需要成为别人的增长。说实话,如果不是我们的业务对客户有利,我们就不会拥有当前的地位。"就这个意义而言,互惠性是通过合作关系中所有行动者的共同成长来体现的。事实上,正是企业追求经济活动本身的目的。我们认为,关注相互关系的生态系统中所有参与者的增长,是商业互惠的第二个基本属性,使其具备了作为一个组织原则的一致性。

(二)互惠不等于慈善

玛氏公司的员工将互惠与慈善形式以及纯粹地追求利润最大化

的"常规业务操作"区分开来，并认为二者在逻辑上属于对立的经济行动形式。

在谈及互惠性的实践时，玛氏公司的一位高级管理者评论说："真正让我们立于不败之地的，是这样一种认知，即互惠并不是慈善。"然而，玛氏的部分高级管理者表达了担忧，因为他们认为互惠与慈善或慈善事业之间的区别正在变得模糊，或正如玛氏的一位高级管理者所说的那样，"对互惠的误解，可能导致企业过于慈善化。"其他人则通过强调价值转移和相互创造价值之间的区别，将互惠与慈善或公益事业区分开来。因此，对玛氏公司的一位地区总裁来说，当务之急是"我们如何能与其他企业一起做更多的事情，这是真正的互助互惠，但不是做慈善"。价值创造，是避免互助的商业活动沦为慈善之举的关键。

当你只是转移价值时，你没有激活互惠的行为。我真心认为，价值是由商业活动、行为和行动创造的。因此，互惠的真正意义在于，企业或玛氏公司如何设计可实现价值创造的活动，并且确保所创造的价值能够在所有的活动参与者之间公平分配。因此，我们要明确如何通过一个公平的途径分享这种共同的价值创造，以确保所有的参与者都能感到自身的贡献得到了应有的回报，而且是公平的回报。

玛氏的高级管理者经常会将 Maua 项目作为玛氏商业互惠性的一个典范。该项目试图通过为 650 名非正式雇用的微型企业家提供机会，请他们在常规销售渠道难以到达的肯尼亚贫民窟和农村社区的小商店和小卖部分发、销售糖果产品（包括玛氏竞争对手的产品），以此来实现互惠性。来自这些社区的微型企业家（被认为是"力争上游者"）每卖出一件产品，就会得到少量的佣金，此外还可以获得月末的奖金。玛氏公司将这一举措视为互惠经济的先驱性试验案例，并有可能在整个新兴市场上进行推广（罗尔和多兰，2006年）。

虽然玛氏的高层管理者将 Maua 项目视为全球商业背景下互惠经济的先驱试验，而且是一个专属于玛氏的独特项目，但它是由玛氏箭牌在肯尼亚的员工促成的，对他们来说，作为慈善事业的互惠项目，与作为商业的互惠项目之间的界限似乎并不明确。一位与 Maua 项目紧密合作的玛氏箭牌管理人员提到，自己一直在努力提醒员工，该项目的目标包括了社会效益，而不仅仅是销售业绩。她说：

财务和销售部门与我们在 Maua 的项目员工之间的关系总是很紧张，因为在 Maua，我们更倾向于社会议程的履行，但销售团队希望看到市场内的销售数字每天都在增长，他们不明白为什么我们要与当地的微型企业家分享利润。

一位高级经理补充说：

每个人都想插手这个项目，并说："好吧，让我们将它转化为一个销售工具吧。"但我会说："不、不、不，它不是一个销售的工具，我们希望能够为当地人带来社会和经济层面的效益。我们已经拥有无数的销售工具，我们已经有了地方销售代表和其他类型的批发商。这个项目的目标，是改善当地人的生活。"为此，我不得不时刻确保员工秉持这个宗旨行事。

这个案例也令我们看到了，互惠性在实施过程中可能遇到的矛盾，玛氏内部不同部门的同事因为经济和道德层面的不同要求而产生了争议，也揭示了商业互惠的第三个属性：互惠的商业关系，被期望区别于慈善和枉顾道德的市场交易，以及企业社会责任和共享价值（下文将会详述）。然而，它提供了一个空间来解决这些矛盾，互惠性才变得明显，这揭示了商业互惠性的第四个属性：鉴于玛氏生态系统中的关系是在特定的社会文化背景下形成的，玛氏的互惠性具备了容纳矛盾并不断发展的能力。

（三）互惠性也不等于企业社会责任或共享价值

玛氏管理者的所有访谈都涉及的一个共同主题，是将商业互惠描绘成一种独特（和优越）的道德商业方式，提供一种全新的道德资本主义形式。例如，企业社会责任的模式，被描述为稍早一步的互惠经济。在一张展示企业的社会和环境影响演变的图表中，企业社会责任被绘制成一个较为初期的、演变程度高的道德公司的发展。玛氏的高级管理者还将玛氏的互惠方法与迈克尔·波特（Michael Porter）和马克·克莱默（Mark Kramer）（2011年）提出的共享价值模式相区别。玛氏公司的竞争对手雀巢公司就采用了共享价值模式。玛氏的一位高级管理者认为，相较于共享价值，互惠构成了一个"更高的标准"，因其目标是"寻求公平"。

参与价值创造的农民生活在贫困中，我可以通过给他提供一些培训，来创造一些共享价值。这个举动将创造一些共享价值，他将变得更好，他将生产更多的产品。共享价值就是这么被创造出来的，但这公平吗？不，我不这么认为，他仍然生活在贫困中……反过来说，当他能够改善生活，从工作中得到适当的回报时，互惠的目标就实现了。现在这意味着什么呢？我们不敢肯定地说他能够立刻脱贫，但这意味着至少能让他获得生活所需的工资。我们很难去界定到底应该分享多少价值，但可以肯定的是，互惠的经济模式强调更公平的价值分享。

在这里，"互惠性"或"公平性"既不是独立于商业模式之外的存在，也不是商业模式的附庸，而是牢固地嵌入商业模式之中的，在我们看来，这就是商业互惠的第五个属性。

（四）互惠性与长期导向

此外，尽管不同的人群对互惠性有不同的解读，但几乎所有人都意识到，玛氏作为一个家族企业以及由此带来的长期定位，使业务（无论侧重点是道德还是战略方面）能够以不同的方式进行。"最重要的是，"玛氏公司解释说，"我们的私人所有权使玛氏能够以长期的视角进行投资、建立业务，并为我们的员工提供福利（玛氏，2017年），而不受财务部门短期盈利目标的限制（库斯汀等人，2018年）。"这表明，长期的时间导向和持久的关系是我们在玛氏生态系统中看到的商业互惠的第六个基本属性。正如玛氏的一位销售经理所解释的那样：

> 因此，我在与新客户打交道时，所做的每一个决定都是在考虑互惠性。所以对新客户来说，什么是正确的，什么能让他们获得最大的利润，而不是让他们陷入不得不清理库存的困难境地……在其他公司，或许他们唯一考虑的因素就是"如何大卖"。我认为，部分原因是其他销售所属的公司所定下的销售目标（以季度为单位），而我认为，玛氏尽管也设定了销售目标，但玛氏倾向于持有一个长期的观点。我认为原因可能在于，玛氏公司是家族拥有，而不是由股东拥有，股东往往追求即时的结果。而对我们来说，玛氏可以着眼于长期，致力于建立更好、更持久的客户关系。

尽管玛氏的长期定位可以促进互惠性的持久表达，但时间也可能给互惠性的实施带来道德层面的障碍。像大多数跨国公司一样，玛氏在其全球供应链中大量地雇用合同工（技术和非技术），他们与玛氏公司的关系通常是短期的。鉴于合约商和玛氏之间的关系在时间上是有限制的，因此，互惠的性质和范围也会有所不同。正如玛氏人力资源部门的一位同事所指出的那样，玛氏的合约商给互惠性原则的履行带来了挑战，因为他们与长期雇员不同，没有同样的机会享受公司的培训等福利（库斯汀等人，2018年）。

永久或长期的商业关系的重要性，对于参与玛氏Maua项目的微型企业家来说也很突出，他们寻求的不是传统上与创业相关的自主和自给自足，而是一种与玛氏之间持久的相互依赖关系。他们希望自己的努力最终能带来永久的就业机会，这样他们就能更充分地进入玛氏公司所提供的保护和赞助范围，"他们是好人。他们告诉我们，只要我们在工作中付出努力，他们就可以雇用我们。只要有工作机会，我们就可以去应聘，这就是我们为什么努力地工作。"当价值链上的行动者——比如Maua项目的微型企业家——没有被完全纳入合伙人（玛氏员工）的行列时，互惠性就不太可能作为一种方式将战略和商业关注与共同的身份或企业文化联系起来——这也将影响到人们对"持久的共享利益"的理解（多兰）。玛氏的高级管理者和一些合伙人之间，以及玛氏箭牌经理和Maua项目的微型企业家之间，存在不同的合同关系，这就意味着每个人对互惠性的理解，以及期望获得的持久性关系和利益种类也存在不同。正如库斯丁等人所观察到的那样，虽然玛氏家族所有权带来的更大的时间框架可能会促进持久的商业关系，但它本身并不具有推动互惠性道德层面的可能性。

三、小结

本章研究了玛氏公司的一个核心原则——互惠性是如何被构建和传播，并成为一个解释和行动框架的。互惠性是玛氏企业实践的一个核心组织原则，它在玛氏公司的内部和外部努力凝聚，并传播了玛氏的企业身份。然而，正如我们对互惠性内容的分析所表明的那样，这个概念包含了多种含义和不同的行动。玛氏高级管理者和玛氏箭牌合伙人对互惠性的解释，以及参加 Maua 项目的微型企业家对互惠性的谈论在"公正的利润""共享利益"和"增长"这样的关键术语方面，仍存在着重大差异。然而，这种不确定性反而有助于掩盖这些不同形式的经济行动（例如，从企业社会责任和共享价值，到慈善行动和赞助）之间的矛盾性质，以及它们的表现方式有助于将具有多种规划的不同人群聚集在一起，并将看似不相容的观点凝聚起来。事实上，正是得益于互惠定义缺乏明确性的特质，使它能够存在于整个公司的内外部，并具有在不同环境下的适应性。

借鉴玛氏生态系统中互惠性的多重含义和组织解释，我们强调了商业互惠的六个基本属性，使其作为一项企业原则，具备了一致性。尽管具有不同的含义，互惠性能加强企业组织的认同感；关注玛氏公司所有参与者的成长；它有别于慈善、枉顾道德的利润最大化模式，也不等同于企业社会责任或共享价值的模式；它已经被嵌入到商业模式中；能容纳矛盾，并有着在不同背景下的适应性；此外，还有一个以持久关系为前提的长期导向。这些属性共同反映了互惠性在玛氏公司的重要战略性地位，以及该原则如何保持其生产能力，从而形成一种经久不衰的道德资本主义形式。

注释

1. 这包括针对玛氏的高级管理者；参加玛氏入职培训的新员工和长期员工；参与玛氏在肯尼亚的 Maua 项目的员工和承包商的采访。
2. Maua 试点项目于 2013 年在内罗毕的贫民窟丹多勒启动，并与箭牌东非公司合作。
3. 这些属性是我们通过对访谈的分析和总结得出的，并获得了玛氏员工的确定。

4. 当玛氏员工回顾他们接受的"玛氏精髓"培训时,这个事实得到了重点强调。玛氏家族对企业的掌控,是推行商业互惠的一个关键因素,即互惠和家族所有权关系的体现。

第五章
互惠经济的根基*

> 显而易见的是……玛氏公司正在致力于探索成为整体商业未来的长期投资者的道路，而不是致力于成为一个短视的、只注重利益的企业实体。
>
> ——玛氏外部同行评审小组（2013年7月）

互惠经济（EoM）管理创新的根源，可以在玛氏公司的DNA中找到。玛氏公司是一家全球性的食品和饮料公司，成立于1911年，当时创始人弗兰克·玛氏先生，最初在华盛顿州的塔科马港市，销售自家厨房里制作的黄油膏。Mars-O-Bar公司于1922年在明尼苏达州的明尼阿波利斯成立，并于1929年在大萧条开始前不久，搬迁到芝加哥。1932年，弗兰克的儿子福雷斯特离开了父亲创建的公司，并承诺其建立的任何企业都要在美国境外开展业务。福雷斯特带着5万美元和家族的糖果配方来到英国，在工业城市斯劳开始了自己的玛氏巧克力业务。他的梦想是建立一个以促进所有

---

* 本文作者是杰伊·雅各布。

利益相关者的"服务和利益的互惠性"为目标的企业。

福雷斯特的"互惠性"经营方式，后来被写入他起草的玛氏人事手册[1]，以及他在1947年撰写的题为《企业目标》的信中（见图5.1）[2]。这个社会性宗旨在1982年由其继承者在"互惠性原则"中再次得到正式的强调。玛氏的社会性宗旨包含了玛氏的五项核心原则，分别是：质量、责任、效率和自由，再加上互惠性，这些原则一直沿用至今[3]。

企业目标

企业的目标，是以促进下列对象的服务，即利益互惠性的方式，生产和销售食品商品：

　　　　消费者

　　　　分销商

　　　　竞争对手

　　　　玛氏商品和服务的直接供应商

　　　　政府机构

　　　　玛氏公司的全体员工

　　　　以及

　　　　玛氏企业的股东

这就是玛氏企业的整体目标，玛氏公司的董事会、全体管理人员和全体员工必须不折不扣地执行这一目标，并在日常的工作中，始终秉持这一目标，将其视为一切工作的指导原则。

　　　　　　　　　　　　　　　　　　　　　　福雷斯特

　　　　　　　　　　　　　　　　　　　　　　1947年7月28日

图 5.1　企业目标（来自 1947 年福雷斯特·玛氏的信函）

资料来源：玛氏家族档案。

玛氏公司现在已经发展成为全球规模最大、业务最成功的公司之一，在80多个国家的420个地区经营业务；雇用了超过10万个

"合作机构"[4]，拥有超过 100 家工厂，并在 5 个业务部门创造了超过 350 亿美元的年收入。这些业务部门涵盖了宠物护理、糖果、食品以及 2018 年成立的名为 Mars Edge 的创业部门。新创部门主要致力于探索数据和营养领域的新机会。

一、致力于互惠经济的玛氏未来实验室：玛氏智库

20 世纪 60 年代，福雷斯特·玛氏亲自主持创建了一个玛氏的内部智囊团，以挑战被视为正统的商业思维。这个内部智库目前由玛氏首席经济学家领导，其目的与福雷斯特的直觉判断密切相关，即"企业管理，就是将数学应用于经济问题[5]"。

在 2006 年底进行了初步研究之后，玛氏智库于 2007 年初启动了"互惠经济"计划，这是福雷斯特先生对管理科学在企业中的作用所做的最广泛的诠释。一个更早的例子，可以追溯到 20 世纪 70 年代，玛氏智库解决了玛氏公司当时面临的一个主要挑战，即可可供应的商业模式问题。当时，玛氏智库帮助玛氏将天气和气候数据引入现有的作物产量预测模型中，以提高预测的准确性，从而帮助玛氏更好地评估市场波动的风险，这在当时被视为玛氏的一个创新。

关于可可豆的早期研究和成果，促使玛氏智库开启了其他定量学科，如统计学、时间序列分析、计量经济学和数据挖掘等领域的研究，这反过来又为过去被视为不可衡量的东西——即营销对销售的影响——提供了强有力的衡量标准。玛氏智库开创的广告评估方法使得玛氏广告的作用力提高了一倍，极大地节约了营销成本，并使玛氏公司具备了营销领域的领先优势，玛氏的竞争对手望尘莫及，难以超越。

二、玛氏互惠经济的旅程，始于一个不同寻常的股东问题

> 对于玛氏而言，什么样的利润水平是正当的？
> ——约翰·玛氏（在2006年底，向玛氏公司首席执行官和首席财务官提出该问题）

玛氏公司的互惠经济历程可以追溯到2006年底，约翰·玛氏（福雷斯特的儿子）与玛氏当时的首席执行官保罗·麦克尔斯（Paul Michaels）以及当时的首席财务官奥利维尔·古德（Olivier Goudet）之间的一次谈话。在谈话时，约翰问了一个问题，玛氏公司的正当利润水平应该是多少。一个股东提出这样的问题，可谓不同寻常，毕竟当时大多数人默认，正当的利润水平应该是企业可以从价值链中提取的最大利润，以确保业绩的持续增长，并保证股东的红利分配。

但是，在2006年提出这个问题时，约翰·玛氏并非想要暗示玛氏家族的股东希望获得更高的利润，而是担忧玛氏公司的利润可能过高。他担心，如果玛氏公司从价值链上的合作伙伴那里获得的收益超过了其正当的水平，就会产生一种挤压效应，导致一个利益相关者挤压另一个利益相关者，以获得更多的利润。以此类推，最终造成一种价值链的不平衡，并最终对玛氏公司不利。正如他向玛氏科学咨询委员会的联合主席（他后来领导了针对玛氏的互惠经济计划的两次外部同行评审）解释的那样，"如果你照顾到价值链的左边（下游）部分（种植者、加工者等），它就会照顾到价值链的右边（上游）部分（制造商、分销商、消费者）"[6]。

约翰提出的这个关乎正当利润的问题，随后被玛氏的管理团队委托给玛氏智库，从而为互惠经济研究项目打开了大门。互惠经济研究的出发点，是一个在商界得到广泛接受的前提，即企业只管理

它们所衡量的东西[7]。因此，玛氏智库假设，要回答"正当的利润水平"这一问题，就必须解决管理激励问题，因为激励措施在很大程度上决定了管理者的行为。要合理地解决这个问题，就必须先研究对于企业而言什么是有价值的，而且哪些可以被企业利用，以创造更多的价值，而不仅仅是获得货币利润（即金融资本）。这反过来，又将推动非传统的（商业）衡量标准的发展，来说明非货币化形式的资本对人（人力和社会资本）和地球（自然资本）的价值。这些非传统的衡量标准，必须要以足够简单的方式让企业管理者使用，还要在不同的市场中保持稳定，并具备强大的科学依据[8]。

三、回到未来：在玛氏公司 DNA 中播下互惠经济的种子

> 企业创始人的信念、价值观和设想，是企业文化的最重要来源，而企业文化的形成，绝非自发或偶然的[9]。
> ——艾德佳·沙因（Edgar Schein），企业文化与组织心理学领域开创者和奠基人、美国麻省理工学院斯隆管理学院教授

尽管玛氏公司的互惠经济历程始于约翰提出的正当利润水平的问题，但却是约翰的父亲——玛氏公司的创始人福雷斯特为这些商业领域的互惠原则的产生，提供了如此肥沃的企业土壤。福雷斯特先生所塑造的文化，被他的子孙后代发扬光大，其特点不仅是互惠性，还有长期的视角：持续的股东再投资于玛氏公司、耐心、风险容忍度，以及愿意资助一个智库长达半个世纪的研究和持续挑战企业内部的现状等。

在他写于 1947 年的那封题为《企业目标》的信中，值得注意的是，福雷斯特颠覆了企业在致股东信函中的传统排序方式，在大多数公司看来，股东的利益是最重要的，因此通常将股东放在最前

面，其他企业的致股东信有时会提到消费者，但往往忽略了许多其他关键的利益相关者，如供应商等，但如果没有它们，企业就无法运营。相比之下，福雷斯特把股东（在1947年时，股东只有他自己）放在最后，甚至竞争对手也被置于股东之上的优先顺序。[10]

这封信的内容，实际上反映了福雷斯特个人的商业价值观。这些价值观很可能受到了他在大萧条期间，在英国从事巧克力业务时的影响。他当时有幸观察了一类特殊的家庭式糖果企业的做法，其中规模最大的10家公司中，有7家由贵格会教徒（Quakers）所创建和经营[11]。

其中，最著名的是吉百利（Cadbury）和能得利（Rowntree），这两家糖果企业的业务在各个层面上都受到企业所有者的宗教信仰的影响。根据创始人的宗教信仰，酒精被认为是造成贫困的一个原因，因此它们选择生产可可和饮用巧克力作为酒精的替代品。乔治·吉百利（George Cadbury，吉百利创始人）和约瑟夫·罗特里（Joseph Rowntree，能得利创始人）都采用诚实和关心员工的家长式企业管理方式，并以有道德地开展业务方式而闻名。正如能得利信托基金所解释的那样，"贵格会成员，不会榨干企业的每一分钱。"

无论是过去还是现在，玛氏都是一家严格意义上的世俗公司，但福雷斯特在20世纪30年代接触到的早期巧克力竞争对手，他们所采用的一些更加面向世俗社会的经营方式，使他产生了"良好商业意识"的共鸣。而即便在经济严重衰退的时期，这些英国公司（玛氏在糖果行业的竞争对手）无可争议的财务成功也进一步强化了这一认知，使得福雷斯特在自己的公司文化中，注入合乎常理的个人的道德和伦理观。在他看来，这包括将互惠性融入企业文化。

福雷斯特的想法似乎也与19世纪在英国出现的"合作"和"互助"企业有一些共同之处。这类企业同样强调长期关系，强调在一系列利益相关者之间，分享利益和服务。然而，我们需要理解的一点是，在这些企业中，互惠性指的是企业的所有权和治理；合作社由工人团体或小店主组成，以实现资源的集中。实际上，每个成员都贡献了股权资本，并分享了公司的控制权。经济学家约翰·凯伊在1991年一篇被广泛引用的关于互助组织的论文中，描述了不同类型的公司在分配从企业经营活动中获得的附加值时，优先考虑利益相关者的方式，"雇员控制的企业将……寻求创造附加值，但随后主要在工人之间进行分配。在农业部门，我们经常看到供应商合作社将创造的附加值返还给利益相关者群体。一个互助组织在分配附加值时，强调其客户的要求。"因此，虽然没有外部股份持有人的事实，可能使传统上被称为互助组织的组织更容易实践玛氏所理解的互惠性，但这两个概念并不一样。

在充满了经济挑战的20世纪30年代，玛氏在英国和美国的家族企业性质使得玛氏在长期管理方面拥有比上市公司更大的灵活性，尤其是福雷斯特的生活方式非常节俭，他每年都会将大部分所有权红利再次投资到企业中。相较之下，上市公司面临着来自股东的巨大压力，需要在短期内，以季度为周期交付经营回报，而福雷斯特在玛氏的长期定位则在很大程度上依赖于忠诚、积极、高绩效的员工队伍，以确保玛氏获得财务上的成功。"'关爱企业的员工，并以互惠的方式运作'，从道德上来看，这不仅是正确的事情，也是对企业有利的事情。这不仅将使企业能够从所有不同层次的员工身上获得令人难以置信的智慧，如果你能真正建立起员工的忠诚度和为公司谋利的驱动力，那么你就将获得市场优势。"[12]

四、从一个研究项目，到一个具有广泛适用性的变革性创新

通过选择并决定开展互惠性经济计划，玛氏在以商业和经济为重点的新科学革命中，占据了领先地位。由玛氏智库开启的开创性

互惠研究，有可能创造出一种持久的企业共享价值，并营造出一个具备竞争优势的营商环境[13]。

——玛氏外部同行评审小组，2013年7月

玛氏智库在2007年初，启动了互惠经济的计划，最初是一个"非常规"类型的研究项目（在晚上或周末开展）[14]。在随后的几年里，这项研究的可喜进展就使其从一个非正式的项目，转变为玛氏智库存在的根本原因和目的。

玛氏智库最初认为，确定"正当的利润水平"这个挑战，涉及道德和社会层面的价值，超越了纯粹的财务问题的范畴。除了要回答正当利润的问题，玛氏智库还需要考虑玛氏的首席执行官和首席财务官提出的两个重要问题，即利润和增长之间是否存在关系？以及是否存在一个最佳的利润水平，以确保企业在未来几十年，甚至数百年内的复原力和持久性？

在调查这些问题的过程中，根据大约3 500多家公司近40年来的业绩数据分析，玛氏智库发现，不存在任何证据表明过去的增长和未来的盈利能力之间，或者过去的盈利能力和未来的增长之间，存在必然的关系，它找到的唯一证据，是过去和未来盈利能力之间的关系[15]。因此，玛氏企业的智囊团建议，玛氏和其他公司对所创造的繁荣的定义，不应局限于狭隘的财务业绩指标（尽管这个指标被包括玛氏在内的企业广泛地使用），而应涵盖企业在其经营的商业生态系统中，在业绩、人力和地球这三大支柱（3Ps）标准下，所创造和/或破坏并加以利用的整体价值。

虽然玛氏智库在2007—2008年悄悄地从研究的角度对这个话题进行了更深入的研究，但2008年10月开始的全球经济危机才真正在全球范围内引发了激烈的讨论[16]，讨论弗里德曼"芝加哥经济学派"的金融资本主义模式是否已经走到了尽头，是否已经变得系

统性失灵。这样的讨论，为玛氏智库新推出的全新商业模式研究计划在玛氏部分地区的采用，提供了重要的驱动力，这反过来又使得互惠性的商业方法获得了玛氏企业内部的正式认可[17]，即可以在玛氏不同部门开展一系列的商业试点。时至今日，这些试点工作仍在继续，且数量逐年增加。

五、玛氏企业内部的互惠性经济试点

长达 24 个月的玛氏饮料（咖啡）互惠性经济试点项目，于 2011 年底正式宣告结束。该项目被拆分为若干工作流，涵盖了从农民到消费者的整个咖啡价值链中的绩效（共享财务资本）、人（人力和社会资本）和地球（自然资本）。后文将对该试点项目进行更详细的分析和探讨[18]。

玛氏智库团队与玛氏饮料以及外部学术伙伴的共同研究发现，人力、社会、自然和共享金融资本事实上可以通过简单的方式衡量，以确保企业可以利用它们，并且在不同的文化和市场中，以及在公司的需求和供应方面具备足够的稳定性和统一性。此次试点项目的结论，也被证明是后续互惠经济试点项目的基础。2011 年，玛氏科学咨询委员会应邀对整个倡议进行了一次长达 9 个月的外部同行审查。

第一个外部同行评审小组，成员包括来自商界、学术界和非政府组织的经验丰富的领头人。该小组于 2012 年完成了评审工作，并于 2013 年 7 月，向玛氏智库和玛氏公司管理层发布了一份报告。报告强烈赞同互惠经济背后的科学原理，并肯定了它实际应用于商业领域的巨大潜力[19]。不久之后，玛氏公司对该倡议进行了进一步的内部审查，特别指出玛氏智库团队的人力资本工作"提供了非比寻常的洞察力，将被用于（玛氏公司）发展这一整体战略杠杆,（该团队）揭露了一个至关重要的新见解，表明社会资本和社区的生产力、发展能力之间,存在着强烈的关联[20]"。凭借外部同行评审小组所得出的令人鼓舞的结论,以及玛氏内部高级管理人员的充分支持,玛氏智库得以启动下一个试点项目,将互惠经济的计划扩展到玛氏生态系统的不同领域。

(一)玛氏公司象牙海岸可可豆互惠经济试点计划(2012—2013年,2014—2015年)

在2012—2013年和2014—2015年,玛氏智库在象牙海岸的一些可可豆种植社区进行了两个实地试点项目,以认定和测量社会资本。象牙海岸地区是世界上可可种植比例最高的地区。这些可可豆试点的结果,证实了在咖啡的相关试点研究中发现的模式,即同样的三个变量——在这个项目中简化为信任、社会凝聚力和集体行动能力——在受试的社区中,共占社会资本构成的80%以上。值得注意的是,这样的结果是在另一个与之前的试点项目有着明显不同文化背景的地域中取得的。此外,研究小组在象牙海岸的试点项目中,取得了另一个突破。从两个可可试点的数据中,玛氏智库发现,一个特定农业社区的社会资本数量与该社区的农业生产力以及农民为提高作物产量而提升其种植方法的倾向之间,存在显著的相关性。因此,玛氏智库得出结论,社会资本(以及后来的人力资本)是任何以提高产量和维持生活质量为目标的干预措施中,一个不可或缺的潜在关键因素[21]。

(二)箭牌肯尼亚试点项目(2012—2013年)

在玛氏饮料前期完成的互惠性经济计划试点项目的基础上,在第一个象牙海岸的可可豆探索性试点项目进行的同时,玛氏箭牌肯尼亚试点项目于2012年在瑞士苏黎世的玛氏智库箭牌工作车间启动[22]。这是玛氏首次尝试将互惠经济的一些非货币化指标(如人力和社会资本）作为关键绩效指标和新的管理实践，为玛氏的箭牌业务部门创造一种新型的市场路线业务。在这个试点项目中，玛氏箭牌在东非的工厂是箭牌在非洲地区唯一的口香糖工厂。玛氏的管理层认为，这个试点项目的主要动机和目标是："希望通过玛氏箭牌的业绩为人类和地球带来改变。在我们建立和发展业务的过程中，（玛氏箭牌）部门也将采取措施，利用从 PIA（行动原则）指标试点中学到的知识，首先帮助（企业）形成决策和衡量影响。"[23]

肯尼亚试点项目最初由五个独立但又相互关联的工作流组成，覆盖整个肯尼亚市场。其中最重要的工作流很快就吞并了其他四个工作流，并成为后来的 Maua[24]。现在，Maua 已经成为玛氏箭牌口香糖一个可行的、快速增长的、面向社会的微型分销业务，在内罗毕以外的贫民窟和肯尼亚的一些农村地区经营。如果用传统的分销方法，将无法到达这些地区[25]。Maua 挑战了传统的分销路线（RTM）方法，这种传统的分销方法，通常使用主分销商而不是微型分销商寻求为股东实现利润最大化，并且不是将满足利益相关者的需求作为实现健康业务的手段。对于互惠经济的实践，以及支持玛氏箭牌试点项目的业务部门而言，Maua 在许多方面都可谓真正的商业突破，它证明了通过使用非传统（非财务）的关键绩效指标，将利益相关者的利益置于股东利益最大化之上，可以实现既可扩展，又能提供可衡量的社会价值的高绩效企业[26]。

玛氏智库通过 Maua 试点项目了解到，要释放成功和可持续的分销路线，就需要构建一个商业生态系统，以满足个人及其社区的需求，以及与新的、非传统的（商业）机构合作的需要。这也需要企业重新思考用于支持、衡量和奖励长期成功的传统指标、激励和问责制度。

2018 年 6 月，玛氏箭牌部门决定，在全球范围内扩大 Maua 的实践规模，对分别于 2013 年和 2014 年作为玛氏智库试点项目开启的肯尼亚和菲律宾的现行 Maua 项目进行全面控股和进一步投资，并启动了一项将 Maua 做法扩展到坦桑尼亚、埃及、尼日利亚、印度和中国等市场的计划[27]。

六、与牛津大学的合作伙伴关系

在 2014 年 6 月，玛氏智库与牛津大学赛德商学院建立了为期 5 年的联合研究伙伴关系，启动了一项名为"互惠性商业"（MiB）的计划[28]。这项跨界合作计划于 2018 年 10 月 1 日进入第 5 个年头，其目的是进一步推动互惠经济方面的研究，并开始围绕这一方法开展全球的运动，以可衡量、可推广和可扩展的方式，使企业变得更加负责任。这项计划不同于典型的企业社会责任计划，因为在全球范围内，绝大多数传统的计划都没有做到这些事情，无论它们在地区层面获得了多大的利益。

七、小结

互惠经济的历程，从很多方面来看，目前仍处于"入门的初级阶段"，未来还有很长的一段路要走。

在本书编写的过程中，玛氏公司最大的两个业务部门——玛氏宠物护理和玛氏箭牌，已经赞助了多个新的互惠经济试点项目，以便在不同的市场和部门中测试其有效性。

- 如前所述，由互惠经济研究项目提供支持的 Maua 微型分销到市场的方法，正由玛氏公司向非洲、南亚和东亚国家进行全球推广。
- 玛氏智库正在印度进一步测试 Maua 方法。作为将玛氏全新的、物美价廉的营养品推向市场的一种方式，除了为当地员工提供良好的就业机会外,还提供健康和保健等附加好处。
- 在中国,玛氏多个部门的人力资本互惠经济试点项目确定了玛氏整个员工队伍的真正幸福驱动力,其他几个新的互惠经济中国试点项目刚刚确立,并预计将会很快扩大规模。
- 在象牙海岸地区,尽管全球大部分的可可豆都来自这里,但当地农民仍然深陷贫困,新成立的玛氏可可企业目前正与玛氏智库合作,探索如何应用互惠经济的方法,来帮助农民摆脱贫困,同时帮助保障可可豆的供应。
- 玛氏公司快速增长的高端宠物食品业务——皇家宠物食品,与玛氏宠物营养品在波兰的业务一样,在非常成熟的欧洲市场赞助了一个互惠经济试点项目。
- 玛氏兽医保健业务,目前正在赞助互惠经济的新试点项目,包括在北美地区的首个互惠经济项目试点。
- 一种新的互惠经济的"互惠损益"单一底线会计方法,现在已经准备好进行实际业务测试,包括测试这种涵盖范围更广的损益是如何改变经理人的行为等[29]。
- 在撰写本报告时,玛氏智库正在为一家非玛氏公司——总部设在欧洲的全球零售集团——进行其第一个互惠经济试点项目,以探索新的商业生态系统,并分享互惠经济的经验。这些经验可以通过这种试点的方式,传播到另一个经济部门,产出新的经验,以进一步推动互惠经济的普及。

玛氏内部:将目标付诸实践

玛氏公司总裁兼首席执行官格兰特·里德(Grant Reid)

在过去的几年里,玛氏公司投入了大量的时间和精力,研究玛氏作为一家私营家族企业的特点。在当今世界里,能够阐明企业的立场,比以往任何时候都重要。这对我们的合作伙伴(我们避免使用雇员这个词)、消费者、客户和公众都很重要。通过这样的自我反思,以及与我们的利益相关者就玛氏的独特之处进行的对话,我们得出的答案是,玛氏与众不同之处就在于其企业的社会性宗旨:"我们希望创造的明日世界,始于我们今日的经营方式。"这一简单而有力的表述,将玛氏作为一家秉持五项原则(质量、责任、互助、高效、自由)为指导的家族企业的历史,与玛氏希望自己和世界实现的未来联系起来。这不仅仅是一个空喊的口号,而是玛氏做出的承诺,即根据玛氏的企业目标,从多个维度衡量企业的表现。玛氏家族要求,玛氏董事会和管理层在下列多个方面承担责任,包括财务业绩指标、玛氏的积极社会影响,以及玛氏赢得利益相关者的信任等方面。

对玛氏来说,没有目标的利润是没有意义的;但同样地,没有利润的目标也是不可能实现的。我们的信念是,企业可以,而且应该在呈现卓越的业绩的同时,使世界变得更美好。而我们并不是在孤军奋战,研究表明,以目标为导向的公司,表现均优于平均水平。对玛氏而言,商业从来都不是一个零和游戏,即只有在别人输了的情况下,自己才能赢。相反,我们一直在寻求为玛氏和玛氏的利益相关者创造持久的、共享的价值——这正是福雷斯特·玛氏先生在1947年首次描述"互惠性"原则的定义。当今世界面临的挑战,与第二次世界大战后的20世纪40年代不同,但它们同样令人生畏:贫困、水资源紧张、气候变化、侵犯人权,以及其他社会和环境问题正在阻碍人们、社区和企业充分发挥潜力。在应对这些挑战方面,企业有着不可推卸的作用和责任,因为这就是正确的事情,因为在一个无法繁荣的环境中,企业也不可能独自繁荣。

互惠经济是一个强有力的概念,它反映了社会和环境的价值,可以根据企业的运作方式来创造(或损害),而且企业需要非金融

第五章 互惠经济的根基

形式的资本（人力、社会、自然）来保持运作，就像它需要金融资本那样。本章详细介绍了一些案例研究，它们有助于将这一观点变为现实。例如，受互惠经济启发的商业模式，Maua 微型分销途径的业务正在帮助玛氏在新兴地区和传统营销模式难以到达的社区里，实现高质量的市场和利润增长，与此同时，还将在这些社区创造持久的商机。

企业管理，要求企业对如何利用有限的资源产生最大的影响做出选择。通过提供有意义的非金融形式的价值措施，补充传统的金融资本措施，企业可以帮助管理者掌握更全面的数据点，反过来说，这可以改变我们关于投资回报的理解，使这些资本形式之间的相互依存关系以及它们对弹性业务绩效的影响变得更加清晰。

在当今世界里，劳动力群体和公众都希望企业能够发挥领导作用，不仅仅是作为经济增长的驱动力，而且是作为帮助世界应对挑战的力量。重塑管理实践，对利润和企业目标有着更宏观的看法，将帮助企业不辜负这些期望，同时创造持久的商业利益。我非常期待这能为玛氏创造一个全新的、与众不同的未来。

互惠经济有着光明的前景。迄今为止，玛氏公司并没有将从该计划中获得的经验视为自身的知识产权，而是将其视为知识资本，乐意与具备类似宗旨的组织公开分享。在许多方面，玛氏智库认为，互惠经济是一种不存在对抗性的事物，因为玛氏（和其他采用这种方法的企业或人群）乐于告知众人它所能为企业创造的诸多好处，而不是把它当成自己的秘密武器。因此，互惠经济旅程的下一步将从 2019 年 1 月开始，尝试在一个开放的合作空间中进行，本书将在其他章节予以详述。

注释

1. 摘自《玛氏人事手册》，英国玛氏斯劳原址，1947 年，玛氏博物馆，弗吉尼亚州麦克莱恩郡。

2. 《企业目标》，福雷斯特·玛氏的信，1947年，玛氏家族档案。

3. 玛氏的五项原则，详见 https://www.youtube.com/watch?v=7PniaEqe478.

4. 玛氏公司将其员工称为"合伙人"，旨在强调每个员工的贡献都与企业的成功密不可分。

5. 《福雷斯特·玛氏的甜蜜王国》，《财富》杂志，1967年。

6. 约翰·玛氏在与玛氏科学咨询委员会主席弗兰克·阿克斯就其2006年提出的"正当的利润水平"问题的谈话中发表的评论，2012年。

7. 玛氏智库一贯强调解决管理激励问题的必要性，并在互惠经济计划之初就开始探索新的非财务形式的资本。但在2017—2018年通过与牛津大学合作，将非财务指标引入试点企业单位的损益表把以前的纯财务损益表变成"互助损益表"，使之变得更加具体。这项工作正在进行中，并在本书的其他章节中进行了深入介绍。

8. 《互惠经济的解释》，玛氏公司内部文件，由杰伊·雅各布、阿拉斯泰尔·科林-琼斯、弗朗索瓦·劳伦和布鲁诺·罗奇等人起草，供玛氏公司的高级管理人员使用，于2018年春季发布。

9. Schein（2010）.

10. 同第2条注释。

11. 贵格会教徒是宗教教友会的成员，这种信仰在16世纪中期，作为一个新的基督教教派在英国兴起，今天仍以各种不同的形式存在于世界各地。贵格会教徒信奉慈悲、社会平等、正直和简朴……时至今日，许多贵格会成员把对地球的管理作为践行标准。摘自贵格会信息中心，详见 http://www.quakerinfo.org/ index.

12. 引用英国社会企业组织首席执行官彼得·霍尔布鲁克（Peter Holbrook）在接受汤姆·伍丁（Tom Woodin）采访时所说的话。

13. 《玛氏互惠经济——行动原则指标外部同行评审总结报告》，玛氏公司内部文件，由弗兰克·埃克斯（Frank Akers）提供，2013年7月。

14. 玛氏首席经济学家和玛氏智库总经理布鲁诺·罗奇转达给作者的观点。

15. 玛氏智库的内部分析，使用贝氏分类器算法和其他技术，对3 500多家收入超过10亿美元的公共和私营公司的数据进行分析，时间跨度长达40年，标准普尔，2007年数据。

16. 虽然在2008年10月经济崩溃后的几个月里，全世界有数百篇新闻报道质疑金融资本主义模式的可行性，但值得注意的是，这种激烈的辩论延伸到了弗里德曼模式的媒体堡垒，如《金融时报》等媒体，该报后来推出了一个名为"资本主义的未来"的系列报道。

17. 2008年底和2009年初，关于当前形式的金融资本主义的未来可行性的公开讨论，促使玛氏公司一些对玛氏智库正在探索的多重资本方法最严厉的批评者放弃立场，或以其他方式平息反对的意见，从而使互惠经济在2009年4月，在玛氏公司位于弗吉尼亚州麦克莱恩郡的全球总部所举行的内部研讨会上，被正式提请玛氏管理团队和玛氏家族成员注意。这次研讨会促使玛氏饮料和玛氏食品总裁自愿主办第一个企业风险管理试点，而玛氏饮料被选中，主要是因为其规模非常小，以及因为玛氏智库的小团队同时运行多个试点的能力有限，除此以外，还因为玛氏饮料管理团队对该主题的共同热情。值得注意的是，从2009年至今，玛氏饮料管理团队的成员包括玛氏执行副总裁，同时也是玛氏箭牌糖果的总裁（马丁·拉德万），玛氏全球服务的总裁（安吉拉·曼吉潘），以及玛氏宠物护理公司最大部门的首席财务官（贾西克·萨尔琴斯基）等。现任的玛氏公司全球企业事务副总裁安迪·法拉赫（Andy Pharoah）在担任箭牌公司分部的企业事务主管时，是箭牌公司在非洲的第一个互惠经济实验性分销渠道试点项目的总协调人。

18. 更多详细信息，可见 Roche 和 Jakub（2017 年）.

19. 《玛氏互惠经济——行动原则指标外部同行评审总结报告》，玛氏公司内部文件，由弗兰克·埃克斯提供，2013 年 7 月。

20. "PIA 指标结论和建议的下一步行动"，玛氏科学咨询委员会联合主席弗兰克·埃克斯起草的玛氏内部文件，总结了 2013 年 10 月 22 日玛氏内部对互惠经济计划的高级别审查的关键结论。请注意，这份文件没有注明日期，但几乎可以肯定是，这份文件应该是在审查当天或在 2013 年 10 月 22 日全会审查后的一周内撰写和提交的。

21. 同第 19 条注释。

22. 因作者本人参加了这次研讨会并帮助组织了这次研讨会，因此对这次研讨会有直接的了解。

23. 同第 20 条注释。

24. Maua 是斯瓦希里语，意思是"盛开的花朵"。这个名称是由参与该项目的一个微型经销商提出的，因为销售区域呈花朵状分布。由于 Maua 已经在其他地方被复制，并且现在是玛氏箭牌糖果类产品全球推广工作的主题，这种以斯瓦希里语命名的互惠经济分销途径模式得以"品牌化"，并已经成为标准。

25. 另见 Maua 案例研究，《揭开隐藏的财富：肯尼亚 Maua 项目——一个需求侧的商业模式》，生态互助网站，并见 Roche 和 Jakub（2017 年）。

26. 详见《揭开隐藏的财富：肯尼亚 Maua 项目——一个需求侧的商业模式》案例研究，同时发布在牛津大学赛德商学院的网站 https://www.sbs.ox.ac.uk 和网站 https://eom.org，注：Roche 和 Jakub（2017 年）对 Maua 也有详细讨论。

27. 《互惠经济：市场推广之路，带来全球机遇》，玛氏内部 PPT，由玛氏箭牌全球糖果业毛利规模化团队在玛氏智库的协助下提供，2018 年 6 月。

28. 详见《研究项目赞助的协议》(Agreement for the Sponsorship of a Research Project)，玛氏公司与牛津大学赛德商学院之间达成的主要协议，2014年6月。另见《主要条款协议》，具体说明了玛氏公司和赛德商学院的共同意图，即开展为期5年的合作，以推进互惠经济的普及和实践，2014年6月［由玛氏公司董事会的斯蒂芬·巴杰和赛德商学院院长彼得·图法诺（Peter Tufano）代表牛津大学共同执行］。
29. 哈佛大学的罗伯特·G. 艾克尔斯（Robert G. Eccles），作为综合会计的发明者而广为人知，是玛氏智库在这项互惠经济工作中的主要合作伙伴，同时也是前文提到的牛津大学赛德商学院MiB计划的合作伙伴。

第六章

互惠性与负责任企业的概念*

金融资本主义的核心原则——股东至上和利润最大化——正在经历批评和重塑。自 2008 年以来，我们已经听说了多种不同形式的资本主义，从有觉悟的资本主义，到包容性资本主义、资本主义 2.0、创造共享价值，当然还有本书的主题——互惠经济。

这些概念都可以被理解为某种特定类型的资本主义，并根植于一个自由市场和私有制体系中。但与金融资本主义相比，前述的每一种不同类型的资本主义都提供了显然不同的商业目标愿景。正如迈克尔·波特和马克·克莱默在《创造共享价值》(Creating Shared Value, 2011 年) 中写道: "企业的目标必须被重新定义为创造共享价值，而不仅仅是追逐利润本身。" 然而，虽然上述所有概念都可以合理地理解为具有"重塑"企业宗旨的共同目标，但它们在不同的层面上，提供了解决方案，包括高度概念化（如价值、原则和逻辑）和非常技术化（如实践和流程）等层面。

本章旨在比较关于负责任的商业资本主义（RBCs）的不同概

---

* 本文作者是阿拉斯泰尔·科林-琼斯、苏德拉·罗摩·穆尔蒂（Sudhir Rama Murthy）。

念之间的异同。我们将在下文中，首先提出一个分类框架，为比较分析提供一个基础，同时帮助拆分和组织每个负责任的商业资本主义的概念。本章的第二部分，将讨论分类框架对互惠经济的具体贡献。

一、负责任的商业资本主义：分类和范式

将有意识的资本主义的目标描述为给企业提供"一个新的范式"，即"企业需要变得更有大局观，设定更有深意的综合目标，企业必须重新思考自身存在的原因"[斯特朗（Strong），2009年]。这样的陈述显然坚持了负责任的商业资本主义的总体目标，但它为什么会成为一种新的范式？重新思考企业的目标，是否可以构成一个新范式？建立"仆人式领导"[麦基（Mackey）和西索迪亚（Sisodia），2013年]、综合战略和三重底线会计[约翰·埃尔金顿（John Elkington），1998年]的新做法，是否等于新范式？以格拉德温为代表的研究人员[格亚德温（Gladwin）等人，1995年]也从范式的角度进行分析和论述，并认为前述的所有新概念必须要具备全新的原则、全新的语言和全新的视角，"这并不是因为负责任的商业资本主义必须是完整的概念，而是因为它们必须与现有的观念竞争，才有可能取而代之，夺得主导性地位，这就是基于范式的研究方法提出的目标。"

基于范式的观点[1]，是物理学家和哲学家托马斯·库恩（Thomas Kuhn）提出的概念，在社会科学和自然科学中都有很大的影响力，但在社会科学领域的应用却并不明显[2]。事实上，经济学家约翰·凯伊说，"范式"是"管理学研究中，被过度使用和滥用得最多的术语"。然而，考虑到负责任的商业资本主义挑战金融资本主义基本原理的野心，以及目前更广泛的经济和商业世界所面临的社会

政治危机背景，使用范式观点被认为是合适的。事实上，库恩认为，对一个主流范式的基本哲学的挑战，表明范式变革有可能发生。

范式不仅仅是"模式"的同义词。正如哲学家玛格丽特·马斯特曼（Margaret Masterman）所指出的那样，库恩的思想涉及了范式的三个主要含义：元范式、社会学范式和人工构造范式。

表6.1 资本主义世界观下的三类范式

资本主义世界观		
元范式	社会学范式	人工构造范式
与企业、社会和地球之间的互动有关的核心假设和认识论立场。例如，金融资本主义中的股东优先概念	驱动、构建企业活动和管理者行为的习惯、框架和原则。例如，利润最大化和短期主义	确保企业实际工作实施的具体商业模式、实践和工具，例如，会计准则和季度报告
具体化程度低	具体化程度中等	具体化程度高

- 元范式，具备哲学性质，提倡一种"新的观察方式"，重点在于知识和假设。
- 社会学范式，是得到公认的方法和习惯；在商业领域，这相当于企业文化、战略或商业模式。
- 人工构造范式，是最具体的范式，提供具体的工具、实践和教科书等。

换句话说，一个范式是由前述所有的意义组成的，它们共同构成了一个完整的世界观。因此世界观被认为是"信仰、价值和概念的组合，赋予世界一个人的体验和意义"[诺顿（Norton），1991年]，也是构成工作所需设备的人工范式和构造范式。表6.1展示了这些范式与资本主义世界观的关系。

二、范式观点分类法的应用

那么,当我们将这种范式观点应用于负责任的商业资本主义的主要类型时,会发生什么?

(一)企业社会责任

任何关于责任企业的讨论都绕不开企业社会责任的概念。企业社会责任的想法已经存在了一段时间,源自企业有义务为社会进步而努力的信念,并且影响了商业和社会相关领域的研究、讨论和行动。

然而,这是一个宽泛的领域,定义也很松散。它包含了(最坏的情况下)故弄玄虚的"漂绿"①公关行为,以及一些有价值的、严肃的概念,它们可以合理地纳入我们对负责任的商业资本主义的定义中。我们将不会在本章中详细研究企业社会责任的整体贡献。然而,利益相关者理论是其中一个突出的想法,为此我们将在下文详细讨论。作为企业社会责任的早期分支理论,利益相关者理论能够为理解新兴的负责任的商业资本主义概念提供一个重要的出发点。

(二)利益相关者理论和有意识的资本主义

哲学家和管理学者 R. 爱德华·弗里曼(R. Edward Freeman)称,利益相关者理论是资本主义的"新叙述",以企业特定团体和个人之间的关系为基础,后者能够影响或受到企业活动的影响,并被当成关键的"分析单位"。在我们的分类中,将利益相关者而不是股票持有者作为分析的核心单位,就是对金融资本主义在元范式层面

---

① 在发达国家,"漂绿"(Greenwashing)一词,专指某些公司或项目,假借绿色环保之名蒙蔽公众,其实别有所图,甚至与环境保护背道而驰。——译者注

上的旧假设进行了根本性的重新审视。事实上，这触及了问题的核心：公司的宗旨是什么？是通过赚取尽可能多的利润为股东服务，还是如利益相关者理论所主张的那样，将股东纳入其他的利益相关者群体之中，公司也必须为其他类型的利益相关者提供价值？

因此，利益相关者理论是以"规范的核心"为基础的：它在本质上论述了企业的宗旨，及其对社会和地球的义务问题。换句话说，利益相关者理论已经挑战了主流范式的最基本假设。

然而，利益相关者理论不仅仅是一系列本质的哲学问题，也可以从社会学范式的角度来考虑。

在社会学层面应用的利益相关者理论，被称为干系人参与。它要求高管在思考企业的战略运作时，不能只考虑逐项交易，或以合同为中心基础。相反，高管必须先考虑更复杂的多个利益相关者[3]，无论是员工、客户、供应商、社区、政府，还是股东，所有这些利益相关者都在某种程度上受到企业活动的影响，因此企业必须积极管理其活动对整个利益相关者的生态系统的影响。最近，学者讨论了利益相关者的双向参与的重要性。换句话说，高管必须转变思维，成为考虑周到的倾听者，而且企业外部的利益相关者对企业绩效本身有很大影响。

然而，当涉及构造范式领域时，利益相关者理论似乎没有贡献什么具体的工具和人造机制——会计方法和营销体系除外。在会计领域，该理论推动了增值报表、环境影响和可持续性报告，以及企业社会信息披露等方面的发展。在市场营销方面，各种利益相关者记分卡的使用是一个很好的例子，它们为公司跟踪和衡量其关键利益相关者的满意程度提供了实用的工具。

与利益相关者理论密切相关的，是由全食超市（Whole Foods Market）的首席执行官和联合创始人约翰·麦基（John Mackey）创立的。有意识的资本主义运动获得了日渐高涨的拥护。有意识的资本主义非常明确地继承了利益相关者理论的规范性假设,它使企业的宗旨超越了利润最大化,达到了所谓的"更高层次的目标",并强调需要培养良性的企业文化和英雄般的管理层。因此,与利益相关者理论类似,有意识的资本主义通过强调企业宗旨、文化和领导力,在推动企业积极转型中的作用,对元范式和社会学范式层面的思考,做出了建设性的贡献。然而,它并没有为最高管理层以下的经理人和员工或高级管理者提供进一步的管理工具,以便在决策复杂问题时,能够真正实施有意识的资本主义原则。归根结底,有意识的资本主义的具体可操作性,并没有摆脱对企业文化、首席执行官的领导力,以及对利益相关者普遍管理的依赖。

(三)创造共享价值

创造共享价值,也许是负责任的商业资本主义中最受关注的一个分支,因为它是由迈克尔·波特和马克·克莱默在 2011 年的《哈佛商业评论》上发表的一篇文章中所提出的。

创造共享价值的核心思想,来自 C. K. 普拉哈拉德(C. K. Prahalad)著名的金字塔底层理论(BoP)和少数企业社会责任战略文献。这些文献认为,社会项目应该被纳入企业战略的核心,因为"企业和社会被对立了太久"(波特和克莱默,2011 年)。通过将这些问题从边缘转移到核心,企业可以通过下列三种方式产生社会和经济价值。

- 对产品和市场的重新认识。
- 在价值链中重塑生产力。
- 在公司所在地建立起支撑性的产业集群。

波特和克莱默将创造共享价值描述为"提高公司竞争力的政

策和运营实践，同时推动公司所在社区的经济和社会条件的改善"（2011年）。因此，创造共享价值作为"企业政策和运营实践"，具备了社会学层面的推动力，且作为一个范式，发展出其社会学层面的核心模式、战略和惯例。然而，重要的是，波特和克莱默把创造共享价值表述为"重塑资本主义"和回应"资本主义新概念"的广泛需求的途径和方法。然而，为了履行这一雄心勃勃的目标，创造共享价值同样需要在元范式层面进行更彻底的重新表述。在这个意义上，这个分类揭示了一个重要的概念技巧，需要我们给予一定的关注。

一个总部在发达国家的大型跨国企业进入发展中国家寻求盈利能力和社会价值的双赢，可以被视为创造共享价值的典型案例。为了实现双赢的目标，该公司重新制定其产品和商业模式，以满足当地市场（发展中国家市场）的要求。常见的产品改制将包括美容产品的一次性试用包装和更小的商品尺寸，以提供更低、更实惠的价格。同时，该公司将重新考虑其供应链的布局方法，通过在当地建设基础设施，建立一个当地的集群，以最大限度地提高价值创造的机会。最后，该公司可能会与非政府组织合作，招募当地资本匮乏的企业家来分销产品，并在此过程中，为后者提供额外的培训和创收的机会。

在这样的例子中，企业肯定重新思考了其商业战略和实践，但它关于商业活动的基本假设是否发生了变化？乍一看，创造共享价值的目标似乎已经取代了利润最大化的动机。然而，仔细观察就会发现，金融资本主义的两个关键假设仍然没有改变，即企业中心主义和金融效益优先。

波特和克莱默对当地集群发展的阐述清晰地表明了这一点："于是，企业的任务就是要关注那些对公司自身生产力和增长构成最大限制的弱点，并找出企业能够最直观影响的领域，以及那些合作更有成本效益的领域，因为这些领域，就是最有可能创造共享价值的地方"（2011年）。因此，他们建议企业只参与那些对自身生产力和增长影响最大的集群发展，且认为企业应该毫无顾忌地将成本效益放在首位。归根结底，当涉及企业和社会之间的关系时，除了企业和社会各自的利益完全一致的极少数情况外，在创造共享价值概念中，企业的利益依然高于社会效益。在创造共享价值概念中，社会是一个合法的利益相关者，但其重要性依然是次要的，仍需要服从于传统的财务体系，以及以企业利益为中心的目标。

一个类似的例子是雀巢公司的 Nespresso 业务，它从非洲和拉丁美洲的小农户手中购买优质咖啡豆。这个项目同样实践了波特和克莱默描述的供应链干预措施，如生产力培训小组和银行贷款担保等，尽管这些做法十分合理，它们仍然是以公司利益为优先的商业活动。换句话说，创造共享价值可以帮助企业创造共享价值战略和商业模式，但其根本目标并非彻底改变企业和社会的基本关系。创造共享价值的机会依然没有跳出金融资本主义现有的假设和限制。

在人工构造范式层面，创造共享价值没有提供任何具体的有关新做法或新细节的信息，尽管在如何进行地方集群发展、利用技术提升物流效率，以及降低资源消耗等方面提供了一些宽泛的建议。在创造共享价值中，虽然社会价值被视为商业模式价值创造的组成部分，但其表现仍然从根本上依赖于传统的成功衡量标准，即以利润、增长，有时还包括可持续发展记分卡等为重点。但这些做法没有一个是创造共享价值所独有的，也没有哪个表现出与更负责任的资本主义所产生的经营方式有明确的联系。

根据前文的分类分析可以看出，创造共享价值的主要贡献体现在社会学层面，它提供了一个令人信服的共享价值战略概念，能够为企业创造社会和经济价值。对于企业而言，创造共享价值可以作为一种补充的"惯例"，使企业能够以可行的方式解决企业社会责任相关的问题。尽管提出了类似宣言，但它没有在任何有实质性的、元范式的意义上改变企业的根本目标。事实上，创造共享价值作为一个概念得以流行和普及的另一个解释，或许是它的实施不需要企业的根本转型，只需要重新塑造企业战略，使其在新的时代中能够适用即可，这也意味着企业根本不需要开展更多的实质性变革。

（四）互惠经济

2007年以来，玛氏智库——玛氏公司的内部智囊团，和一些来自一流大学和商学院的学术伙伴一直在共同研究、开发和进行互惠经济的试点项目。尽管以"互惠"为核心，但互惠经济与诸如共同所有权、共同基金或听起来类似的"互助经济"等概念没有直接关系[4]。

尽管互惠经济最初是通过一个具有深刻的哲学和实用商业后果的问题，即"什么是企业的正当利润水平"为基础构思而来，但互惠经济的实际诞生是在人工构造范式层面：即在创建替代传统财务体系的一个非财务性管理指标[5]。在确定谜题是什么之前，互惠经济就已经着手开发了解谜工具："互惠经济一开始是一个人工创造的范式，后来成为一种研究工具，但同时，如果它能够取得成功的话，就会演变成为一种范式，而且是以一种潜移默化的方式"（马斯特曼，1970年）。

2014年以来，基于这些新创建的非财务管理指标，玛氏智库和牛津大学赛德商学院以及法国高等经济商学院（ESSEC Business School）的学者进一步发展了互惠经济，在其模型中添加了额外的实践和框架内容。这些都是互惠经济在社会学范式层面的重要发展，包括本书其他章节讨论的生态系统协调和跨行业合作。有趣的是，在社会学范式层面，互惠经济、创造共享价值和利益相关者理论之间，出现了大量的重叠和相似之处。在人工构造范式层面上，互惠损益是一种新的会计做法，旨在通过将非财务资本纳入管理账户，激励企业采用更负责任的管理行为。

然而，最终依然要落到元范式层面上，互惠的概念为互惠经济提供了一种独特的伦理，使其既能对抗金融资本主义的主导地位，又能将模型（社会学范式层面）和工具（人工构造范式层面）结合起来，构建一个务实可行的替代方案。换句话说，仅凭借任何单一的工具或策略，互惠经济不可能改变一个范式。然而，从三个范式层面结合来看，互惠经济比其他负责任的商业资本主义更具有一致性和连贯性。因此，虽然互惠经济和其他负责任的商业资本主义在社会学和构造这两个范式层面上无疑有相似之处，但仍存在重要的区别。例如，在创造共享价值战略中，生态系统的协调要求企业重新认识自身的产品和市场以及价值链。然而，在创造共享价值中，重新认识的过程并不要求企业从根本上消除以自我为中心的理念，尽管它将考虑更广泛的社区利益和自身商业活动对环境的影响，但其商业活动仍然是自私自利和被利润驱动的，只是在识别共享价值机会时，会变得更加谨慎和具有战略性。

作为互惠经济的核心道德观，互惠的道德观成了这个理论在元范式层面的主要不同之处。在生态系统协调中，互惠性不仅要求企业将自己作为系统中的众多参与者之一，而且还要求将一个不以企业为核心的目标作为主导。此外，互惠经济中，生态系统描绘的实践明确地要求企业从其他利益相关者的角度理解整个生态系统及其问题。因此，在互惠经济体系中，企业的目标将为其他利益相关者所经历的痛点制定解决方案，整个商业模式必须是可盈利的，但企业的每项活动并非都能直接创收。互惠经济将他人的问题作为公司的核心目标，而企业作为商业主体的独特贡献，在于开发出能解决这些问题的可行的、可持续的方法。

三、小结

根据库恩的三个范式层次，对这些负责任的商业资本主义进行的评估表明，大多数理论仍然处于库恩所说的"标准范式前状态"。它们都吸引了越来越多的拥护者；它们正在发展各自的哲学、模型和工具；但它们仍然缺乏跨越三个范式层次的一致性，无法为金融资本主义提供一个真正的、切实可行的替代方案。总体而言，这就是互惠经济下一步的研究和实践，需要致力于解决问题和迎接挑战。

库恩的范式观点还显示，在评估创造共享价值和一些企业社会责任类型的倡议等模式、战略和工具时，需要谨慎行事，因为它们很容易被视为可替代的解决方案。虽然它们可能声称遵守负责任的商业资本主义的元范式，但我们最好将它们视为金融资本主义的内在演变，尤其是创造共享价值。这些新兴的战略最终未能挑战金融资本主义的核心假设和认识论。

对金融从业者和研究者来说，转变范式的任务是一个复杂而痛苦的过程，无论从生态系统层面，还是从个体参与者层面来说，都是如此。它要求我们改变根深蒂固的做事方法和看问题的方式，并最终成为一个挑战，需要改变我们对商业领域"做事"和"看问题"的理解基础。它将要求我们采取新的行为、新的表述和新的范式。

注释

1. 援引玛格丽特·马斯特曼在《新的范式》(*The Nature of a Paradigm*)中的一句表述（1970: 67）。
2. Cf. Friedrichs（1970）.
3. 弗里曼将利益相关者定义为"能够对组织目标施加影响，或受到组织目标影响的任何团体或个人"。

4. Jackson(2016).
5. 从这个层面上开始,它成了负责任的商业资本主义概念中可以说除了三重底线会计之外,最独一无二的范式,虽然这种方法最初在很大程度上有关可持续性议程,而并不关于负责任的商业资本主义的话语。

第七章
致力于互惠的生态系统协同 *

人们通常认为,企业的社会性宗旨是改善社会福祉的"更高尚"目标,而不是仅仅追求企业利润的最大化。然而,这种对企业"行好事"行为的强调,并不是为了取代企业在经济层面"表现良好"的目标,而是为了支持企业取得更好的业绩。在大多数企业组织中,企业宗旨的制定,似乎仍主要以内部为重点,通过对员工进行比利润更有意义的投资,调动员工的积极性。然而,企业的社会性宗旨首先是要在企业外部,而不是在内部的社区里贡献积极的社会影响。本章提出了商业生态系统协同(BEO)的战略活动,它作为一种手段,将使企业能够在实现其更高尚的目标的同时,抓住新机会,创造价值和利润。

商业生态系统,是一个由参与提供产品或服务的企业组织组成的网络,参与的形式包括了企业间的竞争与合作。从本质上讲,企业一直在供应商、客户、竞争对手和其他利益相关者的生态系统内

---

* 本文作者是西尔万·雷米(Sylvain Remy)、朱莉·克洛科斯塔(Julie Kolokotsa)、简·昂德鲁斯(Jan Ondrus)、亚辛·埃尔·卡茨奇、尼古拉斯·格拉迪(Nicolas Glady)。

运作。然而，随着数字化程度的日益加深，企业需要更谨慎地处理资源的汇集，这也使不同的利益相关者能够面对变化，并获得新的商业机会。换句话说，商业生态系统内的利益相关者群体正在积极地共同创造价值。

一个更宏观的企业目标，即一个具备超越企业自身边界影响力的目标，就其本质而言，将触及传统的主要利益相关者，包括股东、雇员、客户和供应商等群体之外的其他组织或个人。例如，它可以涉及非营利组织，或涉及可能对企业施加影响的社区等。同样地，除了主要利益相关者之外，商业生态系统还汇集了来自不同行业或不同类型的利益相关者。为此，有觉悟的企业有可能与这些新的利益相关者接触，并协同商业生态系统，以实现其企业目标，携手创造共享价值。

本章探讨了企业目标通常是如何在内部赋予组织权力的，但如果该目标不能在外部产生社会影响，则可能无法实现。此外，本章还解释了为什么商业生态系统的概念能帮助我们更好地理解企业活动涉及的诸多不同利益相关者和共同创造者之间的互动。最后，本章还探讨了企业如何通过具体地应用商业生态系统协同，在不影响自身利润的情况下，真正为社会做出积极贡献。

一、企业内部和外部的社会性宗旨

正如科林·迈耶和布鲁诺·罗奇在前文所讨论的那样，利润最大化一直被认为是企业经营的基础和核心，但企业的社会性宗旨则来自对企业如何与社会互动的更广泛理解。企业一心一意地关注利润，并不能满足人们对更高社会目标（也就是"行好事"）的需求。一个企业组织如果不能激励其员工和其他利益相关者做出积极的社会贡献，其业绩最终可能会表现糟糕。相反，一个具有更宏大社会性目标的企业组织更有可能激励其员工,为企业组织的发展做出重大和创造性的贡献。

一个行之有效的社会性宗旨,应阐明一家企业为社会做出积极贡献的雄心目标。例如,美国制药公司赛诺菲(Sanofi)的宗旨是,"了解并解决世界各地人们的医疗保健需求。"这一声明的重点不是赛诺菲公司本身,而是更广泛的社会阶层,其关注的焦点也不在财务业绩上,而是集中在如何满足人类更基本的医疗保健需求上。与此形成鲜明对比的是汽车制造商日产,其企业宗旨没有声称只关注利润,似乎只专注于改进自身的产品,其企业宗旨是"日产提供独特和创新的汽车产品和服务,与雷诺合作,为所有利益相关者提供卓越的、可衡量的价值"。这样一个专注于企业自身的目标,意味着它激励员工的力量可能是有限的。

一个雄心勃勃的企业宗旨能够带来的一个好处就是,它可以激励员工,为更广泛的社会阶层做出积极贡献,而不仅仅是为自己工作的企业组织做贡献。这种激励将使员工在工作之外,对社会和更高理想的个人认同产生共鸣。一旦员工能够因一个共同的目标团结起来,他们就会对企业和同事产生更多的认同感。

此外,员工可能会感到,他们也有能力采取与企业总体目标相一致的举措。企业对利润的纯粹关注,往往会导致一种相当机械化的组织管理风格,使员工被限制在企业分配的角色中。与此相反,伟大的企业宗旨更能够吸引员工,提供更大的空间,让他们自己去应对新的挑战:被解放出来的员工,必定将创造更多价值。

然而,企业要制定和实施一个广泛的、积极的社会目标,可能也会面临诸多挑战。首先,这样一个目标比高效生产和销售商品或提供服务的传统商业活动要雄心勃勃得多。此外,社会型企业目标有时会与传统的商业目标直接冲突。例如,赛诺菲的企业目标是改善全球的健康状况,这不仅是一个很高的要求,而且,这样的目标在充分实现的情况下，反而会导致药品的实际销售量减少。

其次，一个广泛的社会型企业目标主要是为了在公司外部实现社会影响，它对企业内部的影响只是附带的效果。但是，具有讽刺意味的是，由于许多企业组织接受社会目标的前提是为了鼓舞和激励本公司的员工，因此大部分相关的管理实践最终面向内部开展。然而，如果企业目标并没有真实地追求外部效应，那么，它可能也无法在内部实现激励和变革。

因此，根据一个社会型企业宗旨制定的优先事项，应该从内部转移到外部，从首先促进公司发展，变成首先促进社会影响。只有当一个公司拥有了实现企业宗旨的有效外向型方法时，它才有可能转向内部，确保企业组织内部管理与外部方法保持一致。

什么样的外向型管理实践有可能推动更广泛的社会型企业目标的实现？在过去，企业一直通过简单的市场交易（买卖合同）和竞争来与世界互动。这种类型的互动只要求企业依靠其主要利益相关者（供应商、雇员、客户和股东）来进行就可以。而一个更广泛的社会型企业目标（而不是利润目标），意味着企业与外部世界接触的方式需要发生变革。它要求企业与外部世界的互动方式超越简单的商业交易，超越主要利益相关者和竞争者要求企业将目光转向其他类型的互动，以及其他类型的利益相关者。

二、外部转型从商业生态系统开始

商业生态系统包含的利益相关者和互动形式比传统的、与企业组织直接相关的主要利益相关者群体和互动方式更广泛。商业生态系统中包含的其他利益相关者，往往是与企业组织有着一致目标或互补资源的其他组织，二者可能有相同的客户或用户，但不是竞争对手。例如，飞机制造商和机场都为航空公司服务，但彼此之间不存在竞争，这是因为飞机和机场服务是航空公司的互补性资源。

这种更广泛的利益相关者网络意味着商业生态系统可以实现跨越传统行业和部门的合作。企业、非营利组织、社区和政府，它们的目标可能相互关联，使得这些不同领域的不同部门在一个特定的生态系统中，可能关注同样的问题或承担同样的责任。例如，制药公司与政府卫生机构、医院和病人组织有很深的关系，但不仅仅是以供应商、客户或竞争者的角色互动。同时，商业生态系统在包括这些新型利益相关者的同时，依然包含了供应商、客户和竞争者等传统的主要利益相关者，因此，商业生态系统的概念呈现出对商业环境更宏观的看法。

这些新类型的利益相关者之所以存在，是因为除了市场交易之外，新类型的互动也开始在商业生态系统中发挥作用。数字化进程改善了通信能力，使各利益相关方能够更好地协调，从而使价值链可以被分解成更多利益相关者控制的小环节。数字化产品和服务特别适合拆分、重组和捆绑，因此可以涉及众多利益相关者。

随着价值链分得越来越细，各利益相关者越来越需要共同创造有竞争力的产品和服务组合。共同创造的利益相关者将资产汇集起来，开发共同的解决方案，并以可销售的产品和服务等形式呈现。这有别于传统的方法，即由每个利益相关者独立创造价值，然后与其他人交换产品和服务（即创造的价值）。价值的共同创造，是在产品和服务被交换之前，在各利益相关者之间，以相互依赖的形式开展。共同创造的形式通常是交流知识或共同开发新知识、提供解决方案（即共同创新）。例如，为了推动电动汽车的创新，汽车制造商需要与一系列利益相关者，如新技术供应商、电力公司、政府和汽车保险公司，以及他们的传统零部件供应商和销售伙伴等携手合作。

商业生态系统还包括通过市场交易实现的价值交换。例如,在过去,一个飞机制造商与(上游)部件供应商、(下游)航空公司交换产品或服务,它们成了飞机制造商的主要利益相关者。然而,为了保持竞争力,它现在还需要与机场、机场行业协会,以及为机场和航空公司提供系统和服务(用于飞机和飞行服务)的供应商进行横向的共同创造,而按照传统的定义,这些供应商并不是飞机制造商的主要利益相关者。当企业与自己的供应商或客户共同创造时,除了市场交易之外,也可以进行共同创造。例如,软件用户群体积极地为软件产品的改进做出贡献,如微软的测试用户计划等,已经是常见的做法。

从企业的角度来看,商业生态系统包含了更多的利益相关者,因为它们包括不同类型的利益相关者之间进行的不同类型的互动(见图7.1)。显然,独立的价值创造只涉及重点企业内部的利益相关者(图7.1里的中心闭环);价值交换(即产品和服务)只能在重点企业与其主要利益相关者之间进行[1]。相互依存的价值共同创造,是将重点企业与非主要利益相关者以及主要利益相关者联系起来的唯一互动类型(图7.1中的深色箭头)。因此,生态系统观点将价值创造的范围从独立(仅与主要利益相关者)扩展到相互依赖(可能包括非主要利益相关者)。

至关重要的是,如果还考虑到共同创造价值的机会,商业生态系统可以扩展到涵盖更多的利益相关者。一些企业组织即使还没有以任何方式互动,但依然可以有一致的目标或互补的资源,这些互补的优势就可以为共同创造价值的新机遇提供基础。此外,如果各企业组织制定了合作的战略,那么,最初非常薄弱的互补优势也会带来有趣的机会。换句话说,各企业组织可以积极调整各自的目标和资源,以开展合作;同样的原则也适用于那些已经以某种方式产生互动的利益相关者群体,促使它们追求更多的互动机会。此外,商业生态系统还包括那些传统的、独立创造价值的机会。简而言之，商业生态系统描述了利益相关者之间在现有的一致性基础上，进一步协同的潜力[阿德纳（Adner），2017年]。这种变化的潜力意味着生态系统的利益相关者可以集体应对和适应威胁或利用商业机会。这也意味着，当利益相关者因为各自的目标和资源的演变而达成或脱离一致性状态时，商业生态系统的状态也会随之变化。

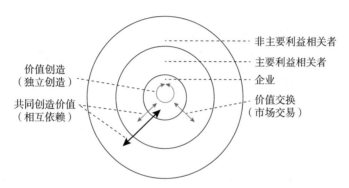

图 7.1　商业生态系统各利益相关者的范围和互动形式

三、协同商业生态系统的利益相关者与企业社会性宗旨的利益相关者

共同创造价值的机会是商业生态系统和企业宗旨的结合点。然而，生态系统利益相关者不一定就是企业宗旨的利益相关者。二者之间如何实现协同呢？

当企业设定了一个宏观的企业目标时，可能存在无数的行为者声称与企业目标之间存在"利害关系"，因此企业宗旨的利益相关者群体是指任何可能影响到企业目标，或受到企业目标影响的组织或个体。例如，赛诺菲的企业宗旨称："旨在了解并解决全球民众的医疗需求。"从字面意思来看，这个企业目标已经涉及无数的组织机构和人群。因为论述不充分，我们也无法确定相关组织机构和人员在赛诺菲企业目标中的优先次序。事实上，仅仅有可能被企业的目标影响，并不足以证明企业与利益相关者之间的互动。

很少有企业目标的利益相关者能有机会与企业一起为目标的实现做出贡献。这可能是因为二者之间的目标差异性过大，或这些利益相关者的资源与制定企业目标的公司资源之间的互补性太低。企业目标的利益相关者可能会认为，企业的运营对社会有害，并因此拒绝合作；或因为它们的资源可能位于距离企业过远的地方，例如在遥远的其他国家，而导致无法进行合作或互动。同样，战略决策也可能决定利益相关者的态度，企业目标一致性较低的利益相关者可能仍然会出于战略考虑，决定努力协调自身的目标，或开发更多的互补性资源，以开展与企业的互动或合作。

然而，商业生态系统则是由目标一致和资源互补的利益相关者组成。事实上，只有在目标一致的情况下（如实现航空运输），资源（如飞机和机场）才显得互补。更确切地说，只有在控制资源的组织之间存在共同创造价值的需要或机会时，商业生态系统才会出现。某些资源可以是互补的（如笔和纸），但不需要它们各自的生产者之间进行共同创造。这就是"利害关系"在商业生态系统中的含义。商业生态系统的"利害关系"，是指利益相关者各自的合作动机，以便结合各自的资源，实现价值的共同创造。因此，一致的目标成了商业生态系统的核心，而目标和企业宗旨是两个密切相关的概念。

通过评估与利益相关者共同创造价值的机会，商业生态系统的观点就成了在实践过程中区分无数的企业目标的一个有效方法。顾名思义，企业的主要利益相关者已经参与了企业的独立价值创造过程，但非核心利益相关者则没有。通过选择商业生态系统，非主要利益相关者可以实现相互依赖的价值共同创造。同时，这些共同创造的机会应该与企业的目标一致，这样一来，非主要利益相关者也与企业目标建立了联系，使得协同成为可能。

总之，所有的生态系统利益相关者都应该是企业目标的利益相关者，但反过来却并不一定成立，因为只有一部分企业目标的利益相关者提供了价值共同创造的机会，其中包含一些非主要利益相关者，也就是说，它们只是通过价值共同创造的机会，才与公司发生联系；其他的则是主要利益相关者与公司独立创造价值的核心联系在一起，但也可能提供价值共同创造的机会。

四、商业生态系统利益相关者围绕企业社会性目标开展的协同

商业生态系统的利益相关者可能致力于追求各自不同的企业目标[2]。而这些各不相同的企业目标都可能决定一个不同的生态系统。那么，有着不同企业目标的利益相关者如何能在一个统一的商业生态系统中开展合作？第一个答案是，企业目标和生态系统利益相关者的目标不是一回事；第二个答案是，商业生态系统的协同。

企业目标和协同目标之间的差异，解释了潜在的不同企业目标的生态系统利益相关者如何仍能找到共同点，进行共同的价值创造的问题。协同目标一致，是进行价值共同创造的关键。在市场交易的世界里，目标一致不是必备的要素，因为买方和卖方只需要就物品和价格达成一致即可。然而，在共同创造价值的世界里，所有的利益相关者都需要同意把资源放在共同的地方，然后进行合作，尤其是在共同创新等合作结果的不确定性很高的情况下，目标的一致性就显得更为重要。生态系统的利益相关者在更高层次的目标上，可能存在企业目标的些许重叠，但它们更应该在低层次上设定一些一致的目标，以便达成合作和共同创造价值的意向[3]。在确保目标一致的基础上，各利益相关者都可以就价值共同创造的机会达成

一致。

顾名思义，企业的目标主要落在公司的层面上，但生态系统的各个利益相关者可能在组织规模上存在巨大差异。这些组织可以是任何规模，从刚起步的新公司到巨型公司（或非营利部门和政府部门）等。此外，生态系统的利益相关者可以是整个组织（如公司），也可以是它的一个下属单位（如一个业务单元）等。在共同创造价值的机会中，利益相关者的规模决定了它们的决策水平，而决策水平的高低也因利益相关者的不同而不同。例如，一个巨型公司的子业务部门可以决定与一个相对较小的初创公司进行共同创造。在这种情况下，初创企业可能是受企业目标的驱动而参与，但巨型公司的子业务部门参与合作的动机，或许是为了确保本部门的低层次目标能够与巨型企业的整体高层次目标协同一致。

生态系统中的各个利益相关者之间达成一致的形式，可以是各自目标协同一致，也可以是通过各利益相关者之间的谈判和相互影响来达成协议。这就是商业生态系统协同的作用，它是协调生态系统各个利益相关者的另一种方式。商业生态系统协同，是面向多个利益相关者的协调，以便在更传统的交易活动之外，实现价值的共同创造。

价值创造的协调，通常需要统一的管理，以防止或解决争端［威廉森（Williamson），1991年］。在市场交易的合同世界里，争端可以通过法院等正式的仲裁机构解决，但在价值共同创造的非正式世界里，这个方法行不通。价值的共同创造，必然需要某种形式的等级制度，以强制执行无数个关于如何分配资源的偶然选择。这种等级制度通常局限于企业组织的边界内。事实上，企业组织的构成，可以被定义为一系列"制造或购买"决策的结果，这些决策的制定，取决于外部仲裁的可取性或不可取性。有些活动可以外包，因此在发生争端时，可以通过正式的仲裁解决。而其他活动因为外部仲裁不可行或成本太高，只能在内部进行（因此不需要签约）。在商业活动的预期结果难以定义，或存在高度不确定的情况下，后一类情况就会发生。这也可能是由于保护成果不受外界影响的难度或成本太高导致的，正如大多数知识产权遭遇的情况那样。

共同价值创造的创新之处在于，将这种决策带到任何单一企业组织的边界之外，并使其在多个组织机构之间发生。共同价值创造先从两个企业组织之间开始，如竞争公司之间达成的"共同竞争"联盟。雷诺和日产之间的联盟，推动了共享汽车平台的共同研发，这些平台可以组装二者旗下任何一个品牌的车型。但不存在竞争关系的组织之间更容易开展共同创造，并增加了多个组织共同创造的可能性。在空客新飞机推出之前，世界上所有的主要机场都会与空客协调，进行调整，以确保最佳的互操作性，而更加正式的共同创造将允许更多的共同创造者会集起来，进行协同创造。例如，苹果的 iOS 和谷歌的 Android 等伟大的技术平台，向独立的应用程序开发人员和出版商提供特定的资源（如计算机代码），使得成千上万的人能够与平台共同创造。

与企业内部的价值创造一样，在共同创造的组织中，需要存在某种形式的等级制度，这样才能体现出领导力，并能以较低的成本解决分歧。雷诺是"雷诺+日产"联盟中的协调者，空中客车在与机场的协调中起主导作用。这种做法的局限性在于，共同创造者的数量不能过多，以及由此产生的，在互动中需要一定程度的正式性。苹果或安卓与它们的应用程序开发者之间的关系，是由正式的合同来规范的，这些合同在司法系统中具备法律效力，为此我们仍然可以将苹果和安卓视为协调者，但共同创造者之间的协调，在此类情况下将不再是非正式的关系。

一个协调者是如何出现的？一个由共同创造者组成的生态系统是一种非正式的组织，所以协调者并不是由任何人正式任命的。共同创造的联盟中，要有一个利益相关者站出来扮演协调者的角色。这个可能充当协调者的利益相关者应该如何对其他利益相关者行使必要的权力？在企业内部，权力是以雇佣合同的形式来支撑的，雇员在正式的等级制度下服从老板的领导。而共同创造的生态系统与前者的一个关键区别是，利益相关者之间的任何权力都是非正式的［除非共同创造本身变得正式化（具备法律层面的约束力），如 iOS 和 Android 的案例］。生态系统的协调者可以从它们控制的独特资源中获得非正式的权力［古拉蒂（Gulati），普拉南（Puranam），塔什曼（Tushman），2012 年］。这种资源可以是有形的（如一项关键技术），也可以是无形的（如声誉）。例如，大型企业可以凭借丰富的资产或市场主导地位，建立其在商业生态系统中的领导地位。然而，即使是像初创企业这样资源匮乏的组织，也会因为一项关键的创新，或对市场、行业的独特知识，而策划新的生态系统（尽管规模可能有限）。确切地说，正是因为初创企业缺乏资源，它们才需要协同系统，控制互补资源的利益相关者。

因此，生态系统中的协同并不意味着对自己的伙伴和它们的全部资源进行持续、全面的控制，而是一种分散的、以机会为导向的控制形式，以便调动或开发特定的、互补的资源。除了领导权力之外，另外一个关键的问题是，在商业生态系统中，一个有着自身企业目标的协调者是否能够具体地对其他生态系统的利益相关者施加影响，以调整后者的目标，并使之与自身的企业目标相一致（见图7.2）。施加影响的形式可能多种多样，例如，通过社会关系、游说当局、分享高价值的知识、构建理念等。例如，爱迪生通过将大规模的电力网络设定为煤气照明网络的类似产物，从而为部署大规模的电力网络创造了驱动力。在开发新的共同创造机会的背景下，利益相关者之间的相互影响和协调适应更容易达成，这是机会的内在新颖性所导致的，意味着参与者能够相对地摆脱现有资源和固定的做事方式的约束，这使他们能够与他人协调，并在协调者的领导下，规划各自的贡献。反过来，这也会推动利益相关者通过协调发展高度互补的资源，从而充分利用市场机会（见图 7.2）。总而言之，生态系统的协同是企业将利益相关者与自身的目标相统一的一种方式。

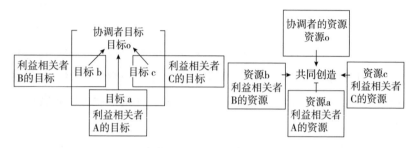

图 7.2　利益相关者目标和资源的协同一致

在这个共同创造过程的早期，协调者还必须决定，在所有的企业目标的利益相关者中，谁是追求生态系统目标的共同创造机会的最佳生态系统利益相关者，而判断的基础可以是各个利益相关者（包括协调者）的初始资源的互补程度，也可以是各个利益相关者为企业目标做出贡献的动机。这是因为较高的积极性可以在一定程度上弥补资源的不足。通过选择或放弃特定的利益相关者，协调者可以根据自身的企业目标塑造整个商业生态系统。因此，一个协调者可以通过巧妙的选择和调整来调和具备不同企业目标的生态系统利益相关者。然而，这个方法是否成功仍将取决于管理层的质量。所以，一个不那么熟练的协调者可能反而会扰乱利益相关者的协同。

总而言之，利益相关者各自的企业目标可以被分解成更适合特定生态系统的目标。反过来，一个核心利益相关者有目的、有技巧的协调，可以使其他利益相关者的目标进一步协同到一个统一的生态系统中。因此,"有目的的协调"本身不一定是在追求特定企业目标的完全实现,而只是追求与生态系统目标相一致的,更具体的目标的实现。

五、每一次的共同创造机会,都将通过协同的目标推动各自企业目标的实现

正如前文所述,共同创造是一种将非主要利益相关者整合到由有目的的公司协调的价值创造系统(生态系统)中的方式。事实上,共同创造是企业与非传统利益相关者互动的最有效方式,因为从本质上讲,企业的作用是创造价值。某些类型的组织,如非营利组织或社区,可能无法作为公司的(上游)供应商,或(下游)客户参与价值的创造,但它们可以通过共同创造价值的方式,横向参与企业的商业生态系统。

共同创造是一种确保更广泛的生态系统目标得到具体推进的方式。这不仅仅是因为共同创造的利益相关者的利益和目标与主导企业的目标相一致。最重要的是,共同创造为利益相关者提供了机会,使它们能够为自己保留一些共同创造的价值。利益相关者获得的任何价值都代表了企业宗旨致力于实现的部分社会影响。生态系统的协同不会自动产生积极的社会影响,但却是一种可靠的方法,可确保企业脚踏实地地实现其更高尚的社会目标。

例如,丹麦著名的制药公司诺和诺德,能够将多个利益相关者纳入其全球抗击疾病的行动中。尽管按照全球企业的标准,诺和诺德只是一家中等规模的制药公司,但得益于明智的合作战略,它成功地将世界主要城市(哥本哈根、墨西哥城、休斯敦、上海等)的管理者纳入行动计划中。首先,诺和诺德以可信的方式表明其企业宗旨是战胜糖尿病,哪怕以牺牲自身的药物销售量为代价。而企业目标

的真实性是争取非营利性、社会问题导向的利益相关者参与的关键。

其次，它将城市选定为解决糖尿病问题的关键领域，因为城市具备了高人口密度、容易诱发糖尿病的生活方式、统一的政治治理等特征。一旦城市管理部门被动员起来，就可以说服更多的当地利益相关者效仿，如具有相关医疗保健知识和影响力的地方社区和卫生机构，以吸引高危人群的注意。

最后，诺和诺德通过利用其在全球运动中的领导地位，以及其在糖尿病及其治疗方面的专业知识，包括其为城市提供的保健工具包，来参与地方性的共同创造活动。每个新加入的城市伙伴可以使用诺和诺德提供的数据框架和救灾模型来进行"脆弱性易感性评估"，以确定每个城市中最容易患糖尿病的人群。然后，参与项目的各个合作组织须通过努力确定接触目标人群的最有效方式，例如，是通过基于信仰的组织提供积极的生活方式培训，还是通过私下的接触进行个体筛查。根据不同城市的不同特点，诺和诺德会开展比预期更广泛的活动。以上海为例，诺和诺德通过加强组织间的合作，促进现有目标的实现。

生态系统协同并不意味着诺和诺德是所有这些合作举措的管理者。在许多情况下，由当地政府牵头可能更合适，因为这样可以加强当地政府对各种活动的控制权。生态系统的协同意味着诺和诺德成功地通过调动和影响各个利益相关者和它们的资源来实现其自身的企业目标。

六、小结

总而言之，有意识的生态系统协同通过协调宏观的企业目标与价值创造，带来了诸多方面的好处，并最终为企业带来了利润。它重视各个利益相关者各自的目标和资源，将它们视为拥有各自权利的能进行共同创造的伙伴。它使非传统的利益相关者也能与企业一起参与价值创造。这种角色使非传统的利益相关者成为有觉悟的企业的积极伙伴，而不是企业社会责任的被动受益者。它将利益相关者在企业目标中的"利害关系"重新定义为一个向前看的，共同创造价值的机会，而不是一个向后看的，获取企业自己创造的价值的机会。利益相关者获得的共同创造的价值，体现了有觉悟的企业宗旨中致力于实现的部分社会影响。

最后，生态系统协同是企业根据价值共同创造的机会来评估利益相关者的一种实用方法。这种共同创造价值的机会与企业目标一致，但同时也能够为企业创造利润。有觉悟的生态系统协同是一种能够帮助企业利用每一次的共同价值创造机会实现自身企业目标的方法。生态系统协同将一个宏观的企业目标从高远目标分割成可管理的具体目标。对于更习惯于股东价值最大化和传统商业目标的企业来说，高于利润的企业目标似乎是一个准乌托邦式的愿景。然而，有觉悟的生态系统协同为实现这些宏观而高尚的企业目标，提供了一个切实可行的管理实践。

注释

1. 如果非主要利益相关者与重点企业交换了价值，则它就转变为主要利益相关者。
2. 或等同于一个企业的非营利性宗旨，政府机构等。
3. 高水平或低水平，指的是战略决策的水平。

第八章
企业目标的履行：商业生态系统协同的实践*

安永灯塔研究所（EY Beacon Institute）关于商业目标的一项研究发现，"1994年以来，关于'企业/组织目的'的公共讨论，已经增加了5倍，（并且）现在正以指数级的速度发展，超过了关于可持续性的公共讨论。"然而，在关于企业目标的讨论增加的同时，实施和最终实现企业目标的实际方法仍然不足。

毋庸置疑，造成研究与实践之间差距的部分原因，是实现一个具体的目标，如解决一个社会或环境问题本身就很复杂。许多外部利益相关者和自然因素可能会对关键的目标结果造成强烈的影响。因此，任何声称能帮助企业组织实现其目标的方法论，都需要承认这种复杂性的存在，并提供可行的解决方案。为此，它不仅要提供一种方法来帮助企业理解利益相关者的生态系统、目标、能力、关系和挑战，而且还要提出一种有意义的方法，通过有助于实现企业目标的手段来吸引它们的参与。换句话说，如果传统的公司可以保持以公司为中心的经营视角，那么以企业目标为导向的企业组织将

---

* 本文作者是亚辛·埃尔·卡茨奇。

别无选择，只能采用以生态系统为中心的视角，将企业目标作为其生态系统的核心。

本章将关注实践者的观点，并为企业提供一种具体的方法，确保这些致力于实施和履行有觉悟的企业目标的组织能够通过将企业目标作为价值创造模式的核心，推动有觉悟的企业目标的实现。我们将这种方法称为"商业生态系统协同"。需要注意的是，这个方法论不是一个外部的可持续发展或企业社会责任框架，它是一个商业模式设计和实施的方法。它可能会导致企业质疑当前的商业模式和实践的有效性。因此，正如任何重大的集体转型可能会产生的某些结果那样，它可能会导致企业产生某种程度的不适。但反过来说，它为企业组织澄清其目标创造了一个独特的机会，以帮助企业识别和协调其商业生态系统中的共同增长机会。

这个方法依赖于一个八步骤的迭代过程。本章将详述每一个步骤，旨在为企业在实践中提供实施这些步骤所需的关键想法和工具，它们是：

1. 确立企业目标。
2. 设计目标的衡量指标。
3. 确定与企业目标相关的利益相关方。
4. 了解他们的目标、能力、关系和痛点。
5. 选择企业组织，在该生态系统中致力于解决关键战略痛点。
6. 衡量基线绩效指标：设计并实施绩效指标，以跟踪企业组织对关键战略痛点的影响。
7. 识别、测试并实施旨在解决前述痛点的干预措施。
8. 衡量干预措施对企业目标和绩效指标的影响。

然而，具体的过程并不一定像前述列表那样，按照线性顺序出现，它鼓励并允许在不同的步骤之间，存在多个互动的反馈回路，这正是所有动态设计过程期望达成的效果。

一、确立企业目标

第一个步骤的目的，是让一个企业组织明确一个目标声明，使其成为推动企业商业模式的强大资产。要做到这一点，企业组织需要明确地表述一个需要解决的、有意义的问题。

在这里，"组织"一词指的是任何能够承担和解决相同挑战的企业单位或企业单位的联合体。在特定情况下，因为市场环境差异性过大，一个企业组织可能需要针对位于不同国家或地区的业务单位制定一系列不同的企业目标声明。另外一种情况是，同一家企业组织拥有不同的产品类别，或在不同的领域提供服务，因此，也不能期待其所有下属的产品和服务单位给出相同的企业目标声明。例如，玛氏公司旗下既有糖果业务，也有宠物护理业务，两个业务单元的企业声明有所不同，也是理所当然的。

企业宗旨的声明不应该与其他企业声明混为一谈，如企业价值观、使命、愿景或品牌定位等，尽管它们之间可能存在一些重叠。事实上，在对现有商业活动的使命进行正面描述（例如，"科学和工业让生活更美好"），或重申共同价值观（"成为世界上最互惠的公司"）的基础上，建立一个有觉悟的企业，也并非不可能。然而，一个在有意义的挑战框架下设定的企业目标——即明确了要解决的问题，并隐晦或明确地确定了目标人群（如"为营养/营养不良等问题，提供有效的建议"）——更能提供足够的清晰度和驱动力，以建立一个企业目标驱动的商业模式。

这样明确的目标声明，可以是行之有效的，因为它建立在从目标人群的角度出发，对挑战的正确理解（"由外而内的观点"）的基础之上。此外，从理论上讲，它旨在改善的结果也可以由外部利益相关者来衡量（客观的企业目标衡量标准）。在企业组织的财务收益方面，它还发挥了建设性的作用，即只有在企业的关键商业活动有利可图的情况下，才能可持续地、大规模地实现这种企业目标；否则，它就只是一个表面上的慈善噱头，一遇到财务困难就被终止。这意味着，财务业绩变成了"可持续性"指标，而不再是主要业绩指标。

表 8.1 企业目标原型

企业目标原型	描述	价值	有意义的挑战
内部/外部聚焦	通常是内部的	通常是内部的	必须是外部的
优势	很容易与企业活动建立联系	让艰难的决策变得容易	开发新的增长机会
挑战	容易沉迷现状/只产生极少或选择性的影响	容易沉迷现状/只产生极少或选择性的影响	描述性的，可能导致一定程度的复杂性
利润被视为	通常是主要目标/约束	企业价值的证明	衡量企业可扩展性和可持续性的指标

表 8.1 记录了作为有意义的挑战而设定的企业目标，与其他类型的企业声明之间存在的一些主要区别。

二、设计企业目标的衡量指标

在企业组织明确了其将要面对的挑战之后，就需要设定适当的衡量标准，跟踪其实现企业目标的表现。企业目标的衡量标准应该满足的最重要标准是衡量结果，而不是投入。

尽管我们能够理解，一个企业组织必须跟踪其为某项活动调动和投入的资源（如预算、人员、设备和材料），但只有从目标人群的角度出发，才能充分衡量目标的进展情况（例如，就营养不良而言，蛋白质或铁缺乏儿童的百分比变化；对于医疗保健而言，疾病发病率、健康寿命年限的变化，等等）。企业目标的正确指标衡量的是外部影响，而不是内部资源。

欧洲公益创投协会［European Venture Philanthropy Association（EVPA）］于2019年发布的《影响评估指南》（*Impact Measurement*，2019年）为企业目标的指标衡量提供了更全面的资源。我们建议诸位可以阅读《衡量和管理影响力的实用指南》（*Practical Guide to Measuring and Managing Impact*）（欧洲公益创投协会，2019年），了解这一主题的更多详细信息。表8.2说明了聚焦内部的不充分指标与聚焦外部的适当指标之间的关键区别。对于本章内容，以及更广泛的互惠经济而言，只有最后两个层次，即结果和影响是可接受的企业目标衡量指标。

表8.2 影响力价值链

	1.投入	2.活动	3.产出	4.结果	5.影响
定义	投入的资源	共同创造的行动/发明	活动产生的有形产品	活动带来的改变	针对反设事实和连锁效应调整的结果
指代的内容	投入的人力数量或价值等（使用的人力、社会、自然、金融资本）	方案/资产的开发和实施	触及的人群，售出的产品，等等	多目标人群的影响（创造的人类、社会、自然、金融资本）	反设事实：无论如何都会发生（对照组，替代程序）连锁效应：（非）预期或后果
示例1	投入的人数（Y）和价值（X）与当地政府的关系	购买土地获得许可建设学校	在32个地点建设新学校	8个学生获得了更多接受教育的机会	2名没有其他选择的学生（如露天课程）获得了教育机会
示例2	投入的人数（Y）和价值（X），与当地政府的关系	建立肥皂工厂，开展市场分销渠道广告活动	广告实现了X百万的Y单位肥皂销售量	X%的目标人群实现了每天洗手3x次目标	传染病流行率VS控制率
	聚焦内部		聚焦自身	聚焦企业目标	

资料来源：选自欧洲公益创投协会的《塑造未来》（*Shaping the Future*），2015年。

三、确定利益相关者

在企业组织确立了自身的企业目标之后，它就需要建立与该目标有关系，并能对其产生影响的关键利益相关者的相关营运知识。这些关键利益相关者是所有的外部组织、机构和社区，它们可以对企业组织选定的挑战产生影响，或者受到企业活动的影响。

之前已经探讨了企业目标和利益相关者生态系统之间的联系。这种联系对这个步骤的操作尤为重要，因为企业目标确定了生态系统的边界。它使企业组织能够确定，谁应该被视为利益相关者生态系统的成员，也就是说，谁应该被视为未来的可能实施干预措施的潜在对象，或合作伙伴。

假设有这样一家制药公司，其设定的企业目标仅仅是成为或保持其在特定产品类别（如糖尿病护理药物）中的领导地位，那么它可能会认定，只有医生和保险公司应该成为其活动的目标，因为二者将成为影响其商业成功的主要决策人。一个相反的案例，就是像诺和诺德的"城市改变糖尿病"这样的组织，其目标是旨在全面解决糖尿病对人类的影响，为此必须考虑所有因素和可能施加影响的人群，例如，糖尿病的发病率、管理和患者的生活质量等。这要求诺和诺德考虑许多额外的利益相关者作为其目标定义的生态系统的一分子（见图8.1）。鉴于2型糖尿病与饮食和生活方式等因素密切相关，任何对人们的生活方式或食品环境有重要影响的利益相关者都被视为与目标相关，其中包括以下领域的参与者：营养标签法、交通基础设施，及其对运动的影响、零售、食品制造、餐馆和咖啡馆、自来水质量及其对含糖饮料消费的影响、可能过度影响某些社区的医疗保健服务的文化障碍，等等。

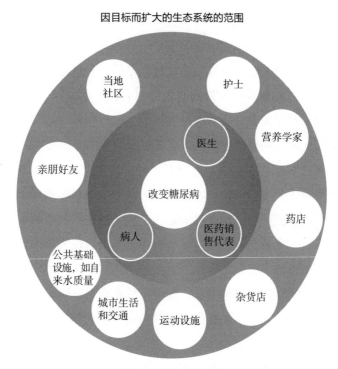

图 8.1　生态系统示例

资料来源：诺和诺德的"城市改变糖尿病"合作计划。

四、描绘利益相关方的目标、能力、关系和痛点

在确定了利益相关者的生态系统之后，下一步就是要进行适当的实地研究，以便为每个利益相关者收集以下信息。

1. 目标：他们认为自己在生态系统中的作用是什么？他们试图实现什么目标？他们的愿望、愿景是什么？他们如何衡量自己的成功？
2. 能力：每个利益相关者可以利用的技能和资产是什么？
3. 关系：该利益相关者与谁进行有意义的互动？谁对他们来

说是重要的？他们对谁而言很重要？
4. 痛点：这个利益相关者在努力实现他们的目标并致力于在生态系统中发挥自身作用时，所经历的最大挑战、恐惧、担忧和挫折是什么？

这个战略研究阶段的成果，被称为"生态系统图"，它描述了企业目标、利益相关者及其特征。

生态系统图是企业开展下一阶段工作的基础。在下一个阶段，企业组织将（共同）设计和测试特定的干预措施，旨在通过战略性的方法解决这些选定的痛点，并借此改善生态系统的相关结果。

在这个过程中，描绘生态系统图的关键目标是建立一个"由外而内"的视角，通过完全从利益相关者的角度出发，识别和理解他们的目标和挑战的研究方法，尽可能地降低企业积累的内部知识和假设的影响。对于公司来说，要做到这一点，难度可能超乎寻常，因为企业的内部专业知识和市场研究能力往往集中在其当前的商业模式和活动上。例如，一家宠物食品制造商，其过去的研究重点是宠物主人的消费和喂养行为，当人种学研究发现，分离内疚（即宠物在整个工作日都待在室内，或在假期独自被主人留在家中）是宠物主人的最大痛点时，可能会令人感到惊讶。可能会令其经理人感到更惊讶的是，在大多数发达市场，宠物食品的获取、质量和选择，实际上从未被列为宠物主人的痛点。当然，这并不意味着他们当前的商业模式无效，但这个研究结果强烈地表明，在严格的食品制造和分销范围之外，宠物食品行业还有更多值得探索的增长机会。

对于大多数企业组织来说，获得一个高质量的生态系统图的最简单方法，是与一个具有强大社会科学能力（如人类学、社会学、行为科学）的研究机构合作，后者具备丰富的临床访谈或人种学研究的经验。企业通常可以在定性研究机构、大学或设计公司中，找到这些技能。在选择研究伙伴的过程中,一个关键的标准是它是否能够就利益相关者的痛点提供一个公正的观点,而不依赖于公司目前的产品或服务。

简而言之,痛点是挫折、担忧、恐惧或挑战的主观表达。要找到痛点,就要通过仔细的、以利益相关者为中心的定性研究,而不是通过公司会议室里的理性分析。痛点研究的结果最好从利益相关者的角度出发,以"我"或"我们"为开头的句子来表述。它们可以被认为是潜在故障的表现症状,通常体现在某种基础设施或利益相关者之间的关系上。

让我们以最近在印度农村进行的一个营养不良项目为例。

- 一位住在印度农村的母亲说:"看病非常困难,我必须请求我的丈夫或兄弟开车把我送到邻近的公立医院,然后我必须等上6个多小时,而医院里的人基本上无视我。"这符合痛点的描述,它从一位母亲的角度出发,清楚地表达了其遇到的困难和挫折,并且是潜在故障(从医疗和交通基础设施,到与医生、护士和行政人员的关系等)的一个明显症状。
- 相比之下,表述为"母亲没有意识到她们,或她们的孩子存在营养不良的问题;她们在这个重要的健康方面,没有获得适当的教育"的见解,虽然直接涉及利益相关者"母亲",但绝不是母亲的痛点,因为它不是从母亲的角度来看待问题。在这种情况下,它是地方和国家公共服务部门以及试图解决营养不良问题的非政府组织的共同痛点。

为了完成生态系统图的描绘,在确定了所有痛点之后,企业最好根据以下类别,对它们进行分类。

1. 与人力资本有关的痛点：包括与利益相关者的健康、福利、技能和教育有关的所有痛点。例如，在一个宠物护理项目中，兽医表达的一个关键痛点是："我接受的培训是治疗动物，而不是经营企业。我真的讨厌行政管理类的工作，它占用了我越来越多的时间。"

2. 与社会资本相关的痛点：这些痛点反映了关系的退化和信任的破裂。在同一宠物护理研究项目中，兽医还抱怨说："客户（宠物主人）不再像以前那样信任我了；他们从谷歌或他们的动物繁育员、朋友那里获得了大量的不良信息，并质疑我的建议。"但同样的，动物繁育员也抱怨说："宠物主人不信任我，不理解为什么培育一只纯种的小狗或小猫的费用会高达数百或数千欧元。"

3. 与财务资本有关的痛点：这些痛点与收入、购买力和经济价值再分配直接相关。继续以前面的兽医为例，他将其中一个痛点表述为："考虑到我为这份工作进行了多年的学习，花费了大量时间努力工作，我真的没有赚到足够的钱令我觉得所有的付出都获得了回报。如果可以重新选择，我不会成为一名兽医，我也不会向任何人推荐这个职业。最好是开一家汽车维修店，你会赚更多的钱。"有时，对财务问题（如价格）的抱怨，可能反映了利益相关者之间不同类型的紧张关系。例如，当宠物主人问："为什么我在这里要付70欧元，而在另一个兽医那里，以同样的治疗措施，只需要付45欧元？"虽然问题看似与财务交易直接相关，但它可能更好地反映了利益关系者对价格和质量透明度的失望。且我们的研究也证实，这是宠物主人和医疗服务提供者之间严重缺乏信任的表现，最终被列为社会资本层面的痛点。

4. 与自然资本相关的痛点：我们将在本书的后面章节详细地

阐述，如何描绘和理解在生态系统中与任何生态系统活动相关的环境挑战。同时，如果一个利益相关者表达了对环境挑战或获取原材料的担忧，我们可以很容易地将相关的痛点归入自然资本的类别。例如，在前文的宠物护理研究项目中，许多宠物食品制造商对蛋白质采购的未来表示担忧。

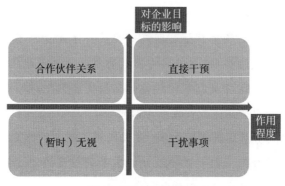

图8.2　影响 x 作用程度

五、选择战略痛点

一个典型的生态系统图可能有十几个利益相关者和100多个痛点。一个单一的企业组织不太可能协调所有利益相关者的行动。因此，企业组织必须选择一个战略子集的痛点，作为优先解决的问题。根据企业组织的背景、文化和管理结构，这种选择可以经由自上而下的管理决策，或是集体投票，或是自下而上的过程决定。根据我们的经验，第三种选择能使企业充分调动整个企业组织的其他成员更高的参与度。

一旦选定了痛点的战略子集，我们发现在一个简单的影响 x 作用方式的矩阵上将它们绘制出来，非常有用（详见图8.2）。

- 影响：每个痛点对整体企业目标有多重要？痛点通常是生态系统中潜在故障的症状（基础设施不足、不利的文化因素、退化的关系等）。这些潜在的缺陷对企业组织试图解决的整体挑战（目的）有多大贡献？"影响"维度的评估必须独立于企业组织的资产之外，它是一项纯粹的，在外部聚焦的活动。
- 作用程度：在解决每个选定的痛点方面，企业组织的资产和能力的相关性如何？企业组织在这方面能做多少？"代理"维度描述了外部痛点与企业组织的内部资产和能力之间的距离。

1. "高影响＋高作用"程度的痛点，是企业组织直接干预的机会。这些都是企业组织可以直接采取行动（高作用程度）的重要痛点（高影响）。
2. "高影响＋低作用"程度的痛点，不应该被忽视，或不被优先考虑（高影响）。但由于企业组织不能单独对它们采取行动（低作用程度），它们就构成了重要的合作机会。然后，企业组织应在生态系统图中寻找具有相关能力的利益相关者。
3. "低影响＋高作用"程度的痛点，最好被描述为干扰事项，因为对于企业组织而言，因为具备了干预的可能性，所以试图解决这些痛点是很诱人的，但企业组织应该自我约束，以确保专注于高影响痛点的解决，确保资源被分配到解决与企业目标最相关的问题上。
4. "低影响＋低作用"程度的痛点，自然而然地沦为不具备重要性的事项。

六、衡量基线的目标和绩效指标

本章前面部分内容已经介绍了企业宗旨指标的概念。在实施任何具体的干预措施之前，企业组织应通过测量这些指标建立一个基线。这将使企业能够根据其既定目标，适当地跟踪进展。

在业绩指标方面，也应当设立同样的基线，这也是本方法论中涉及的第二个指标系列。企业宗旨的指标独立于企业的活动之外，并只针对与企业宗旨相关的目标人群进行测量，而绩效指标则与选定的战略痛点子集和相关的干预措施有关。它们可以在生态系统的任何领域进行测量，并反映出可能在生态系统中创造、使用和转化的财政、人力、社会和自然资源。我们将在后文进一步详细介绍关于如何部署这些测量能力的实用指南等。

这些指标背后的关键理念是绩效有多个维度，不仅局限于财务方面。每个痛点都被归类为四种资本之一（人力、财务、社会、自然），因此可以使用后面章节中的原则和方法进行测量。

对于一个适当的测量框架来说，一个关键的，但经常被忽视的要求是使用对照组。这些对照组将被纳入基线和后续指标评估，但不会成为干预措施的实施对象。

七、设计生态系统的干预措施

在确定了需要优先解决的痛点之后，企业组织就可以开始（共同）设计和测试干预措施的流程。

所谓干预，我们指的是企业组织开启活动、停止活动，或以不同方式开展活动等行为，并以解决优先痛点为明确目标。由于这些痛点是以其对企业组织目标的影响为主要标准来进行优先排序的，因此解决这些痛点，自然会有助于企业目标的实现。

设计一个干预措施，意味着企业要回答以下问题：

1. 它解决的是什么痛点？如何解决？
2. 它在调解和改善什么关系？
3. 它需要哪些能力和伙伴关系？
4. 它对生态系统的经济可持续性有何贡献？

实际的设计过程会因企业组织、企业文化的不同而有所不同。下面，我们将分享自己团队的一些最佳实践：

- 在设计和测试拟议的干预措施时，将内部和外部的利益相关者都包括在内。
- 使用设计思维的促进方法。
- 将生态系统图作为灵感的主要来源，并将构建生态系统图的研究机构纳入构思研讨会的讨论。
- 做好最初的干预计划有可能失败的心理准备。要设计快速反馈、成本较低的市场内实验，以尽快验证或驳斥每项干预措施背后的关键假设，这样就可以快速地迭代和改进干预措施。精益创业（Lean Startup®）方法在这方面特别有用。

我们将使用二手租车公司的案例研究[1]（以下简称 UCC）说明成功的生态系统干预应该具备的一些关键特征。

1. 干预措施可以是一个简单的服务产品：在确定了买方和卖方之间的信任差距，特别是围绕汽车状况而产生的信任差距后，二手租车公司设计了一个汽车检查服务。作为一个受信任的第三方，为买方创造了关于汽车状况和质量的透明度。

2. 干预措施可能是一个更间接的价值创造：利用公司获得的汽车经销商特许经营权，二手租车公司已经能够收集足够多的交易样本，从而能够创建一个二手车价格基准服务，然后解决买方和卖方之间的信任缺失问题，以带来更多的交易。

3. 通过干预措施，改善了一种或多种关系：汽车检查服务和汽车价格基准所创造的透明度，既改善了买方与卖方的互动，也改善了买方与银行家的关系。银行家对抵押品的价值有了更可靠的预估，可以降低其承担的风险，更容易向买方发放贷款。

4. 每项干预措施不一定要货币化，但干预措施的组合需要具备经济层面的可持续性：汽车价格基准服务是免费提供的，但它也为整个生态系统的发展消除了一个重要的障碍（信任成本）。它为许多利益相关者带来了积极的经济成果：经销商（更多的交易）、银行（更多的贷款），以及二手租车公司（更多的特许权使用费）。

5. 至关重要的是，企业需要识别，并与合作伙伴一起，解决影响大、作用程度低的痛点。二手租车公司没有支持其加盟商以及收集必要的数据来创建价格基准系统所需的经销商管理系统。他们选择与一家小型的、敏捷的信息技术公司合作，该公司正在寻求改进和销售自身的销售点系统。二者的合作，建立了一个互惠互利的伙伴关系，使得二手租车公司能够获得一个有效的，基于云的销售点系统，但它同时也成了信息技术公司一个非常有价值的垫脚石，使信息技术公司可以通过与二手租车公司的合作关系，提高其功能的质量和相关性，并为其公司的发展提供资金。成本干系图能够帮助企业确定有价值的合作关系，因为它不仅映射了痛点，也映射了能力，所以当生态系统的协调者确定了高影响、低作用程度的痛点时，就可以寻找在这些痛点上具备较高作用能力的潜在合作伙伴，并找到与对方互利合作的方式，就像二手租车公司与信息技术合作伙伴那样。这也充分体现了让外部利益相关者参与设计和测试干预措施的价值。

本节的关键信息是解决生态系统中的正确痛点，是保证企业组织的目标和可持续经济价值同时实现的有效方法。

八、衡量对目标和绩效指标的影响

最后一个步骤要求企业随着时间的推移，跟踪目标和绩效指标，以评估干预措施的影响和企业目标的实施进展。

需要再次强调的是，在测量基线指标时，设立对照组的重要性。只有选择了合适的对照组，我们才能确定地将任何影响归因于实施的干预措施。

九、小结

本章概述了互惠经济中用于实现企业目标的特定方法。它表明，从一个有意义的企业目标出发，是确定企业所处的生态系统，以及制定干预措施，是解决利益相关者的问题和痛点的关键起点。它显示了通过创建生态系统地图而培养起来的"由外而内"的观点，是如何成为制定干预措施的基础，这些战略性的商业干预措施能够推动创新价值的创造。最后，它再次强调了指标的重要性，因为指标衡量可以影响和推动干预措施的表现。如果没有关于影响和进展的量化知识，企业的目标就会在实施过程中出现偏差。然而，部署这种方法的基础是企业心态的根本转变。我们已经在本章中做过论述,但这里值得再次强调其重要性。

首先,这种方法论要求企业有意识地将自己从生态系统中剥离出来,这样它就不会在事实上将企业自身的现实、问题和绩效置于生态系统的中心。其次,企业必须接受一种道德规范,即不是基于开明的自我利益,而是出于对实现企业目标的承诺,致力于为许多人创造互惠互利的条件。这意味着企业要采取协调者而非独裁者的姿态,在信任而非恐惧或专制的基础上进行领导。最后,在实现企业目标时,复杂性是不可避免的,企业不应致力于减少复杂性,但可以通过开发正确的工具和伙伴关系来共同管理。在得到妥善管理的情况下,这种复杂性也可以成为灵感和创新的源泉,并成为企业发展目标的动力,帮助企业解决有意义的挑战。

注释

1. 二手租车公司的商业案例,是通过生态系统协调和解决生态系统痛点建立商业模式的一个颇具说服力的例子。我们还必须认识到,在我们的案例研究报告中,没有专门讨论自然资本的问题,只讨论了人力、社会和共享金融资本。为此,请参阅后面章节内容,了解如何处理自然资本的维度,并将自然资本纳入企业组织的绩效指标等方面的具体说明。

第九章
创建跨行业的合作伙伴关系*

正如前几章所指出的那样,因为社会问题往往极为复杂且涉及面极广,任何一个机构或部门都无法独立解决社会问题。未来社会的繁荣,从根本上取决于企业、公民社会和政府之间能否建立有效的合作伙伴关系。联合国可持续发展目标(SDGs)第17项中特别指出,需要"全球合作以促进可持续发展"(联合国文件,2015年)。可持续发展目标第17项建议,为确保其他16个可持续发展目标的实现,如贫困、粮食短缺、清洁水、气候变化和不平等,需要倡导和推进跨越机构界限的合作。这些伙伴关系超越了供应链中的纵向一体化和横向一体化范畴,是与其他部门的机构,如非营利组织、社会企业和政府建立合作伙伴关系。正如前文所强调的那样,利益相关者的生态系统是丰富和多样的。本章所讨论的企业与非营利组织的合作伙伴关系,是一种推动生态系统协同实践的可行方式。在此,我们将详细阐述企业如何建立和管理企业与非营利机构的合作伙伴关系,以解决社区的社会和环境问题。

---

* 本文作者是苏哈尔·罗摩·墨菲、阿拉斯泰尔·科林-琼斯。

管理合作伙伴关系的一个关键问题，是如何在较长的时间内维持所有合作伙伴的积极参与。我们将探讨如何通过管理合作伙伴关系，来推动企业、非营利组织和社区实现长期的成功。这些讨论是基于一项定性研究的结果，我们采访了来自企业、非营利组织和社会企业的合作伙伴经理。

企业和非营利组织对达成的合作伙伴关系有着不同的期望。我们发现，这些期望会随着伙伴关系阶段的变化而变化。即使在同一个机构中，当地的管理者与位于企业总部的管理者可能也会为了不同的目标而努力。为此，我们也提供了管理建议，旨在确保企业能够使用不同的关键绩效指标，明确这些不同的期望并相应地进行管理。在合作伙伴关系管理中，影响力测量仍然是一个尚不完善的组成部分。

一、研究背景和理论

20世纪90年代以来，两种强大的趋势共同发力，提升和普及了企业与公民社会之间合作的重要性。首先是全球化，它提升了跨国公司（MNCs）影响和接触民众的能力和范围。当前，不仅许多跨国公司的规模（以货币计算）超过了国家，其延伸的价值链也跨越了全球各个不同的国家和地区。第二个趋势，是对股东资本主义的极度不信任——或者说，人们开始广泛地接受这样一个观点，即企业同时具备社会和经济目的，其责任不仅仅是实现利润最大化，以分配给股东。事实上，正如科林·迈耶和布鲁诺·罗奇所说的那样，关于企业是否有责任应对社会和环境挑战的辩论，早已有了定论，现在的问题是企业应该如何应对这些挑战。

得益于这些趋势的共同作用，企业和公民社会之间关系的性质开始出现重大变化。这种关系正在从主要是对抗性的姿态——公民社会致力于挑战企业，并要求企业对其不良行为负责——转变为合作关系。现在，双方都把对方看作是应对复杂的全球社会和环境挑战的关键贡献者。这就是布拉德利·古金斯（Bradley Googins）和史蒂芬·罗赫林（Steven Rochlin）于 2000 年所说的"伙伴关系型社会"，以及皮耶特·格拉斯伯根（Pieter Glasbergen）于 2007 年所说的"伙伴关系范式"。在本章中，我们将采用约翰·W.谢利斯基（John W. Selsky）和芭芭拉·帕克（Barbara Parker）在 2005 年对跨部门合作关系所做的包容性定义，并将重点放在私营部门和非营利部门的合作关系上。跨行业伙伴关系是不同行业的组织和机构之间的合作，旨在实现一个共同的社会或整体环境目标。

（一）企业与非营利机构的伙伴关系

2010 年以来，学术界对伙伴关系的关注，显然有了很大的提高。同样，在实践者方面，也有成功案例研究的灰色文献[①]［如纽约商机基金（Acumen Fund）发布的文件］和最佳实践。然而，实施层面的现实和所取得的影响程度往往令人警醒。约翰·埃尔金顿倾向于支持企业和非营利组织在双赢战略中相互补充，在这种战略中，非营利组织可以在工业部门中寻找边缘企业进行合作。

企业与非营利组织的合作关系，可以利用双方的相对优势和不同的资源，在陌生的市场中解决社会和环境问题。它们沿着商业学者詹姆斯·E.奥斯丁（James E. Austin）和玛丽亚·梅·塞塔尼迪（Maria May Seitanidi）所说的协作连续体——慈善阶段、交易阶段、整合阶段和转型阶段——经历多个阶段［奥斯丁（Austin），塞塔尼迪（Seitanidi），2012 年］的协作。

---

① 灰色文献，通常指不经营利性出版商控制，而由各级政府、科研院所、学术机构、工商业界等所发布的非秘密的、不作为正常商业性出版物出售，而又难以获取的各类印刷版与电子版文献资料。——译者注

在慈善阶段，公司是一个慈善捐赠者，向非营利组织单方面输送金融资源。在交易阶段，两个合作伙伴之间存在着互惠互利的交流，其功能关系与特定的活动有关，如员工参与的机会。在整合阶段，合作双方可根据各自从合作中学到的经验，对自身的价值观或使命进行组织层面的整合。在转型阶段，合作的重点将变成在社会层面或社区层面创造价值，而不是为任何一个伙伴组织创造价值。转型阶段关注了当地社区的转型变化，这些问题被视为伙伴关系的核心。随着这些伙伴关系在不同阶段的发展，合作伙伴和利益相关者之间的关系也得到改进。各个合作伙伴的收益也相应地发生变化。双方建立的伙伴关系，可以在这个协作连续体的任何一个阶段终止，并对曾经接受这些产品或服务的当地社区产生影响。此外，已经有学者从三个层面分析了跨部门的伙伴关系：宏观、中观和微观层面［沃克（Vock），范·多伦（Van Dolen），科尔克（Kolk），2014年］，分别侧重于实施效果、合作的形成和结果，以及单个组织及合作双方之间的互动。但微观层面的研究可能是最少的，关于这些层面之间的联系，还有更多问题等待回答。

（二）管理层之间的关系

在伙伴关系管理中，个体之间的关系是一个至关重要，但尚未得到充分研究和探索的领域。合作伙伴关系的不同阶段对伙伴关系的管理者提出了不同的挑战。接受调查的一位非政府组织机构的管理者解释道：

> 与来自另一个社会经济阶层的实体合作，意味着什么……可能不同的人会给出不同的理解……通常，非政府组织的人倾向于认为，企业拥有大量的金钱，是隐秘的邪恶力量；而企业则认为非政府组织是不太聪明，且不太严肃的机构。

这些伙伴关系的目的，是为三个主要利益相关者——企业、非营利组织和社区提供双赢的关系。

只有当两个实体秉持共同的目标协作时，才能产生双赢的关系。而且，双方都要采取行动，才可能最终实现共同的目标。

（三）价值主张

不管正式与否，企业都要依托一个商业模式运作，确保企业能够从客户的交易中创造价值、提供价值，并获得价值。企业对其客户的价值主张，一直是商业思维和商业模式研究的核心。传统上，价值被认为与经济利益有关。然而，通过企业与非企业的合作关系，我们正在寻找方法，使企业能够通过解决社会和环境问题，实现盈利。随着利益相关者数量的增加，价值呈现出不同的形式，包括经济利益、社会利益和环境利益，因为不同的利益相关者希望从彼此的价值交易中寻求不同类型的利益。为此，价值主张可以指导企业的管理决策，不仅适用于企业，也适用于非营利组织和伙伴关系。

为解决伙伴关系管理中缺乏价值主张的问题，我们探讨了如何构建企业与非营利组织的伙伴关系，以推动企业、非营利组织和社区的成功。

二、研究报告

本章内容主要基于一项研究，该研究从伙伴关系管理者的角度，探讨了伙伴关系的成功。这些管理者描述了在伙伴关系中所处的不同阶段、获得的经验、做出的管理决策等。

我们采访了21位伙伴关系经理，他们来自8家跨国公司，5家非营利组织和4家社会企业。这些公司涵盖了多个不同的行业——食品、快消品、饮料、药品和纺织毛皮。规模最小的公司，年收入约为10亿美元（2017年），其业务横跨三大洲；规模较大的公司，年收入高达1 000亿美元（2017年），在全球拥有多达25万名员工。参与研究的非营利组织，也都是大型组织：最小的非营利组织，在20多个国家开展业务，收入约为5 000万美元；规模较大的非营利组织，在90多个国家开展业务，管理约1 000个项目，收入接近10亿美元。当然，相较之下，参与研究的社会企业在规模、收入和地理覆盖面方面，均体量较小。

受访者负责与合作伙伴组织的对应方建立关系，并负责将这些合作关系的成果交付给自己的组织。在他们的母公司中，他们通常隶属于管理慈善事业和合作伙伴关系的团队。

三、定义伙伴关系的成功

伙伴关系需要有利于每个利益相关者才能确保各方持续参与，进而确保伙伴关系本身的延续。但是，各个合作伙伴对成功有着不同的理解；我们的研究还发现，随着伙伴关系从一个阶段进入下一个阶段，合作伙伴的期望和专注的重点也在发生变化。更为棘手的是，处于不同层次的管理人员也有着不同的绩效衡量标准。正如一位非政府组织的经理告诉我们的那样：

我认为，合作的各方坐在谈判桌前时，有着不同的议程和期望……合作伙伴关系的谈判，实际上是在研究如何将两个目标不同的议程紧密地结合在一起，使伙伴关系能发挥作用……这实际上在一开始就要进行审查和规划。

所有这些不同的期望和利益，可以被表述为关键绩效指标——而每一个合作伙伴都有自己独立的一套指标（见图9.1）。例如，在前面的合作伙伴关系中，企业可能会以销售的肥皂数量为指标，而非营利组织则可能以卫生宣传活动覆盖的人数为关键指标。正如一位跨国公司的经理所述：

你（非政府组织方面）需要做什么？我（跨国公司方面）需要做什么？我们要一起完成什么？管理什么？我们用来衡量成功的关键绩效指标是什么？所有这些都是需要事先明确，并写进法律文件（合同）里的事项（即双方如何管理这段合作伙伴关系）。

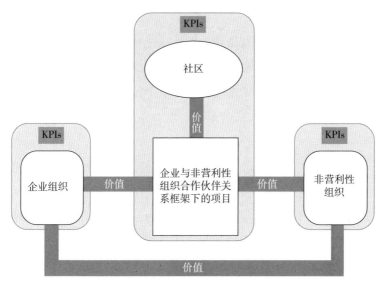

图9.1　不同合作伙伴关系使用的关键绩效指标

同时，如果我们能够采用同样的思路，衡量伙伴关系在社会层面的影响，那么伙伴关系的目标就更容易实现。对社会影响的衡量，将有助于跟踪合作项目的成功情况，并说服未来的合作伙伴加入。一位非政府组织的经理通过衡量项目对社区的影响，解释了一个项目如何在跨国公司和合作伙伴关系层面采用关键绩效指标：

> 可以设定……非常实际的（关键绩效指标），如分发的驱虫蚊帐数量、建造的厕所数量、分发的肥皂数量等，但最终我们发现，对伤残调整寿命年①（DALY）的健康影响是最有效的指标，这也是我们在衡量成功的指标方面，始终要遵循的一个关键指标。

上述关于关键绩效指标的讨论，涉及特定阶段内伙伴关系的运作。然而，如果合作伙伴一致同意，伙伴关系本身可以从一个阶段进入到下一个阶段。正如一位非政府组织的经理所描述的：

> 因此，合作谈判的对话将从合规性开始，可能还包括人权和传统的企业社会责任等内容。但随后合作将得到真正的实施，并进入商业领域，这对伙伴关系来说是件好事，因为实践才能够确保项目的启动和推进。

结合前述两项研究我们知道，可以运用一套关键绩效指标来衡量合作伙伴关系在特定阶段的表现，而合作伙伴关系自身，会从一个阶段进入到下一个阶段，因此我们认为，随着合作伙伴关系阶段性的变化，合作伙伴应得的利益也应该随之调整。伙伴关系的管理者需要根据不同阶段的需求，将合作项目作为慈善项目或商业项目进行管理，且项目的每个阶段都应该运用一套独立的关键绩效指标来衡量。正如一位非政府组织的经理所说：

---

① 疾病死亡损失的健康生命年和疾病伤残损失的健康生命年相结合的指标，是生命数量和生活质量以时间为单位的综合性指标。——译者注

第九章　创建跨行业的合作伙伴关系

在我所在的非政府组织里设立了一个伙伴关系团队……一开始在筹款部门内，但我们越来越靠近私营部门和工作项目团队……在其供应链的关键问题上，与企业合作并施加影响……这是我们与企业建立合作伙伴关系工作的一部分，这很有趣。因此，我们现在似乎形成了跨团队工作，我们管理着一系列合作伙伴关系……因此，我们的工作有些是战略性的，有些是偏慈善性的，有些则是更加市场化的。因此，我们的伙伴关系确实跨越了不同合作模式的范围。

在伙伴关系管理的微观层面，可能涉及不同管理者之间的关系。以一个通用的结构（见图9.2）为例，我们发现，每个机构——企业或非营利性机构——都有可能扮演三种角色，而业务则由指定的伙伴关系经理进行管理。这些合作关系的经理需要向上级报告，但也有下属的行政支持人员。虽然大部分的沟通是在两位合作关系经理（代表了合作双方）之间进行，但承担了框架中六个角色的不同人员都知道对方的存在，并熟悉对方担任的角色。但在两种情况下，会激活合作双方的交叉联系。第一种情况是，合作一方的经理人需要向自己的上级展示合作关系的成果时，他们会与对方密切合作，以确保成果的充分展示，而这会引起另一方老板的注意；第二种情况下，如果问题升级，且双方的代表经理均无法解决合作关系面临的问题，那么双方的上级可能要参与讨论，共商解决办法。

两位代表经理可能在各自组织机构中担任不同职位，他们可能需要采用不同的关键绩效指标。例如，在同一家公司的同一个合作伙伴关系项目中，当地的经理和全球总部的经理可能采用不同的衡量标准权衡合作伙伴关系的成功程度。正如一位非政府组织的区域经理所说：

我管理的项目，在非洲的一个国家实施。我将项目移交给当地的经理负责实施，但是被要求在当地实施项目的管理者可能存在不同程度的动机、不同的目标，其手上可能还同时管理着其他多个项目，所以他可能深陷不同的需求，每天被各方拉扯。

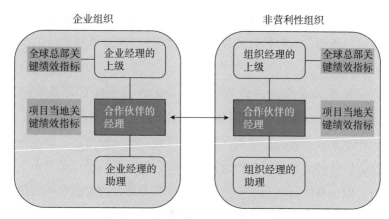

图 9.2 跨组织之间经理层关系图

管理成员之间的关系，可能成为成功合作伙伴关系建设的一个关键因素。一位非政府组织的经理描述了这些关系是如何发展的：

我们一直在与合作伙伴的专业人员进行更多的接触……请他们来和我们一起相处 3—6 个月的时间。最后，我们组织的 10—15 个倡导者，成了企业的总部级别管理人员，其中还有一个成了公司的董事会成员。这些人能够发挥什么样的作用，举个例子，在机遇出现时，他们可以代表我们发声，说："我们现在有一个待开发的市场，我们应该和非政府组织谈谈合作的可能性。"因此，我们的许多合作伙伴关系就是这样建立起来的：要么是他们的人坐在我们的办公室里，要么是我们打入他们的高层。

之所以采用不同的关键绩效指标,是因为存在不同的管理期望。研究发现,可能会存在两种类型的关键绩效指标错配(见图9.2)。如前所述,跨国公司经理和非政府组织经理在同一合作关系中的关键绩效指标的横向不匹配;而关键绩效指标的纵向不匹配,是指同一组织内层级的管理者之间的不匹配。而传统的组织研究聚焦于同一组织内不同层级的管理人员的角色和关系。然而,我们发现,在管理伙伴关系时,需要了解双方管理人员之间的这些组织联系,因为他们属于不同的机构。研究的成果将伙伴关系组织的中观层面的考虑与管理者之间关系的微观层面的考虑联系起来,并解释了个人层面的互动是如何为合作伙伴关系的管理提供支撑的。

四、小结

跨行业合作本身就是一种挑战。双方需要跨越不同的利益、动机、激励、组织文化和工作方式,还需要经常跨越时区,在缺乏信任的体制下进行管理,这并非易事。我们发现,随着合作伙伴关系从一个阶段进入下一个阶段,所有这些期望也会改变。即使在同一个组织机构中,不同的管理人员在同一个伙伴关系中,也会有不同的工作侧重点。本章不仅阐释了合作关系中存在的横向和纵向层面工作重点的不匹配,而且还提出了如何在伙伴关系中有效地管理这些不同的动机。我们认为,成功地满足每个合作伙伴的期望,是确保各方持续参与的必要条件。我们提供管理建议,建议合作各方同时使用多套关键绩效指标,以明确各方不同的期望,并进行有效管理。这些关键绩效指标将根据各方的具体情况而有所不同,但为了共同的利益,它们也需要保持一致。此外,它们将在合作关系的每个阶段被重新制定。从本质上讲,我们提出了一个合作伙伴关系管理的生命周期观点,以不断发展变化的关键绩效指标为基础。然而，在跨部门合作的伙伴关系管理方面，曾存在多层次的影响测量不足的情况。在取得成功的情况下，跨行业合作伙伴关系能够为社区层面问题的解决创建社会空间，为此，本章提出了如何在不同的管理层上，同时保持必要利益的重要性。

第十章
非财务形式资本的衡量*

前面几个章节内容大致介绍了企业如何超越弗里德曼经济学说的范畴,在价值创造方面,采用更全面的整体愿景,而不仅仅关注财务价值。我们认为,企业的确应该做出类似转变,因为这类愿景将要求企业将自身存在的意义重新定义为追求企业社会性宗旨的实现,并协同一个以该宗旨为核心的全面生态系统。企业需要了解如何识别和解决阻碍社会性宗旨实现的诸多痛点。这些痛点形式多样:可能关乎两个或多个利益相关者之间的关系难点,如交易中信任的缺失(社会资本层面的痛点);可能关乎独立的个体,与工作条件有关(人力资源层面的痛点);可能关乎环境条件,如自然资源的不可持续利用(自然资本方面的痛点),甚至是纯粹的财务问题痛点,但在这种情况下,企业至少知道如何去衡量问题,以及如何监管旨在减轻痛点的干预措施。然而,在如何衡量人力、社会或自然资本领域的痛点方面,人们尚未达成很多共识。

---

* 本文作者是弗朗西斯科·科达罗、阿兰·德杜瓦(Alain Desdoigts)、贾斯特斯·冯·盖布勒(Justus von Geibler)、克劳迪亚·西内克(Clandia Senik)。

衡量这些非金融形式的资本，相当于确定第七章论述的绩效指标，如果管理得当，会对业绩产生积极影响。本章将阐述我们在这方面的探索和成果，主要是基于我们对玛氏生态系统的分析经验。本书后面章节将进一步深入探索这些非金融形式的资本。

一、自然资本的衡量

价值链上每一项生产活动都必须投入基本的自然资源，常规经济系统的服务和基础设施也需要自然资源作为基本投入。从全球角度来看，自然资源的有效利用非常重要，尤其是在考虑到自然资源有限的可用性，以及由于世界人口的增加，人均自然资源的日益缩减等情况。联合国制定的可持续发展目标，将资源节约视为一个极为重要的目标（体现为可持续发展目标第 12 项：确保负责任的消费和生产模式）。因此，企业有必要更好地评估资源的使用，以节约资源。

即便单纯从商业角度来看，资源的高效性同样重要。能否最大限度地提高材料和能源效率，一直被视为可持续商业模式的典型特征。提高资源效率，可以节省大量成本。在许多工业部门，原材料成本占总成本的 50% 以上（B20 德国，2017 年）。通过提升资源效率，欧洲工业每年可实现 6 300 亿欧元的总体节约（绿色欧洲，2012 年）。企业也可以从循环经济战略中获益：例如，减少对稀缺自然资源的依赖，对冲未来的价格波动等（循环经济等，2018 年）。许多企业已经开始着手分析和降低其生产流程、产品和服务的环境影响，这推动了各种工具和手段的发展。

（一）在玛氏内部咖啡价值链中，衡量产品和服务投入

按照工业新陈代谢的逻辑，所有的工业过程都需要自然资源作

为投入（如原材料），并利用这些资源获得产出（如产品、排放物或废物）。按照因果链分析的模式，"投入"指用于特定活动的所有资源，"产出"是该活动产生的所有直接和间接影响。"结果"是产出造成的短期和中期的影响，而"影响"则被定义为结果的长期影响。例如，为了发电，化石能源载体被用作投入；发电活动的一个直接产出，是二氧化碳的排放。二氧化碳排放的结果，是加速了地球大气层的温室效应，而这种增强的温室效应的影响，就是全球变暖。

结果和影响是难以衡量的。因此，企业应重点分析投入，因为投入的相关信息很容易获得（见图10.1）。例如，电力生产企业知道如何去衡量生产1千瓦的电所需的能源载体的数量，因为这是很容易获得的数据。但由于其部分产出和影响还不为人所知，减少投入比在产出方面采取特定措施更能有效地减少整体环境负担。通过减少生产过程中使用的自然资源，可以从源头上解决环境问题，同时可以使用量化和半量化的方法评估产品和服务。但在这两种情况下，必须明确指出产品生命周期的不同阶段（见图10.2）。

半定量的方法包括热点分析（HSA），作为一种筛选方法，能够以快速而可靠的方式，确定整个价值链上存在的关键生态挑战。其结果显示为突出的"热点"，即产品生命周期中，与资源使用和环境影响高度相关的问题，也就是改进措施的实施对象。表10.1总结了执行单位服务的材料投入和热点分析所需的步骤。

例如，量化的每单位服务的材料投入（MIPS）方法，作为一个基于材料流的指标，用于评估微观经济层面的产品生命周期［施密特·布莱克（Schmidt-Bleek），1994年；里托夫（Ritthoff）等人，2002年；利特克（Liedtke）等人，2014年］。通过分析每单位服务的材料投入，可以估算出用于提供特定服务或利益的产品（如饮用200毫升咖啡）可能导致的环境影响，从而提供一个生态效益的衡量标准。

互惠经济

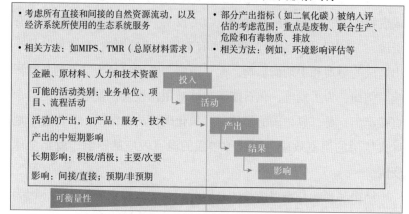

图 10.1 伴随着投入到影响可测量性下行的因果链，体现的投入和产出导向关系

资料来源：盖布勒等人，2016 年。

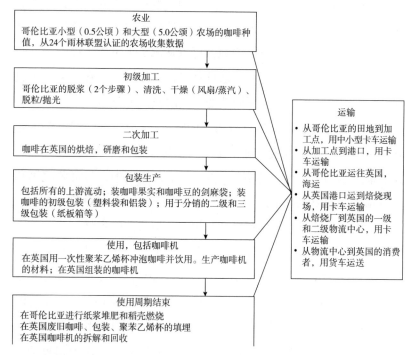

图 10.2 咖啡的产品生命周期

资料来源：盖布勒等人，2016 年。

玛氏公司内部综合使用了每单位服务的材料投入和热点分析的方法，分析了特定的咖啡价值链，并强调了相同的生命周期阶段（盖布勒等人，2016年）。每单位服务的材料投入方法，概述了非生物和生物资源、水、空气和土壤侵蚀的分布情况，有助于确定一杯咖啡生命周期中的各个关键阶段：农业、使用和包装等（见表10.2）。

针对一杯咖啡进行的热点分析结果，也显示了农业种植、产品包装和使用阶段的相关环境影响。在农业种植阶段，原材料、空气排放，以及对生物多样性和土地使用的影响，被认为是环境污染的高风险因素。在使用阶段，原材料、能源和空气排放，以及水的使用和废物的产生都是至关重要的影响因素（因为需要烧水冲泡热咖啡，这些影响被视为与能源消耗有关）。包装阶段显示了原材料、水和空气排放领域的热点问题。

表10.1 执行MIPS和HSA分析的步骤

分析因素	MIPS的方法步骤	HSA的方法步骤
范围定义	1. 定义体系边界、范围和服务单位（生命周期的各个阶段、资源类别、服务单位）	1. 定义体系边界和范围（包括生命周期的各个阶段、类别、产品单位）
数据采集和数据清单	2. 数据采集 3. 计算材料的投入 4. 从原材料投入到（MIPS）计算	2. 数据采集 3. 类别重要性分析 4. 生命周期重要性权重
结果解读	5. 结果的解读和评估	5. 明确热点 6. 利益相关者验证（可选）

资料来源：盖布勒等人，2016年。

表 10.2　单杯咖啡（200ml）和大部分相关生命周期阶段的
MIPS 分析结果

衡量指标	投入	衡量指标占比	形式
非生物性	146 克	75%	包装、配送、饮用
生物性	41 克	96%	农业
水分	3—4 升	85%	包装、配送、饮用
空气	69 克	68%	农业、使用
表层土壤侵蚀	12 克	100%	农业

资料来源：盖布勒等人，2016 年。

二、社会资本的衡量

塞缪尔·鲍尔斯（Samuel Bowles）和赫伯特·金蒂斯（Herbert Gintis）（2002 年）对社会资本做了一个全面的定义[1]：

社会资本通常涉及信任、关心同事、自觉遵守共同体规范以及自发惩戒违规者。亚里士多德（Aristotle）、托马斯·阿奎那（Thomas Aquinas）和埃德蒙·伯克（Edmurd Burke）等古典思想家都将这些行为看作是有效治理的必要因素。然而，18 世纪后期的政治理论家和宪法思想家则把经济人作为分析的出发点，并在此基础上强调其他必要因素，特别是竞争性市场、明确界定的产权和有效且具备善良意志的政府。从而使得好的游戏规则代替优秀市民，成为有效治理的必要条件。

与物质和人力资本一样，社会资本可以被积累、获得回报，并因折旧而需要维护。然而，它更像是一种公共产品，即非竞争性的（即你在使用的时候，其他人同样可以使用），或者更准确地说，是一种社团类产品，因为它是部分排他的（即你可以阻止其他人的使用）。此外，它通过知识和技术的转让，以及通过促进集体行动，对团体成员产生外部效应，例如，通过共同的信任、规范和价值观等来实现[2]。

基于世界银行的社会资本评估工具的调查问卷，可以有效地用于测量社会资本。然后，通过对调查问卷的答复，进行多重对应分析，创建社会资本"地图"：即社会资本的分布，包括调查中对结构性（横向组织密度、决策过程、领导、多样性的排斥或接受，以及集体行动）和认知性（基于信任的关系、团结、行为和态度）的社会资本的区分。

（一）热带小规模农业种植中的社会资本

这个在极度贫困和高度脆弱的农业社区背景下进行的社会资本研究，给我们带来了一些有用的见解。该项目旨在开发一个量化工具，以衡量热带地区咖啡和可可生产者的社会资本。它调查了小农户的社会人口特征和社会资本之间的关系，并考虑了社会资本是否成为提高农业生产力的关键资源，研究了为什么该类型社区不愿意采用更高效的农业做法，以及阻碍高效农业实践推广的障碍。为了解决这些问题，研究人员使用评估工具，建立了一个社会资本地图。在这个地图中，农民对社区其他成员在共同理解和彼此之间关系的性质和质量方面的看法，将决定他们彼此之间的关系。

在 2011—2015 年期间，这项研究对生活在象牙海岸、巴布亚新几内亚、坦桑尼亚和印度尼西亚的小型社区的咖啡和可可小农户进行了问卷调查。对小农户的个人特征以及他们的社会资本之间的关系进行分析，区分不同小农户的依据是个人的社会人口变量，包括亲属关系、本地人和外地人、性别、年龄、宗教、土地权利等[3]。

就整个体系而言，体现了三个不同的维度：（1）包容性和凝聚力；（2）信任、团结和互惠；（3）集体的行动与合作。然而，调查发现，即便在同一个国家里，社会资本在不同的社区（村）之间，仍有很大的差异。即使在一个社区内，不同的小农户之间，也存在很大的差异[4]。

研究表明，生产力（公斤/公顷）与社会资本呈正相关的关系，特别是与反映信任、团结和互惠的维度呈正相关。平均而言，在农户以集体成员的身份加入社区，或与社区建立了网络关系和基于信任关系的情况下，农民的个体生产力会更高[5]。更具体地说，研究结果表明，在合作社中发生的一些事情（如信息交流、获得投入）往往有利于提升农民的经济表现。一个家庭成员或散居者如果获得信贷时，其表现甚至更高效。此外，农民对同伴的信任，对个人责任、利他主义等价值观的遵守，以及农民与同伴之间的团结关系，往往会使他们的产量更高。

研究结果还表明，在其他条件相同的情况下，农民的社会资本与他改进耕作方式的倾向之间，存在着正相关的关系。在社会互动的过程中，农民采纳了所属组织的价值观和做法。通过参加合作社或经济利益集团（对应宗族或宗教团体的一个说法），拥有一个多样化的、非强制性的关系网（桥梁），对交流农艺实践的关键信息和学习非常有利，并最终推动农艺实践的完善和改进。

总而言之，事实证明，如果人们通过集体成员的身份与社区相连，并通过基于信任的关系建立彼此之间的联系，个人的生产力就会变得更高。此外，对社区成员可信度的偏乐观信念（相较于偏悲观的信念）将推动农民更积极地寻求信息，并信任那些拥有信息的人，例如，农业组织的代表、家庭成员、邻居和朋友。

三、人力资本的衡量

正如前文所解释的那样，人力资本的传统定义，是员工通过教育或在企业的工作中所积累的技能和经验。然而,工作中的幸福感可以被看作是一种特殊的资本形式,它与企业和雇员之间的关系有关,包括雇主为雇员创造的有价值的工作条件。此类有价值的工作关系,反过来为雇主提供显著的回报,因为它们在员工忠诚度、生产力和留住员工方面,可能产生不可忽视的回报。

工作中的幸福感已经成为很多雇员的首要关注点,特别是考虑到工人的过度流动,尤其是美国的"Y一代[①]",他们在工作中寻求的是良好的发展和学习前景以及有意义的工作活动。想要留住最有活力的员工,促进工作中的幸福感当然很重要。正如社会科学中的大量文献所表明的那样,工作幸福感的获得,可以刺激员工的生产力、创造力和合作,并减少缺勤。但是,是什么让员工在工作中收获幸福感呢?

研究表明,一个明显错误的观点是员工的幸福感只关乎工资和工作时长等传统因素。员工还关心自己在企业中晋升的难度、企业管理风格、工资等级分布、向上流动的前景、企业形象和社会责任,以及其他事项等。这些工作中的福利来源,可以被看作是人力资本。

(一)玛氏公司推动工作幸福感的驱动因素

为了完成全面的研究,研究人员在玛氏公司位于不同地域的不同部门(饮料、宠物护理、巧克力和箭牌),进行了几次量身定制的调查,并使用盖洛普 Q12 测评法,将这些信息与人力资源数据相匹配。同时,他们还分析了肯尼亚 Maua 的企业家群体的赋权计划带来的影响。

[①] 这一代人大多出生在婴儿潮时期,也叫回声潮世代(Echo Boomers)。这一代人口数量高于上一代,且生活态度和价值观与"X一代"截然相反,具有冷静和物质的特性。——译者注

研究人员从几个不同的维度，衡量了玛氏员工在工作中的幸福感，包括工作满意度（基于马斯洛的需求和满意度金字塔）、对工资差距的态度、向上流动的前景、在公司中的等级和地位、企业认同的强度、企业认同的构成（价值观、信仰），还包括企业的社会责任（PiA）和社会资本（信任、网络）。

玛氏公司里的工作幸福感的驱动因素，可以分为两类：以自我为中心和以集体为中心。

在以自我为中心的驱动因素中，工资理所当然是决定工作中幸福感的首要因素。然而，"向上流动的前景"（POUM）的动机，似乎也是一个强大的影响因素。在许多调查中，雇员都表现出强烈的倾向，即希望随着时间的推移，提高工资水平，特别是那些处于企业底层的全职员工。但在一些亚洲新兴国家，员工的工作满意度显然只受工资增长程度的影响，而不受目前工资水平的影响，这表明他们整体对工资水平的动态发展更感兴趣。在一些情况下，"向上流动的前景"的动机也使玛氏公司的员工愿意接受企业内部更大程度的工资差异，只要他们自身有希望通过升职获得更高的薪水。

在金钱报酬之外，地位——即工作最具代表性的特征，以及权力和声望，也是非常重要的因素。在改变组织结构之前，玛氏公司曾执行一个正式的等级制度（"销售区域"的概念），并判断是否应该给员工一个经理的职位。调查显示，担任或成为经理，与较高的工作满意度呈正相关。正如问卷预设的那样（因为地位具备象征性价值），地位对更高满意度领域（价值、幸福和进步）的影响，比对基本需求满意度领域的影响更大。

当然，工资和地位是两个相互重叠的概念。就程度而言，拥有经理地位的影响，有 1/3—2/3 是由经理职位相关的工资水平解释的（统计学层面）。当玛氏的员工在一个没有采用区域制度的部门工作时，他们对工资似乎更加敏感，就像玛氏皇家宠物食品分公司那样。这也表明，地位和工资在某种程度上可相互替代。

当然，企业组织其他方面的因素也被证明同样重要，包括直线管理者的个性对其下属工作幸福感的强烈影响。调查发现，部门经理的流动性似乎不利于受访者的幸福感提升。

小规模的部门似乎更受员工欢迎，因为人们工作的部门规模越大，他们的满意度和参与度得分就越低。这一观察来自在不同部门工作的人（横断面分析），与随着时间推移，选择跳部门的人（固定样本分析）的比较。

最后，反馈是决定工作幸福感的一个主要条件。例如，在玛氏公司的内部，员工的常规参与和反馈，表达了员工对企业的期望，而企业不应该使这些期望落空。因此，那些声称玛氏在反馈会议后没有采取后续行动的员工，在工作满意度方面得分也很低。

以集体为中心的驱动因素，取决于工作组织在集体方面的表现。其中，信任、企业认同、企业文化和工资分配，似乎最为重要。

这项研究得出的一个主要结论，是企业身份认同措施与员工幸福感关联程度很高。身份认同是根据员工对玛氏作为家族企业的特定语言和财产结构的了解程度进行打分。不出所料，那些在企业认同表上得分较高的人也对他们的工作更加满意，并具有更高的企业内部信任水平。

这种企业认同感的强度指标，可以用来进一步探索玛氏的企业文化。在玛氏公司，那些企业认同得分较高的人对团体激励和团体绩效指标的反应，比对个人主义的管理做法更积极。他们更倾向于遵循清晰明确的规则和指导方针，尊重等级制度和管理权威，而不是更喜欢非正式和横向的治理结构。令人惊讶的是，在一些国家，对集体功能的强调，与广泛接受竞争和基于绩效的工资差异，以及对从工作中学习和成长的可能性的强烈要求，具有同等的重要性。

企业认同感较高的人，更关心企业的社会责任行为，他们作为消费者，更有可能采取体现社会责任的做法。此外，他们似乎认为，社会责任和企业绩效之间并不相悖。

调查人员也选择实验来调查员工对企业内部工资分配的态度。这些实验包括要求员工在两个或多或少存在奖金不平等的项目中，进行多次选择。他们首先在"不知情的面纱"下做出选择，即不知道自己的奖金是多少。然后，他们在知道自己的报酬的情况下，再次选择。

在中国地区，大多数玛氏员工选择了能够产生更高的回报，以及更高的奖金总额的项目，即使奖金的分配不太平均。做出此类选择的员工，更有可能具备下列特征。

- 表现出更高的工作满意度。
- 期待升职或加薪。
- 认为工作提供了学习新技能的机会。
- 认为自己掌握了有价值的技能。
- 认为巨大的收入差异对激励个人努力是有用的。
- 认为竞争是有用的。
- 相信团体的效率高于个人。
- 具有较高的企业特有的信任和社会资本。

四、小结

衡量非金融资本的形式是一项复杂的工作。与已经存在国际通信的衡量标准，以及会计通则的金融资本不同的是，对于非金融资本的定义和计量方法，目前尚未达成共识。在本章中，我们将利用过去10年来在项目一线进行的无数研究，根据对热带地区和农村地区的调查、玛氏内部的劳动力，以及肯尼亚微型分销项目中雇用的企业家调查收集而来的数据，致力于弥补这方面的空缺。我们的目的是，证明衡量自然、社会和人力资本不仅是可行的，也具备现实意义。

1. 以小样本、精解析的研究方式：通过数量有限的基本指标，涵盖所收集数据中观察到的至少80%的变量。
2. 在不同的生产部门和不同的地理区域进行调研，并提供稳定和可比较的研究结果。
3. 与经济结果直接相关，无论是与可可种植社区的农业生产力有关，还是与工作中的福利增加带来的生产力提升有关，或是作为更有效地利用自然资源的一个直接结果。

在编写这本书的时候，我们正在对同一生态系统中的众多参与者进行更大规模的人力和社会资本分析。迄今为止获得的结果，证实了上述观点，即在解决所观察到的各种痛点和实现预设的企业目标的过程中，除了金融资本，人力和社会资本也是协调生态系统的重要组成部分。

注释

1. "社会资本与社会治理"，*Economic Journal*, 112:F419–36.
2. 由 E. Ostrom 与 T. K. Ahn 所编著的《社会资本基础》(Foundations of Social Capital, 2003年)中汇编的文章合集提供了对社会资本概念的深刻概述。
3. 我们强调热带农村地区土地交易的嵌入性（即把经济领域嵌入社会领域）的重要性，这在很大程度上取决于小农户在其生活的社区中的社会关系。

4. 有趣的是,与不平等现象类似,社区内的变异性比社区间的变异性要大。
5. 这些相关性对个人特征(性别、年龄、教育、管理权、征用风险、是否出生在村里)和地块特征(树木生命周期、大小、种植材料、材料来源)的差异,是稳健的。我们在不同国家和相关社区进行的研究所获得的定量结果,可供索取。

第十一章

构建社会资本*

"社会资本"的概念,描述了团队的交流与协作发生的社会环境的质量。社会环境会促进效率和协调,还是会成为贸易的障碍和不信任的来源?在本章中,我们将回答下面的问题:什么是社会资本?社会资本是如何产生的?社会资本的决定因素是什么?如何衡量这些决定因素?社会资本与企业绩效之间,存在什么样的关系?我们还致力于将社会资本的概念与互惠性的概念联系起来。

一、作为信任和合作机制的社会资本

正如社会学家马克·格兰诺维特(Mark Granovetter,1985年)和其他人所指出的那样,经济交易并不会在真空中进行,它需要发生在社会环境中。这是因为经济的往来涉及人与人之间的互动,并引发了广泛的人类情感,从达成好的交易或战胜竞争对手带来的满足感,到背叛老客户产生的内疚感,或被贸易伙伴欺骗产生的愤怒

---

* 本文作者是马塞尔·法夫尚(Marcel Fafchamps)。

感，等等。即使贸易不以个人之间交易的形式进行，人类的头脑也会很快意识到或想象到，有另一个人参与其中，从而引发与承诺或背叛相关的情绪。

社会层面的互动，也激活了各种认知过程——比如推断对方是什么样的人，或抱有什么样的动机。然而，不幸的是，大多数人的推断能力很差：他们会根据有限的证据，得出一个武断的结论［哈内曼（Kahneman），2011年］；他们会错误地判断小样本和大样本给出的结论的不同精确度［如雷宾（Rabin），2002年；格里夫恩（Grifn）和特韦尔斯基（Tversky），1992年］；他们会低估谣言和八卦导致的回音室效应［如杰克逊（Jackson），2009年］。此外，对他人未来行为的预期，往往取决于共同的规范和身份认同，这意味着人们经常会误解来自不同文化或背景的人的行为。由于所有这些社会互动的过程，人们往往会形成错误的信念。与统计学上的歧视相结合，这个特点将导致偏见和不信任。

总的来说，这些偏见和与之相关的情绪构成了人际交往的社会环境。它们影响着经济主体之间的互动方式，例如，在与客户、工人和供应商的交易中，以及在企业和其他等级组织的团队合作中，应该采用何种方式。当交往的双方难以相信彼此时，贸易和合作就会受阻。再加上信息本身的错位性，以及不可预见的冲击在不断发生，使得经济交易和团队合作出错的概率很高。而当事情出错时，犯错的表现可能会被解释为无能，或恶意损害。这就造成了各方之间的不信任，不信任进而使交易变得困难，并导致组织无法正常运作。因此，如果没有一种机制来减轻或缓解这种无法避免的不信任，组织内和组织间的经济交流必然受到损害。

人们通常认为，法律和法院提供了保障正常交互的机制。尽管二者的重要性不言而喻，但依然无法控制或影响人类行为的诸多方面，例如，在利害关系不大时，采取法律行动是徒劳的，或代价太高的情况下，法律能发挥的作用就变得十分有限。因此，正式的机构（法律制度）必须由非正式的信任和合作机制作为补充。社会资本就是这样一种补充机制，就其广义而言，社会资本指的是人际联系、共同的信仰和身份认同，以及规范的组合。两种机制共同发力，将减少经济交流和团队工作中的不信任。因此，通过创造社会资本，减少不信任，并支持互惠互利的经济和人际交流，是互惠性经济的核心原则，其目的是促进公司、员工和股东，以及其消费者、供应商和其他商业伙伴之间的服务和利益的互惠性。

二、社会资本的创造

本质上，信任是对行为的一种期待：信任意味着期待某人以一种可预测的、有益的方式行事。这种期望，部分程度上取决于我们对他人的个人利益的理解。但在贸易或团队合作的情况下，成员之间的个人利益通常是相互矛盾的：理论上，客户希望避免付款；供应商想要通过提供质量糟糕的商品来省钱；而团队成员想要通过投机行为，中饱私囊。但如果这些行为会遭受社会惩罚，那么可能将鼓励前述的各方违背个人的意愿与利益，避免做出损害性行动，例如，不付款的客户会被列入黑名单；不可靠的供应商会被淘汰；推卸责任的员工会被解雇。当人与人之间的联系难以取代，具有多种功能，并且成了特定人群的身份认同，或团体成员身份的一部分时，这类社会惩罚的影响力会更为显著。具有凝聚力和强烈认同感的群体，惩罚违反合作行为规范的成员的能力更强。当这种社会资本被用来支持市场交易和公司业绩时，它可以提高效率。但它也是一把双刃剑，可能会扭曲正常的交易，例如，偏袒亲属，或将时间和资源从企业目标的实现过程中转移出来，进而侵占集体的利益等。

因此，创造社会资本的一种方式是形成一种支持组织或市场经济目标的群体认同。由于群体认同通常比较持久，它们不一定能适应快速的变化，甚至可能成为反对变化的力量。创造这种群体认同，需要管理者要么从头开始创造，要么引导现有的认同为新的目标服务。许多企业和组织依靠团队运动或欢乐下午茶等手段，创造出一种致力于充分促进团体合作的欢快感。一些商业组织会开展类似的团体联谊活动，激励员工做出更多符合道德标准和团体意识的商业行为。在其他情况下，其他的管理者可能会选择利用现有的集体结构，将其重新用于新的目标，为企业组织和市场提供支持。

创造社会资本的另一种方法包括培养支持市场和组织良好运作的个人行为规范。人类的头脑天生具备道德感，存在许多与尊重和违反规范相关的人类情绪，如顺从、骄傲、内疚、羞耻、道德愤怒和自以为是。与亲社会性、再分配和公平相关的规范，会衍生一套与它们相关的额外情绪，包括利他主义、嫉妒、野心和竞争。所有这些情绪都是驱动人类行为的强大因素，这表明，刻意培养的社会规范可以被利用来培养支持市场和企业的可信赖行为。

我们可以通过出台新的法律，或者通过直接旨在改变社会规范的干预措施，如教育运动和其他提高认识的活动等，推动社会规范的转变。此外，企业也可以影响社会规范，特别是通过与客户、供应商以及员工打交道，设定公平标准。早期的努力包括"家长式"雇主，他们发誓要像对待家庭成员一样对待雇员。这种方法最近的表现形式包括企业社会责任倡议和互惠性，二者可以被视为社会规范领域中最先进和最令人满意的表现形式。通过确定社会资本的关键维度，上述讨论有助于我们确定，应该采取哪些不同的杠杆来创造社会资本，但它并没有阐明在实践中如何做到这一点。互惠性与其他形式的社会资本的区别在于，互惠经济致力于通过相关各方的相互投资来构建社会资本。这种方法呼应了我们在本章开始时提出的观点：经济关系发生在社会环境中，而这种社会环境会引发一系列的人类情感，这些情感可能支持或阻碍人际、商业领域的交换。只有依赖于现代形式的互惠交换[1]，互惠性才能触发经济伙伴之间增强互信的良性循环。纵观漫长的人类历史，互惠的礼物交换，一直是一种与陌生人之间建立强大的人类联系的有效方式，因为它引发了一系列有利于建立彼此信任和同情的人类情绪。而互惠经济巧妙地借鉴了这种经久不衰的智慧。

三、如何衡量信任和值得信任的行为

在更好地理解什么是社会资本，以及决定社会资本的因素有哪些之后，我们要如何衡量社会资本呢？更确切地说，我们应如何评估社会环境在多大程度上有利于市场效率和大型组织、企业的合作？

社会资本最直接的衡量标准，是它的关键产出：对值得信赖的行为的期望。这种期望可以针对一个未指定的陌生人，或者针对受访者所属或不属于的特定群体的成员进行测量。例如，在一个基于种姓的社会中，对同一种姓的成员，或不同种姓的成员的值得信赖行为的期望。对市场交易的信任和对同事团队的信任，也可以进行不同的测量。此外，我们还可以通过衡量，确定信任的程度，例如，你会委托这个人，为你的朋友保管 X 金额的钱财吗？

然而，这种信任可能会被误导。在信任被破坏的情况下，业绩也会被损害，并导致人际的疏离。因此，对信任的测量，应该将对可信度的测量作为补充。实现这一目标的方法，是通过一个简单的试验来进行的。在试验中，试验人员提供给被测试者一笔钱，并要求其将这笔钱转交给一个指定的陌生人。通过改变钱的数量和陌生人的类型，就有可能确定不同人群的信任程度和定向性质。如果受试者不考虑陌生人的类型，表现出同样的可信任度，我们就可以得出一个普遍的道德标准，即：我们可以相信，这些人会对所有类型的陌生人都采取值得信任的行动。相反，如果受试者因为陌生人的类型不同而进行了区别，这就表明存在群体内的偏见。

通过评估人们在不同类型的市场互动（例如，作为客户、供应商、雇员或商人），以及对不同合同方的可信度行为（例如，对公司卖家或街头小贩；对同事或经理；或对银行或小额贷款公司），我们可以了解到更多有用的信息。来自不同文化或背景的人，可能对什么是市场交易，以及雇主与雇员的关系中可接受的行为是什么，有不同看法。

接下来，研究者可能想知道，社会资本是否会以群体成员身份或社会规范为基础。为了衡量这一点，研究人员应该询问受访者的不同身份（性别、种族、宗教、相关的种姓和原籍地）信息，以及在特定组织和其他相关社会团体中的成员资格和参与情况。这个设计的目标，是研究在信任和可信度方面，表现出的群体内偏见（如前所述）是否与群体身份或成员资格相关。如果是这样，就表明社会资本是基于群体成员身份的。这种类型的社会资本可能反映了强大的群体内部联系，但可能在不同群体或身份的成员之间，进行有效的交流和合作等方面的支持能力不足，甚至可能起到反作用。研究受访者参与经济主体（如企业）组织的团体活动，以及非经济主体（如教会、大家庭、体育团体）组织的团体活动的频繁程度，也可能有助于分析社会资本的类型。

如果参与互惠投资活动与对同事和经理的信任行为呈正相关的关系，这就有效地证明了互惠性可以创造社会资本。类似的观察也适用于企业与其客户、供应商和投资者之间的互惠投资活动。问题是，企业是否可以通过创造一种促进企业内部信任和合作的企业互助文化，来弥补身份认同和团体成员身份方面的缺失？这同时引申到另一个悬而未决的问题：一个企业创造的社会资本，对其他企业是有益还是有害？然而，要真正证明企业可以创造社会资本，就必须对各种企业文化的干预措施（包括互惠）进行试验，并对观察到的结果进行严格的统计分析，最好是在各工厂或机构间进行随机试验分析。

社会规范是社会资本的另一个重要来源。例如，在一些社会中，对陌生人表现出不信任，是可以被接受的。然而，即使是对陌生人，我们也应该彬彬有礼，我们不应该因为他们是陌生人就欺骗他们。换句话说，信任或值得信赖，可能只是一件"正确的事情"（社会规范）。有关社会规范的信息，可以通过征求受访者对规范性陈述的态度来收集，例如，"为了给孩子看病，而拒绝支付供应商的货款，是否可以被接受？"或者"雇主以不正当的理由解雇员工，是否可以被接受？"受访者的回答，将通过李克特量表（即从"非常不同意"到"非常同意"的程度评价）得到体现和分析。虽然规范性问题很有参考价值，但它们可能反映了受访者认为别人希望他们说什么，而不是他们发自内心的真实想法。更有力的证据可以通过激励的方法获得，比如通过试验将受访者置于特定的环境中，观察他们的实际行为。通过比较行为和对规范性陈述的反应，有可能获得人们对特定规范的遵守程度的真实信息。例如，面对被认为是侮辱性或不尊重的行为时，人们的反应或行为可能会偏离他们自认为遵守的社会规范。

社会规范是决定人类行为的微妙因素，因此，应该将其作为一个决定因素来对待。影响企业的一个特殊问题，是个人对激励机制的反应。经济学家坚定地相信物质激励的有用性和合法性，以至于他们常常无法想象，其他人可能会有不同的想法。

然而，如果有条件的合作被认为是不合法的，那么培养无条件的合作文化可能比硬性的激励措施更成功。例如，在一些国家，人们可能会面临各种各样的家庭问题，因员工缺勤而将其解雇，往往被认为是不可接受的严厉手段。因为缺勤而开除员工，并期望起到杀鸡儆猴的效果，非但不能减少旷工现象，反而会引起反弹：雇主被视为在本质上不公平，失去了道德制高点，员工对雇主的忠诚度受到影响，引发了士气的下降和离职率的大增，甚至可能出现员工偷窃行为。从这个角度来看，与严厉的有条件惩罚政策相比，互惠性可能更符合公司的长期利益。

社会资本方法的吸引力在于，它在一个单一的框架内，涵盖了社会环境影响市场和组织的许多方式。它还将社会资本的光明和黑暗的一面展现出来：虽然社会资本增强了群体的凝聚力，并提高了信任度，但它也可能变成狭隘的，比如当某一特定种族群体或性别的成员歧视外来者时，或者当对某一企业的忠诚导致潜在的破坏性竞争（所谓的团体战争）发生时。

四、社会资本与企业绩效的关系

在前文关于社会资本与企业绩效关系的简要概述中，我们可以学到什么经验？社会资本对企业绩效的影响是消极还是积极，取决于它所激活的群体忠诚度和社会规范的类型。一方面，如果企业的经济伙伴——员工、投资者、供应商、客户——认同企业，并秉持类似的行为规范，那么这些伙伴之间强有力的社会资本应该有助于企业更好地发展；另一方面，如果经济伙伴的主要效忠对象是企业以外的群体，并且/或者信奉与企业相悖的社会规范，那么他们之间强大的社会资本将损害企业的利益。例如，腐败往往与员工（和一些管理人员）之间的勾结有关，他们的行为与组织的利益相悖。在这种情况下，员工之间强大的社会资本有助于促成彼此勾连。同样的，投资者、供应商和客户也可以明里暗里地串通起来，损害企业的利益，他们之间的联系越紧密，勾结就越容易发生。

为了应对这种问题，企业需要了解相关的社会群体，及其主要经济伙伴遵循的普遍社会规范。如果企业做不到这一点，业绩就必然会下跌——尤其是在企业跨文化经营时（Chu 等人，2018 年）。其次，企业要确定最棘手的不协同之处，并尝试创造统一的社会资本。例如，通过强调共同的身份和共同的利益，通过创造机会，让各部门之间产生愉快和难忘的社会接触等。后者需要公司准确了解，哪些惩罚和奖励制度被视为在道德和社会层面可接受的，而收集必要信息的方法已经在前文提供。

五、小结

互惠性可以视为一种提倡人文主义的商业方式，即企业寻求与其经济伙伴建立一种共同的目的和价值观，而不是采取一种剥削的方式，或枉顾自身利益盲目地迎合当地的规范。根据前述分析，我们认为，能否有效地实施这一战略，取决于是否存在违背互惠原则的当地社会资本。然而，更重要的是，要认识到，自古以来，人类社会一直在促进互惠互利的相互投资，以建立社会资本，实现互利的交换。不同的是，这种方法被应用于市场领域。而众所周知，市场是充分调动人类活力和智慧的领域。正是这种新与旧的结合，使互助成为一条有希望实现共同繁荣的途径。

注释

1. 在人类学和社会学文献中，也被称为"礼尚往来"（e.g. Polanyi 1944, Platteau 1994）。

第十二章
作为人力资本的工作幸福感*

社会科学领域的研究成果已经有力地证明,员工的工作幸福感不仅仅取决于传统的工资和工作时长等因素。正如前文所讨论的,员工还关心公司内部等级制度的"陡峭程度"、管理风格、公司内部的工资差异、"向上流动的前景"、公司的企业形象、社会责任等。这些工作幸福感的来源,有别于传统的定义,但可以被视为人力资本的一种形式,因为它们有可能在员工忠诚度、生产力和员工留存方面,发挥不可忽视的积极作用。

按照传统的定义,人力资本的基础,是员工通过接受教育或在企业的工作中,积累起来的技能和经验储备。但在本章中,我们将讨论的重点放在人力资本中,讨论那些与员工工作幸福感相关的其他因素。显而易见的是,工作中的幸福感并不是一种常规的资本,而是一种特殊形式的资本,代表着员工和企业之间的独特关系。它直接关系到企业和员工之间的关系,并包括了企业为员工提供的有价值的工作条件。

---

* 本文作者是克劳迪亚·西内克。

得益于这些特征,这种工作关系反过来也能够为企业带来显著的回报。因为在工作中感觉更好、更快乐的员工会更投入、更有生产力、更有创造力、更有灵活性,并能代表他们的雇主进行更好的谈判。从一个更广泛的角度来看,员工对企业的忠诚度,能够减少员工的流失,为企业创造竞争优势。

本章将专注于探讨是什么样的因素驱动了这种工作幸福感,并进而形成特定的企业人力资本。

一、企业内部工作幸福感的来源

工作程序层面的幸福感,其主要来源与公司的组织结构有关,这包括企业内部层级的垂直程度,并与员工在企业中的地位和职业相关,在更广泛的层面上,取决于员工和管理者之间的相互反馈。

(一)垂直性

通常情况下,垂直的等级制度——那些有很多层次的等级制度——不利于提升工作幸福感。因为等级制度通常限制了员工对自我决定、自治和能力体验的内在需求的潜力。

员工更喜欢扁平化的组织,而不喜欢冗长的指挥链,可能与控制源(Locus of Control)的概念有关。控制源的概念,指的是自主感,即一个人可以决定如何组织自己,何时以及如何执行任务和完成目标的感觉。正如马修·克劳德福(Matthew Crawford,2009年)所论述的那样,员工了解任务的全过程,从起点到终点,是至关重要的,因为这也是员工确认自己能否胜任工作的前提条件。因此,一般来说,工作幸福感取决于员工是否拥有这种责任感和自主性。相比之下,如果员工被赋予明确的目标,却没有实现这些目标的手段或资源,这种情况将极大地损害员工的工作幸福感。

来自企业的反馈，也是很重要的因素，它是让员工全面了解自身行为和相应后果的一种手段。同样重要的是，让员工感觉到他们的成就得到了重视。在权力链较短的小型组织中，这一点更容易做到。请注意，在业务单位或部门层面上的绩效反馈，是企业管理的另一个重要内容。这是因为，通过反馈机制传递关于员工和经理工作成果的信息，形成了一种惩戒的机制，同时为企业组织的改进提供了机会。

等级制度中的另一个问题，是员工如何被提升到公司内部更高级的职位。这种分配方式的透明和公开程度，对员工的满意度起着重要作用。

所有这些组织方面的因素，都包含在程序效用（Procedural Utility）的概念中，换句话说，工作幸福感的程度同样取决于实现特定结果的方式，而不是仅仅取决于结果。

（二）地位

地位反映了一份工作的非金钱方面因素，包括工作的象征性价值，它通常与公司组织中的等级相对应，赋予职位所有者相应的权力、声望或任期。它与职业、责任、技能和其他区分工作的手段有关，也与公司内部的等级权力有关。

因此，员工在企业中的地位会带来非工资、行政或象征性的回报，并可能对员工的幸福感产生影响。因此，它有可能起到提振"工作便利"的作用。亚当·斯密（Adam Smith）在"补偿性差异"（Compensating Differences）理论中提出，在工作场所享受更多积极便利的员工会愿意接受较低的工资（或者会因为这些职位的激烈竞争，而被迫接受更低的薪资）。地位可能是员工愿意通过降低工资换取的其中一种便利条件。事实上，一些研究表明，有地位的员工在工作中的幸福感，与那些有较高工资但没有地位的员工相比，幸福感达到了相同的水平。因此，了解和衡量地位可以在多大程度上影响到工作中的幸福感，并可以在多大程度上替代工资，是很有意义的。

（三）部门经理

经济学领域的研究，倾向于强调管理者在领导力、信任、治理，以及在不确定和信息不完全的背景下，解决需要多方协调问题的能力等方面发挥的作用。在研究玛氏公司时收集到的数据显示，这种部门经理固定效应是至关重要的：部门经理的个性对员工的工作幸福感有重要影响。数据还显示，当部门经理换人时，员工就会受到影响。这对公司来说是一种取舍，因为管理人员的职业发展，几乎总是需要职位的流动。

（四）职业发展

影响工作中幸福感的一个重要因素，是在公司中学习和成长的可能性，包括职业发展。在我们对玛氏中国的员工开展的实地研究中，职业发展被证明是玛氏吸引和保留员工的主要标准。

（五）包容性

在包容性方面，即能否让所有亚群体的成员感觉自己属于同一个群体，各个企业的表现各有不同。通过询问企业在做决策时，会征求哪些不同类型员工的意见，或询问员工对企业内部正在进行的讨论和决策是否了解，不同类型的员工寻求同事帮助的频率高低，以及他们自己可以向谁寻求帮助等问题，我们就可以确定企业的包容性程度的高低。衡量企业的包容性程度，可以帮助我们发现，企业中是否存在更容易受到伤害或被排斥在外的弱势群体，从而帮助企业持续地诊断人力资本和员工在工作中的幸福感。

二、企业文化和认同感在工作幸福感中发挥的作用

在影响工作幸福感的因素方面，各类企业都存在不太明显的另一个特征，是企业认同和企业文化。广义上，文化可以被定义为共同的信仰、理解、价值观、目标和实践，它以一种持久的方式，体现了一个群体的特征，因为文化通常以一代人传给下一代人的方式得以延续。在塑造偏好、选择和行为方面，文化已经表现出极为显著的重要性，并成为大量研究的对象，即便在经济学领域的研究中，文化也是一个不可忽视的重要因素。

经济学家将企业文化描述为一种工具性设计，用于减少企业和组织内部存在的不确定性和交易成本，并使企业有可能协调员工之间不同的期望和决策。那些需要频繁互动并反复解决各种问题的员工，往往会无意中发展出独有的一套惯例、理解和知识的特定系统。这种共同的文化，可以代替明确的沟通。但是，企业文化也塑造了员工的偏好、态度和思维模式。因此，企业文化也影响了员工高效和自主工作的能力，并使他们感到被群体接纳。换句话说，企业文化对工作幸福感的影响，既可以是积极的，也可以是消极的。

（一）衡量企业文化的多个维度

荷兰社会心理学家吉尔特·霍夫斯塔德（Geert Hofstede，2001年）提出了著名的企业文化类型学。以标准化的调查问卷为基础的吉尔特文化分类研究，能够帮助我们描述国家、企业、组织，甚至家庭之间的差异。

在企业的背景下，霍夫斯塔德的文化分类法中有一些关联性尤为突出的要素，例如：

- 权力距离：这指的是员工对不平等、权威和等级制度的态

度；对集权或分权结构的偏好；对指令型与民主型管理者的偏好等。
- 不确定性规避：这个概念描述了企业或组织在面对未知的未来时产生的压力和焦虑程度，对不确定的规则的厌恶，对完全明确的程序的偏好，对长期任期的偏好，对雇主的强烈忠诚，对更大的组织规模的偏好，创新与规则，等等。
- 个人主义与集体主义（团体）：这关乎个人（而不是团体）绩效和激励的重要性，个人决策的重要性，工资平等与接受竞争和工资差异的重要性，等等。与这个分类尤为相关的，是企业内部产生的群体思维类型。集体决策是如何做出的？是通过全体人员的会议达成共识，还是由某个特定的管理者负责在会议上提出的不同冲突方案中做出最终的选择？
- 社会责任：社会责任有可能构成特定企业文化的一个重要因素。为了充分利用这一点，企业可以引入相关问题，了解员工对其公司的社会责任行为的看法，以及员工自己作为消费者的行为。另一个需要考虑的问题是，员工将社会责任视为代表公司管理层的内在动机，还是视为一种外在动机（即一种实现利润最大化的手段）。人们通常认为，外在的动机往往会战胜内在的动机。然而，如果员工已经意识到，企业的社会责任已经融入企业商业模式的核心，而不是在利润最大化之后才出现的东西，那么在企业社会责任方面，外在的动机不一定能够战胜内在动机，并占据主导地位。

（二）衡量企业认同的强度

为了衡量企业认同的强度，即员工对公司风格的认同程度，我们专门研发了一个衡量系统。这个系统基于身份认同，是通过语言媒介而进行的。当员工在一起生活和工作，并经常互动时，他们开始发展出专门针对特定工作内容的沟通捷径，也就是所谓的"行话"。这与企业文化的观点一致，即企业文化是一套约定俗成的做法和语言表述，可以帮助节省与确定协调相关的成本。

员工掌握的企业行话越多，企业的认同程度就越高。以玛氏公司为例，这些指标反映了员工对与公司相关特定术语的了解程度，以及他们对公司特定所有权结构的认识。

（三）如何利用企业文化和企业认同的测量方法

在测量了企业文化的强度和维度之后，下一步就是要研究它们与工作幸福感之间的关联。可以预见的是，企业文化认同度较高的员工，在企业中会感觉更加快乐。因此，这种测量方法是用来评估员工和企业之间是否匹配的工具。例如，如果企业身份、等级制度与明确规则的文化相关联，那么，一个具有不同价值观的人进入这个群体后，将无法适应，也可能无法在工作中获得较高的幸福感。

三、工作幸福感、社会资本和信任

亚里士多德在《政治学》（*Politics*）中曾写道："人在本质上是一种社会动物。"最近，在马斯洛（1943年）提出的人类需求金字塔中，爱和归属感的重要性仅次于基本的生理和安全需求。耶鲁大学在联合国的支持下编写的《世界幸福报告》（*World Happiness Report*）发现，有人可以依靠是获得幸福的最强有力的驱动因素。显然，个人幸福感的来源不能局限于个人情况，它们还包括一系列的社会互动。人与人之间通过这些社会互动，形成了人际联系。自罗伯特·帕特南（Robert Putnam，2000年）在社会资本研究领域提供了开创性的成果以来，社会资本通常被定义为：一个社区中社会关系的数量和质量。

因为人类的社会网络需要随着时间的推移逐渐累积（就像金融资本一样），并产生好处（包容和合作），因此，它被定义为一种"资本"。作为一个网络，社会资本还包括一个外部性的概念，即对所有成员都有相互强化的好处。

重要的是，社会资本具有一种地方性的维度，因为从本质上讲，它只限于某个特定的社区，即人口构成中的一个子群体。在这个社区中，成员直接频繁地互动，分享共同的规范和共同的身份感。事实上，研究已经证明，长期扎根于同一社区，与所有类型的信任水平直接相关，特别是邻里信任。相反，生活在人口密集和流动率高的地区的人，对邻居的信任度较低。同样的规则可能也适用于企业：员工流动率较高的部门，社会资本就较低。由于这种地方规范的强制性质，社会资本可以成为市场分配和明确规则的替代或补充，并且提升员工的工作幸福感。

（一）如何衡量信任

信任在社会资本中发挥着至关重要的作用。信任的概念与博弈论的框架有很大关系，博弈论分析了相互依赖的代理人之间的战略互动。从这个角度来看，通过减少对他人行为的不确定性，特别是道德风险（欺骗），就可以增进信任、促进合作。因此，在调查中，社会资本往往是通过对他人（邻居、同事等）的信任和信心来衡量的。

我们还可以通过合作行为的频率（在实验室和实地实验中），来衡量社会资本。有一个著名的"丢失钱包"实验，是由《读者文摘》（欧洲版）于1996年首次进行，旨在研究部分国家的人际信任水平。此后，在诸多的国际调查中，如世界价值观调查和世界盖洛普民意调查，以及某些国家（如加拿大和美国）的调查中，都引入了一个类似于"丢失钱包"的问题，以确定社会信任的水平，即如果一个陌生人发现了他人丢失的钱包，他/她是否会将钱包送到警察局。这个问题同样可以用来衡量工作场所的信任度（例如，如果你在公司里丢了钱包，有人会把它还给你吗？）。

最后，衡量企业内部社会资本的其他指标，还包括员工之间联系的频率，即企业内部社会网络的社会密度，以及在需要时，向同事寻求帮助和信息的便利程度等。

（二）社会资本和社会信任带来的回报

得益于包含了自我认定的幸福感、社会信任和社会关系等相关问题获得的调查数据，我们已经验证了，工作幸福感和社会资本概念之间，存在相互关联的关系。调查数据显示，在全球所有评估过工作幸福感与社会资本关系的国家中，信任、自我认定的社会联系和社会身份，都与较高的生活满意度和幸福感有关。需要强调的是，对同事的信任、对管理层的信任，以及工作场所中的其他社会资本措施，似乎与工作中的幸福感高度相关。

社会资本也可能帮助提升企业的绩效。班迪埃拉（Bandiera）、巴兰科（Barankay）和拉苏尔（Rasul）（2010年）在真实的试验中观察到，在其他条件相同的情况下，员工间社会关系更紧密的团队因为团队成员更愿意努力执行统一的规范，而往往能够取得更高的绩效。例如，在一个员工信任度高的企业环境中，他们更愿意承担更高的风险，开展创新活动。

四、工作幸福感和工资分布

公司内部的工资分配，作为工作幸福感的一个驱动因素，得到了最广泛的认同。这种观点认为，员工不仅关心自己的工资水平，而且在大多数情况下，也关心其他人的工资，以及公司内部工资不平等的整体情况。他们对工资的设定方式，以及公司内部的工资分配，有着各不相同的个人偏好。

员工对工资差异的关注，可能源自不同的潜在动机。有些员工只关注自己，即他们更专注于提升自己的薪水；而其他员工可能是"关注他人"型，即哪怕其他人的工资与自己无关，也想要关注和了解。

因其普遍存在的特质，研究人员似乎尤为关注一个"关乎员工自身"的动机，即"向上流动的前景"。"向上流动的前景"这个概念，意味着企业内部薪资的不平等，这被员工理解为是向上攀登的阶梯。因此，那些希望能够通过职位晋升获得更高薪水的员工，更愿意接受公司内部存在更明显的工资差异。当"向上流动的前景"成为员工的一个重要关注点时，这意味着员工更关注工资的动态发展，即他们可以期待的未来工资标准，并认为其重要性不亚于一段时间内的静态工资水平。研究还表明，员工对最低工资标准非常敏感。

这些员工可能并不关心公司内部工资不平等的总体程度，但如果他们知道有些人的工资很低，还是会感到很难过。

根据个人的观点和偏好，员工可能对公司内部的薪酬分配感到满意或不满意。对于管理层来说，他们可以使用简单的调查问题，或在实验室，或在"现场"进行选择试验，来衡量员工在工作中的幸福感。

五、小结

本章探讨的工作幸福感的驱动因素和衡量标准，可以被视为公司价值的一部分。当然，本章还没有探讨更多其他相关的内容，如远程工作、联合办公空间、平台和基于任务的合同（而非雇员与雇主之间的工资合同），但这些内容已经在工作生活中占据了越来越重要的地位。因为，技术创新已经改变了工作模式和工作关系。我们越是能够更好地衡量这些变革的影响，就越能更好地利用它们，为员工的幸福感服务。最终，我们的目标是使这些指标与财务指标一样，成为管理者的"仪表盘"的一部分，帮助我们充分地衡量公司的价值。

第十三章
自然资本的核算*

本章的论点是，互惠性的概念对企业的自然资本核算产生重要影响。这种核算必须尊重自然资源的保护，将其作为一个独立存在的项目，而不是服务于股东利益的次要内容。互惠性的会计准则，应致力于反映公司对自然资本的全部影响。在此过程中，我们应该首先认识到，生态系统和其他自然资源的独特属性给企业带来了哪些会计层面的独特挑战。最后，互惠性的会计系统必须与自然资本内在利益的企业社会性宗旨一起部署，否则，自然资本维护的目标和企业的其他商业目标之间，会产生不可避免的冲突。从这个角度来看，企业的会计系统可以被理解为一个测量系统，一个体现企业绩效的窗口，但只有当被测量的企业本身追求一个互惠性的目标时，它才能成为真正的互惠性会计体系。

一、自然资本与会计准则

2018年世界经济论坛（WEF）的年度全球风险报告，重点强

---

* 本文作者是理查德·巴克（Richard Barker）。

调了自然资源（自然资本）的战略重要性。该报告将全球风险定义为，"如果发生，在未来10年内，可能对一些国家或行业造成重大负面影响的不确定事件或条件。"该报告汇编了来自世界经济论坛的多方利益相关者社区、风险管理研究所成员，以及世界经济论坛咨询委员会成员等专业网络的调查证据。该报告列出了30个全球风险因素，其中有9个被定义为具备高于平均水平的可能性和影响。其中，有6个与自然资本直接相关。

按照风险程度递减的顺序，它们分别是：极端天气事件（如洪水、风暴等）；导致重大财产、基础设施和/或环境破坏，以及人员伤亡的事件；自然灾害；政府和企业未能执行或颁布有效的措施，来减缓气候变化、保护人口，并帮助受气候变化影响的企业适应；水危机，即可用淡水的质量和数量显著下降，损害人类健康和/或经济活动；人类造成的环境破坏和灾害（如石油泄漏、放射性物质）；生物多样性严重丧失和生态系统崩溃（陆地或海洋），对环境造成不可逆转的后果，导致人类和工业的资源严重枯竭等[1]。此外，报告指出，"真正的系统性挑战，在于这些环境风险之间，以及它们与其他类别的风险（如水危机和非自愿移民）之间，存在着深度的相互联系。"正如飓风玛丽亚对波多黎各的影响所昭示的那样，环境风险也可能严重损坏关键的基础设施。

然而，在2010年，没有一个与自然资本有关的问题（无论是其影响还是发生的可能性）被列入世界经济论坛的五大全球风险。

这证明了一个很简单的趋势：人类对自然资本的影响，已经成为商业和社会不得不正视的紧迫问题［威尔逊（Wilson），2016年］。世界经济论坛（2018年）的数据已经很清楚地证明了这一点。此外，自然资本问题的紧迫性，同样可以通过对气候变化带来的生存威胁（联合国气候专门委员会，2018年）和当前面临的，前所未有的，不可持续的生物多样性丧失速度（世界自然基金会，

2018年）的权威评估来说明。

如今，不是企业部门不加批判地宣称自己是在自然界面临挑战时能够提供解决方案的时候了。恰恰相反，企业增长的有效性，"促成"了人类对自然资本前所未有的消耗和耗损速度。因此，在自然问题方面，企业历来是问题所在，而不是解决方案（梅耶，2013年）。我们至少可以肯定地断言，企业的根本性变革需求是非常迫切的。

而这个观点与互惠性有何关联？如果自然被视为企业活动的利益相关者，且只有在所有利益相关者都得到合理的尊重和回报的情况下，企业的商业活动才可以被视为良性活动，那么，我们就有望避免在当前的经济增长和对自然界的不利影响之下的不可持续的现状。此外，更重要的是，我们需要意识到，这并不是一个选择，而是一个必须做出的转变。如果自然界和公司的其他利益相关者之间不存在互惠性，那么，人类就会走向灾难的结局。

当然，要实现企业的互惠性转变，显然是说到比做到容易。确保企业实现互惠性，面临着一个重要、现实的挑战，即如何设计一个适用的会计体系。因为企业绩效的衡量提供了指导和评估企业活动的手段，同时也提供了一个内部报告和外部问责的制度。因此，本章将着重探讨，会计在企业对自然界责任方面，能够发挥何种作用。

更重要的是，我们需要将保护自然资本本身视为一个企业目标。在互惠性企业的背景下，自然资本的保护不能再被视为追求金融资本的增长而可牺牲的东西。这是因为在互惠性企业中，部分利益相关者的利益不能以牺牲其他相关者的利益为代价。例如，互惠性企业不会将利益相关者的金融资本视为可供消耗的资本。因此，为了其他利益相关者的利益而牺牲前者的金融资本，是"不可接受的"。一个更值得探讨的微妙问题是，当维护金融资本的基本原则是"不可协商"时，相对于利益相关者其他类型的投资增长，应该允许多少金融资本的增长量？

二、会计方面的挑战

在考虑自然资本的背景下实施互惠性，将给企业绩效的衡量带来四个不同维度的挑战，继而带来会计层面的挑战。

第一个挑战是，如果企业在金融资本和自然资本方面的目标存在冲突，并因此在企业绩效的构成上存在冲突，核算绩效的会计体系就会面临挑战。具体来说，人们普遍理解和接受的一个观念是，（在通常情况下）利益相关者的财务回报是判断公司业绩情况的主要依据。为此，所有其他指标都成为次要指标，它们最终都要服务于为利益相关者提供财务回报的终极指标。因此，如果在保护自然资本方面的绩效与财务回报方面的绩效相冲突，那么按照传统的思路，财务回报绩效必然"胜出"。显然，如果要求企业将保护自然资本本身视为一个目标，那么，传统的解决方案就会出现问题。这里触发的挑战是，当前的会计人员被要求将企业能否为利益相关者提供财务回报，视为企业绩效衡量的唯一底线。尽管，提供一条新的会计底线并不能解决保护自然资本的问题，但它至少能够引起企业对这个问题的适当重视。

第二个挑战（与第一个挑战密切相关）涉及企业架构层面的问题。在框架层面，企业面临的挑战是，在什么背景下，自然资本被视为应该保护的对象。我们关注的焦点，是企业为了维持其活动而必须依赖的自然资本，还是受到企业活动影响的自然资本？换句话说，我们应该关注的，是对自然资本的依赖，还是企业对它的影响？在两种情况下，都还要考虑一个延伸而来的次要问题，即我们是否应该对自然资本进行定义和测量，以及采用什么方法才能了解自然资本得到保护（或不受保护）的情况。我们认为，对自然资本的影响是应该关注的，且在可能的情况下，对自然资本影响的测量，不应该是片面的。值得一提的是，按照前面挑战提出的思路，即在企业绩效衡量中，为利益相关者提供财务回报占据首要地位，则会引申出一个恰好相反的结论，即企业对自然资本的依赖性应该是衡量的重点。因此，第二个挑战实际上是第一个挑战的延伸，要求会计人员从企业自然资本影响的角度，来理解和衡量企业绩效的底线。

第三个挑战是，认识到金融资本的核算和自然资本的核算之间，存在关键区别。尽管二者都被称为"资本"，但在这个叫法中，隐藏了一些欺骗性，并且在定义自然世界时，存在挪用经济逻辑进行概念化的问题。这种思路会令我们不自觉地认为，金融资本和自然资本的绩效衡量是相似的，尤其是财务会计中的折旧概念似乎等同于自然资本会计中的折旧。然而，事实并非如此。在这里，我们需要解决的问题是如何"看穿"二者在会计层面的差别，以杜绝此类对资本本质的错误表述。

尽管前述三个挑战都可以理解为概念性挑战（或规范性，或道德性挑战），即论述了企业应该以什么为关注点，确保自然资本的保护，但最后一个挑战（第四个挑战）提出了一个更实际的问题：从法律和常规商业实践的角度出发，企业可以做什么来保护自然资本？在过去，经济增长往往以牺牲自然资本为代价（联合国气候专门委员会，2018年；世界自然基金会，2018年），在某种程度上，是因为我们的法律和公约默许了这种行为（巴克，2019年）。这就意味着，对资本进行良好消费的"义务"实际上并非一种得到法律承认的责任（至少在过去一直如此）。因此，这里的挑战是企业"做正确的事情"的可行性。从会计角度来看，当前面临的挑战是如何确定一个机制，以确保对自然资本的会计核算能够产生实际的后果。正如我们试图证明的那样，只有在企业目标不再是为了服务于金融资本的增长而牺牲自然资本时,这个目标才有可能最终实现(迈耶,2018年)。

总而言之,本节试图提出的论点是,将"互惠性"有意义地应用于自然资本的保护,要求企业解决前述四个挑战。

三、金融回报的主导地位

企业的金融回报目标和自然资本保护目标之间存在冲突的事实,可以通过例子来论证。需要提醒诸位的是,在选择这样一个案例时,要意识到,在各个行业中,就企业对自然的责任而言,都存在领跑者和落后者。本节将提供一个来自化工行业的领导者的案例。之所以选择一个管理者而非落后者,是为了说明这个核心的冲突甚至会影响到企业的最佳商业实践。在这个案例中,我们隐去了被分析企业的真实名字,仅用"化工集团"指代,这是因为,举例的目的不是为了贬低该公司,毕竟它已经率先做出了尝试,其转变的行为应该值得鼓励。尽管使用了化名,所有援引的数据都是真实的,确保了结论的真实性和有效性。

化工集团根据世界可持续发展商业理事会(WBCSD)的《2050愿景》,定义了自身的可持续发展,即"确保人类在地球有限的自然资源内,依然可以过上美好的生活"。这个表述体现了较高的互惠性。化工集团也宣称,它致力于在可持续发展方面,发挥领导作用,并表明这个观念已经充分地融入其企业价值观中。奉行这样一个互惠性的原则,化工集团一直致力于寻求经济成功、环境保护和企业社会责任之间的平衡,并认为这是其几十年来开展业务的根本原则。

为了支持其广泛的可持续承诺声明,化工集团制定了一个非常具体、雄心勃勃的可持续发展目标。即到2030年,其所有产品和工艺生产的效率比当前效率提高3倍；此外，它还制定了朝着可持续目标发展的能效提升目标，在2013—2017年，将每单位产出的能源消耗减少9%，每单位产出的二氧化碳排放量相应地减少8%。

在节能减排的同时，化工集团的业务也在持续增长，因此，它降低企业活动对环境影响的行为，显然并没有以牺牲企业的财务业绩为代价。在2013年，它的销售额刚刚超过160亿欧元，到了2017年，增长到200亿欧元。在此期间，营业利润也相应提高，从25亿欧元提高到35亿欧元。

截至目前，一切安好。然而，如果我们将生态指标数据（见表13.1）纳入考虑范围，或许会发现，这些指标是以绝对值，而非单位产出为基础报告的。我们得出的一个简单观察结论是，该公司的环境绩效已经恶化。如果化学集团没有实现前述的效率提升，恶化的程度会更明显，但这些效率提升的幅度，并不足以抵消财务业绩增长对环境的负面影响。此外，化工集团在公司的业绩报告中，依然以销售额和利润的增长为主要指标，而不是生态影响的数据变化。

表 13.1 化工集团的生态影响指标

项目	2013年	2014年	2015年	2016年	2017年
产量（单位：千吨）	7 690	7 867	7 940	8 456	9 392
能源消耗（单位：千兆瓦时）	2 291	2 221	2 300	2 376	2 538
二氧化碳排放量（单位：千吨）	654	634	654	685	734
水资源消耗（单位：千立方米）	7 642	7 438	7 190	7 658	8 431
需要回收和处置的废弃物（单位：千吨）	128	118	112	120	124

这里要论证的一个信息是，致力于提升生态影响力方面的效率，并不等同于承诺保护自然资本。相反，互惠性的制定，要求企业至少确保维护所有利益相关者的资本。如果一个企业在记录财务

利润的同时，消耗自然资本，那么它就不能自称为一个互惠性企业。本质上来说，企业的会计工作正面临一个挑战，即如何在跟踪财务业绩的同时，跟踪自然资本的业绩，并根据资本维护的基本原则，对二者的有效性进行判断和报告。

四、自然资本的框架

为了衡量企业在自然资本维护方面的效率，我们首先需要谨慎地考虑，企业真正维护的是什么样的自然资本（巴克和梅耶，2017年）。

按照利益相关者至上的原则，自然资本的维护与企业活动只存在间接相关的联系，即自然资本的维护是为了持续企业的经济价值创造[2]。因此，举例来说，一个企业对土地的使用，可能会导致土壤质量的退化和生物多样性的丧失。而这种土壤质量的下降，导致作物产量下降，继而导致企业的收入下降，遵照前述原则，企业就需要扭转这种下降的趋势，因此需要维护自然资本。然而，这种举动并不是以自然资本自身的重要性为出发点，而是一个为了维持利益相关者金融回报的工具［格雷（Gray），1992年和1994年；贝宾顿（Bebbington）和格雷，2001年；米尔恩（Milne）和格雷，2013年；赫尔姆（Helm），2015年］。假设在前述同一原则下，生物多样性的丧失没有给企业造成直接的经济损失，那么从利益相关者的角度来看，企业没必要维护其自然资本。

而互惠经济的概念恰好相反，其原则不是询问自然资本能够为企业做什么，而是企业能够为自然资本做什么。这个概念关注的焦点，是企业活动对自然资本的影响而非依赖，这就将保护自然资本本身视为一个需要实现的目标。在这个框架下，企业无须区分土壤损失和生物多样性丧失对企业的影响，因为二者都是对自然资本的损耗[3]。更重要的是，这个方法确认了自然资本本身的影响也是至关重要的因素,而不是企业可以选择性地将自然资本的各个方面视为服务于利益相关者财务回报的因素。企业明白这一点至关重要。举例来说,在本书前文中提到"重大问题的选择",就要求"企业从一系列数量优先的重大问题中,选出与企业目标实现最相关、最重要的问题"。如果企业设定了互惠性的企业目标,那么,所有这些影响因素必须包括与利益相关者财务回报无关的不利影响。

从实际意义上讲,明确这种对自然资本影响的关注,并不简单,它要求企业识别、测量和报告适当的自然资本影响。在这个意义上,企业对重大问题的选择,只是一个实际的措施,只有数量有限的重大问题可以被实际地识别和跟踪。在实践中,越来越多的企业尝试采用某种形式的框架和其他指导线,如自然资本协议(Natural Capital Protocol,2016年)、全球报告倡议(Global Reporting Initiative)[博伊拉尔(Boiral),2016年;博伊拉尔和赫·拉斯-塞扎比托里亚(Heras-Saizarbitoria),2017年;全球报告倡议组织(GRI),2016年]或温室气体协议(Greenhouse Gas Protocol,2015年)作为工具。

然而,要捕捉企业活动对自然的所有影响是很困难的,特别是考虑到生态系统自身固有的复杂性和相互依赖性。为此,相关的分析可能会陷入片面性的风险,以及在财务计算中,排除那些难以衡量或容易忽略的影响,因为它们不会对商业运作产生实质性影响(RSPB,2018年)。在这方面,捕捉企业活动对生物多样性的不利影响尤为困难。联合国的《生物多样性公约》将生物多样性定义为"所有生物体之间的多样性,包括陆地、海洋和其他水生生态系统,以及它们所构成的生态综合体;包括物种内部、物种之间和生态系统层面的多样性"(CBD,2017年)。这就预示了复杂和庞大的测量挑战[阿狄森(Addison)等人,2019年;阿德勒(Adler)等人,2017年;博伊拉尔,2016年;梅斯(Mace),2019年]。此外，确定会计实体的边界也会成为一个问题，因为整个价值链的各个环节，从原材料的供应到最终的消费，可能都会对自然资本产生影响。而对于金融资本而言，对金融资本的维护，只涉及报告实体直接控制的经济资源［气候披露标准委员会，2018 年；埃夫特克（Eftec）等人，2015 年］。

正如之前论述的那样，只有互惠的收益具备一定的显著性，才能够驱动企业实施互惠性经济的概念。当然，显著性并不是实践互惠性的充分条件。毕竟，一个公司可以报告对自然资本的负面影响，但它肯定是一个必要条件。此外，正如下文即将讨论的那样，重要的是，企业的财务测量必须与现实情况存在有意义的关系，即承认资本在其财务形式和自然形式上，存在重要的意义差异。

五、"资本"的不同含义

金融资本和自然资本，并不像它们共同的名称所暗示的那样相似。用于制造的资产会磨损并可以被替换。如果一项资产的使用所产生的收入超过了其折旧费用，那么价值就被创造出来了，而替换本身也可能是创造价值的活动。相比之下，许多自然资产的一个独特属性是，它们不会被"磨损"，相反，它们是商品和服务的内在可持续来源。如果自然资本存量下降，那么这就不是简单的折旧费核算的问题，即衡量用完后被替换的资产的消耗。相反，它是一个警告信号。因为自然资本与人造资产不同，人造资产本质上是不可持续的，从会计角度来看，其建设成本在资产的使用寿命内，被分配或消耗殆尽。相反，自然资本资产是"自然赋予的"，而不是昂贵投资的产物。只要自然资产的状态保持健康，它就可以被视为永久的，而不是短暂的资产。在这种情况下，"折旧"是一个描述了自然资产方面的永久性损害风险的指标，而不是显示替换成本的简单经济指标。这主要是因为生物多样性通常存在临界水平，一旦低于这个水平，生态功能就会被破坏，导致自然资本的替换，要么在经济上不可行，要么在生态上不可行。借用一个生态保护领军慈善机构的话说，"如果生物多样性下降超过一定的程度，系统的自然功能会在短期或长期内，以不可预测的、非线性的和非边际的方式发生变化（RSPB，2018年）。"简而言之，虽然金融资本维护的概念与自然资本维护的概念相似，但二者在一个关键的意义上存在本质的不同。尽管用贬值的概念衡量人造资本不存在问题，但在自然资本领域，运用贬值的概念可能会导致其水平下跌到一个致命的、不可持续的阈值以下，因此，可能会造成诸多问题和挑战。

六、企业有责任"做正确的事情"

我们需要注意提防的一个至关重要且意义重大的实际问题，就是互惠性的概念不应该在会计实践中被挪用，以至于人们默认它本质上只意味着（经济层面）可持续的利益相关者回报［米尔思和格雷，2013年；迪根（Deegan），2013年］。为此，需要确保企业自身就追求互惠性的企业目标，因为没有任何一个会计体系可以独立地指导企业的行为。但一个有效的会计系统在理解和汇报企业的业绩并使企业的董事会成员为其业绩负责方面，是必不可少的工具。但如果企业一意孤行地以牺牲环境为代价谋求发展，那么仅凭一个会计系统也无法令其悬崖勒马。简而言之，将互惠性设定为企业的目标，是确保自然资本的互惠性核算的有效、必要的先决条件。

为了说明这一点，我们以欧盟《非财务信息修正指令》（Non-Financial Reporting Directive）（欧盟，2014年）为例，该指令要求"非财务信息的报表，应至少包含与环境事项有关的信息……包括与这些事务有关的政策、结果和风险的描述"，以及"企业运营对环境的，当前和可预见影响的细节，并酌情包括……可再生能源和/或不可再生能源的使用、温室气体排放、水的使用和空气污染等信息"，此外，"充分的信息披露"应"涵盖严重影响环境的主要风险，以及那些已经被证实的重大风险……（这些影响）可能源于企业自身的活动，或可能与企业的运营有关"。这似乎超过了指导性意见的范畴，它似乎成了一项法律要求，要求企业认真对待自身对自然资本影响的责任。

然而，在实践中，这样的"指令"是有问题的，因为它本质上是模糊的，因此，可以归入次要的优先事项。举例来说，被要求适用欧盟《非财务信息修正指令》（第9条）的公司，"可以选择遵循国家框架……（或）《全球报告倡议》，或其他公认的国际框架。"换句话说，没有具体的要求。事实上，即使企业选择了前述某个特定的框架，这些框架自身定义的含糊性也为企业管理层的判断提供了很大的空间。更糟糕的是，即便企业以自然资本的维护不符合利益相关者的利益为由，不遵守相关的指令，欧盟的《非财务信息修正指令》中，实际上没有规定企业必须维护自然资本的具体内容。该指令可以简单地解释为，对股东价值创造的传统商业逻辑的重新定位，要求企业在产品市场和资本市场上，承认一种新的环境意识的合法性，但企业对这种要求的回应，是基于经济层面的自我利益，而不是环境责任本身［道林（Dowling）和普费弗（Pfeffer），1975年；萨奇曼（Suchman），1995年；迪根，2014年］。

因此，我们要对企业活动与互惠性的一致性，秉持一个现实的态度，即如果企业在维持金融资本和自然资本方面，没有实现"双赢"，那么企业并没有践行互惠性的经营活动。这是一个企业宗旨层面的问题（迈耶，2018年）。在一套会计账目中强调这一点，本身并不会使问题消失。而且在企业宗旨缺乏互惠性的情况下，可能出现的一个风险是，企业的可持续发展报告给人一种虚假的错觉，即企业正在"认真对待"其对自然资本的承诺,而实际上却倾向于将其置于从属地位。显然,我们需要更严格和诚实的会计做法,以确保企业的互惠性收益的报告方式本身,严格地践行了互惠性的概念,并诚实地披露,而不是掩盖企业的经营活动给自然资本带来的损害问题。

七、小结

简而言之,本章提出的一个主要论点是:互惠性的概念要求企业将维护自然资本的本身视为一个目标。这个要求提出了会计方面的四个挑战:第一,要认识到,自然资本的维护在原则上不能被利益相关者至上的原则"压倒",即互惠性意味着自然资本本身具有优先权;第二,必须对自然资本的维护进行定义,这需要围绕企业活动对资本的影响,而不是对其依赖性来制定衡量的框架,并对前述影响进行完整的而不是片面的观察;第三,认识到自然资本的维护在其定义和挑战方面,存在与金融资本的维护截然不同的特点,对二者的区分,尤其适用于资产领域的折旧和替换的概念;第四,企业需要承认,要设定第一点至第三点奠定基础的企业目标,存在制度性的挑战,说明如何进行自然资本核算的问题是一回事,通过互惠性的企业目标使其成为可能,则是另一回事。

注释

1. 剩下的三个全球风险分别是:网络攻击、大规模非自愿移民,以及国家间的冲突。
2. 例如,可参见气候资金信息披露小组(TCFD)的做法。这是20国集团设立的一个工作小组,旨在在主流报告中为自愿与气候相关的金融信息披露提出面向投资者的建议,这些建议被视为一致、可比、可靠、清晰和有效的（2016年）。

3. 例如，参考"企业自然资本会计"（CNCA），其目的是使各企业组织能够以连贯和（财务上）可比较的形式，收集自然资本信息，以帮助公司和政策制定者做出更明智的决定，以有效管理自然资本（2018年）。

第十四章
执行互惠损益表*

将互惠经济付诸实践,要求企业采用一种新型的商业模式,执行一种新型的管理实践,即要求企业更加重视人力、社会和自然资本中特定的非财务绩效指标。它还要求企业将这些非财务指标在企业的绩效衡量、绩效管理、最终的报酬体系中,与财务绩效指标紧密联系起来。

传统上,企业绩效衡量和绩效管理的支柱,是财务会计主要的成功指标,是出现在损益表上的财务利润。为了有效支持企业从一个主要维度(财务资本)向多个维度(财务、人力、社会和自然资本)的转变,我们需要挑战构建和衡量利润的传统方式,并探索将财务损益表转变为互惠损益表的方法。

互惠损益表将成为一股强大的变革力量,有助于将互惠经济付诸实践,方法如下。

- 向企业明确表明,在人力、社会和自然资本影响方面的绩效,

---

* 本文作者是罗伯特·G.艾克尔斯、弗朗索瓦·劳伦。

与财务绩效具有同等的重要性。
- 确保在非财务指标方面，同样施行严格的绩效管理（例如，指标的稳健性、审查的频率和推动绩效的决策）。
- 在企业组织内，构建企业目标和管理系统（最好包括激励系统）之间更强的一致性。

一、概念框架

为了建立一个互惠损益的框架，我们首先需要了解财务会计与人力、社会和自然资本的衡量之间，存在的一些基本概念差异。为了简单起见，我们可以把重点放在三个最重要的问题上。

- 内部性和外部性：财务会计的重点，是基于法律或合同权利和义务，属于报告实体的要素（权益、资产、负债、收入和支出等，在这个意义上，被认为是企业的"内部"因素）。然而，企业经常调动（和影响）其生态系统中的人力、社会和自然资本，但其方式不会受限于法律或合同权利和义务（因此被视为"外部性"因素）。例如，一个企业可能会对不属于它的环境资产造成损害，但却不需要遵循法律规定，支付相关赔偿。这种类型的"外部性"因素，将被"内部化"到互惠损益表中。
- 详尽性：财务会计必须在所有重要的方面，做到详尽无遗，才能被认为是准确的。在构建财务损益表的过程中，不承认一项重要的收入或支出，是绝对不允许的。相反，人力、社会和自然资本，在本质上可能存在多个主观维度，它们之间还可能存在复杂的相互依赖关系。因此，要详尽地确定某个特定企业的外部性，似乎并不现实。互惠损益表将有选择地考虑到企业的外部性，而不是全部。
- 货币价值：财务会计中的所有要素都是以货币价值来体现的。在许多情况下，用货币价值来评估或描述人力、社会和自然资本问题，是一个巨大的挑战（例如，工作幸福感和员工培训的价值，丢进海洋的废弃塑料所产生的直接和间接的成本影响，以及供应链中的童工成本，等等）。重要的是，要记住，并不是所有的人力、社会和自然资本要素都可以（或应该）"货币化"，将非金融的外部性转化为货币价值的过程，只是为了与互惠损益表中的利润概念建立联系。可以说，这种情况下的估值基础，是"按成本"估值，因为它不需要对非金融资本的"市场价值"或内在价值做出任何假设。

在试图制定一个在技术上可行且有意义的互惠损益概念时，这些考虑非常重要。正因为如此，我们不能接受一个包罗万象的会计框架想法，并假设这个框架可以捕捉到，在一个特定企业中，使用的所有人力、社会和自然资本的要素，并显示其存量和流动的货币价值。这些限制，使我们对互惠损益的概念有了如下认识：互惠损益是财务损益的延伸，它衡量了选定的人力、社会和环境问题，这些问题与企业组织及其生态系统相关，并决定它是否能够实现既定的企业社会性目标。

将互惠损益表视为传统的财务损益表的扩展，是源于这样一个事实：财务损益是企业运营系统的基石，但从互惠经济的角度来看，它不够完善，因为财务损益并不能反映企业与生态系统中的人力、社会和自然资本之间存在的深层互动，尽管在通常情况下，这些互动对于企业目标的实现，或企业的长期可持续发展，都至关重要。

通过与金融资本的类比，我们可以从资本使用（即消耗和折旧）或资本创造（即升值）的角度，来考虑这些互动。例如，一个使用了大量某种形式的人力资本的企业，其运作需要依赖于这种人力资本。如果这家企业的经营结果对其生态系统中存在的人力资本产生了积极的影响（"回报"或"红利"），它就能够强化自身繁荣发展的前景。反之，如果这个企业的经营结果对人力资本产生了负面影响，它就限制了自身进一步可持续增长的潜力。这就是我们想在互惠损益表中捕捉到的影响（无论是积极的，还是消极的）——前提是这些影响需要与企业组织的目标和战略相关，并具有重要意义。

为了将传统的财务损益表转变为一个新的管理工具，能够有效地适用于负责任的并支持互惠经济活动的企业，我们有必要在损益表的范围内（以有意义和实用的方式），涵盖企业对多种资本的影响，不仅是针对一种特定形式的资本（财务），还包括其他多种形式的资本（见图14.1）。

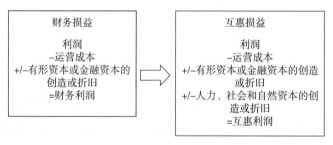

图 14.1　互惠损益表中包括的内容

二、构建互惠损益表

构建互惠损益表需要经过四个不同的阶段（将在下文分别详述）。第一阶段是选择正确的问题，将其纳入互惠损益的考虑范围。第二阶段是确保每个问题都有明确的定义，并能够进行充分的绩效衡量和管理。第三阶段是将非财务影响转化为具有货币价值的损益项目。最后一个阶段是整合和展示互惠损益表。

（一）第 1 阶段：选定至关重要的问题

就其本质而言，人们不可能详尽地理解人类、社会和自然资本的问题，这一事实将导致企业在秉持生态系统和互惠性理念的情况下，仅选择考虑有限的、与实现其目标最相关和最重要的重大问题。这个选择过程是生态系统图和痛点分析的结果。

在互惠损益中，企业仔细地斟酌需要考虑的重大问题的数量，以便在覆盖范围和聚焦的重点之间，取得适当的平衡。将注意力集中在少数问题上，可以推动企业取得更好的绩效，提高互惠损益的清晰度，并使这一过程不至于成为一种烦琐的官僚主义活动。试图一次性涵盖太多的问题，可能会导致资源过度分散，绩效评估目标不明确，以及产生过多的文书工作。在选出最重要问题这个阶段，最主要的是确保企业管理层的参与和判断。所选择的问题需要与企业的目的和战略存在真正深入的联系，以确保互惠损益表能够在中期或长期内保持相关性。按照这个标准制定的互惠损益表，将具备内容稳定并在各个不同年份之间具有可比性的特点。

哪些人力、社会和自然资本问题是重要的，事实上取决于企业所处的行业和设定的战略。例如，对一家电力企业来说，碳排放是重要的问题，但对一家医药企业来说却不是，因为在后者看来，获得药品的渠道和方法才是重要的问题。利益相关者的参与，是确定关乎企业重大问题的一个关键因素。全球报告倡议组织提供了强调外部性的一般指导，而可持续发展会计准则委员会（SASB）则提供了强调投资者利益的行业特定指导。

（二）第 2 阶段：业务举措、绩效衡量和管理

在第 1 阶段选定的人类、社会和环境问题，对企业的目标、战略和商业模式至关重要。因此，企业需要以不亚于（更传统的）商业或财务运作的严谨态度，来监控和管理这些问题。企业将积极推动解决这些问题的举措，并创造条件来管理和衡量每个问题的绩效情况。为此，企业需要：

- 明确问题的定义、干预的目标，以及与企业社会性目标的联系。
- 明确资源分配，以确保目标（预算）的实现。
- 适用的绩效标准（非财务指标）和目标。
- 企业内部的授权和责任。

就每个选定的互惠经济层面的问题而言，准确阐述前述要素，是制定可信的、基于可靠数据的互惠损益表的先决条件，尤其是在资源分配、衡量标准及其目标方面。在这一点上，企业需要对痛点分析中可能出现的两类重点问题进行区分：

- 资本创造的商业举措：当企业确定了生态系统中的一个关键痛点，而这个痛点并不是由其自身的运作造成的，但可以由其在遵循互惠经济的情况下，积极地解决（即为企业和其生态系统创造共同的利益）。在这种情况下，企业有必要明确地衡量分配的资源（预算），以及衡量该举措是否能有效地解决外部痛点（显示实际影响与目标的指标）。
- 资本耗损问题：企业在进行正常的业务过程中，对人力、社

会或自然资本产生负面影响，对生态系统造成威胁的活动最终会影响其社会性目标的实现。但这个问题不会体现在传统的财务损益表中，因为企业并没有为此付出代价。通常情况下，这意味着企业可能面对下列类型的问题，要么依赖于稀缺自然资源的大量消耗，要么造成一种具有负面外部性的大量污染。对于这种类型的情况，企业有必要衡量（负面）影响，并建立激励机制，以找到补救措施（至少要停止负面影响，或修复其造成的负面后果）。

（三）第 3 阶段：对影响的评估

正如我们前面提到的，不同的资本类别在财务损益表中，需要用货币价值来表示。乍看之下，这是一个难以实现的要求，因为人类、社会和环境问题，很难用货币形式衡量。然而，在会计学中，已经存在解决这个问题的各种评估方法，例如，针对第 2 阶段定义的问题，企业可以运用的估值方法，是按成本估价。采用这种方法，不需要对所涉及的人力、社会或自然资本的内在价值做出假设（无论是耗尽或创造）。我们可以通过关注其对企业的成本影响，将这些问题转换为可以核算的会计类别。

1. 就资本创造的举措而言：将支出作为投资，而不是运营成本

当一项商业举措实现了人力、社会和自然资本的创造（或正面强化），哪怕这些资本对企业来说是外部性的，但对其战略和生态系统至关重要，则分配给该举措的资源在互惠损益表中应被视为投资，而不是运营支出。在这种情况下，损益表的调整将增加损益表中的利润。

从概念角度来看，企业需要认识到人力、社会或自然资本的创

造，类似于有形资产的创造。尽管在这种情况下，它不属于企业，但将有助于企业未来的利润增长。通过这个类比，人力等资本在新损益表中的体现，类似于传统损益表对内部软件开发成本的处理，即此类支出在适用的会计标准中，如在美国通用会计准则和国际财务报告准则中，都可以被资本化，并通过货币形式体现。

在这里，需要格外强调的是，只有在前述商业倡议对外部资本产生实际影响的条件下，才能将此类支出视为投资，且这种影响必须是可以衡量和被视为成功的。由于人力、社会和自然资本的特殊本质对它们所产生的影响的衡量，要求企业为互惠经济的践行专门制定一套特定的衡量标准，而衡量成功的标准，是实现这些衡量标准预先设定的目标。如果没有这些新的衡量标准（在第2阶段确定），互惠损益表将缺乏必要的稳健性和可信度。

将支出视为投资，而非运营成本，可以强有力地推动互惠经济的商业模式的建设，因为它消除了传统意义上存在的一些矛盾：一方面是根据企业的长期目标或战略（通常在中长期范围内确定）分配资源的需要，另一方面是实现短期利润目标（以传统的损益表衡量）的需要，此二者之间的矛盾。改变会计层面的处理方式，并不能改变钱（现金）被花掉的事实。但是，如果支出不会对利润的衡量产生直接的负面影响，并且企业管理层在做决定时，可以考虑到长期的因素，一般来说，拿到预算的可能性会高很多（类似固定资产投资预算的情况）。

表14.1给出了一个例子，说明按照互惠经济的衡量指标，一个商业举措在不同的年份取得了不同程度的成功（实际影响VS目标）。只有在推动了有效成果的取得，并符合预先设定的目标时，支出项才会被视为投资项。在没有带来积极商业成效的情况下，支出只会被认定为运营成本（在逻辑上等同于在传统损益表中，将没有价值的资产销账）。

表 14.1 创造了资本的商业举措

资本创造的商业举措	第1年	第2年	第3年	第4年	第5年
预算分配	50美元	50美元	50美元	100美元	100美元
互惠经济衡量指标的目标（指数变化）	+5	+5	+10	+10	+10
互惠经济衡量指标实际衡量数值（指数变化）	0	+5	+5	+10	+15
成功率	0%	100%	50%	100%	100%
互惠损益表调整（利润增加）	0美元	50美元	25美元	100美元	100美元

2. 针对资本耗损问题：假设补给成本内部化

企业使用适当的非财务指标衡量资本消耗，然后确定一个假设补给成本，对应企业替换已消耗的资本所需的投资（以美元为单位计算）。这就要求企业在特定背景下（地点、资源和技术的获取等），对可用的资本补充方案进行分析，了解这些方案的成本，并保留企业首选的方案（从实用性和可负担性等方面判断）。

在损益表中，将假设补给成本内部化，使该损益表中显示的利润减少。之所以将补充的外部资本成本视为假设成本，是因为在企业没有发生实际支出的情况下，它们就是假想的成本（但如果产生了实际支出，这笔成本已经包含在损益表中）。企业不花这笔钱的原因有很多，例如，缺乏法律义务、缺乏意识、缺乏社会和环境责任、缺乏长期思考、缺乏资源，等等。通过将与物质资本损耗问题相关的假设补给成本内化到损益表中，一个企业的管理者可以对其商业运作的环境产生极大的影响，因为他们：

- 构建了认识，使这些问题在内部高度可见，以便对其进行管理。
- 为企业提供了激励因素，驱动企业去减轻或解决相关问题

（推动变革）。

- 更好地了解哪部分财务收益是长期可持续的，哪部分收益是以牺牲未来为代价在短期内产生的。

表14.2给出了这样一个例子：一家企业在一段时间内，持续衡量了人力等外部资本消耗的问题，并通过损益表证明，在问题得到解决或缓解时，损益表上的利润将出现积极的变化（第4年和第5年）。

表14.2 资本损耗问题

资本损耗问题	第1年	第2年	第3年	第4年	第5年
互惠经济指标测量的影响（以单位为基础）	20	25	30	15	10
每单位资产假设补给成本	5美元	5美元	5美元	5美元	5美元
互惠损益表调整（利润下降）	−100美元	−125美元	−150美元	−75美元	−50美元

（四）第4阶段：互惠损益的整合与呈现

在第3阶段确定的损益调整，可以补充和修改传统的财务损益表，形成如表14.3所示的互惠损益表。

通过将上述选定的非财务领域重大问题纳入会计范畴，互惠损益将成为一种有效的管理工具，与传统的财务会计具备同样的功能和效果，但能够充分说明的是，企业利润在不同领域的表现，能推动企业管理层做出不同的决策，采取不同的行动。

然而，互惠损益表并没有取代，也没有挑战传统的财务报告，因为二者服务的目标不同。传统的外部财务报告负责"提供有关报告实体的财务信息，这些信息对现有和潜在的投资者、贷款人和其他债权人做出向该实体提供资源的决定"（《国际财务报告准则概念框架》

中的定义）。互惠损益则是一种新的内部管理账户形式，为企业组织本身提供不同于外部财务报告的信息，以推动绩效朝着企业既定目标的方向实现，并考虑到企业在互惠经济层面的表现。表14.3显示，这两套账目虽然不同，但可以在经过调整后，轻松地交替使用。

表14.3 互惠损益表

互惠经济——重大问题	第1年	第2年	第3年	第4年	第5年
财务利润	400美元	410美元	420美元	430美元	440美元
#1.商业举措A（资本创造）	0美元	50美元	25美元	100美元	100美元
#2.问题B（资本损耗）	-100美元	-125美元	-150美元	-75美元	-50美元
互惠损益的总调整幅度	-100美元	-75美元	-125美元	25美元	50美元
互惠收益	300美元	335美元	295美元	455美元	490美元

三、小结

为了确保互惠损益表的意义和有效性，企业需要谨慎地选择正确的商业举措，选择正确的衡量标准以及确保长期范围内一定程度的稳定性。如果互惠收益取代了传统的财务收益，成为企业组织管理层和员工财务激励的基础，那么互惠损益将成为推动企业变革的有力工具。

虽然，我们认为这是一个很有前景的想法，但我们也清楚地知道，在实施和实现互惠损益的有利方面存在着诸多挑战。首先是衡量方面的问题，我们已经在前文探讨了。这些技术问题虽然困难重重，但却是最容易解决的，因为更难的问题是企业组织层面的调整，如财务收益和互惠损益的不同"现实"如何共存等问题，是其中一个将成为主导，还是各自用于其预定的不同目的？为了使互惠损益表成功地促进企业目标的实现，企业的高管需要清楚地解释其目的。企业高层需要听取并回应实施者提出的建议和问题。企业内部的每个人都需要认识到，互惠损益是一个新的想法，它在实践中的效用还有待观察；它的成功，将取决于对这一事实的理解，以及每个参与者的主动意愿。

最后，本章重点分析了互惠损益表，并没有讨论互惠资产负债表的概念，这是我们充分考虑后，做出的一个有意义的选择。事实上，损益表描述了一段时期内的资本流动、运营及其对净价值创造的影响，是大多数企业业绩的主要衡量标准。提出一种支持互惠性经济原则的不同损益表构建模式，将在改变企业的决策和行动方面，实现最大的影响，并使其复杂性降到最低。不过，企业需要满足一个前提条件，即在考虑损益时，要始终考虑到长期性（即如上面的说明性表格中所示的多年损益周期）。否则，构建互惠的资产负债表只会触发一些棘手的技术问题（如假设资产和负债的概念、假设负债和实际负债之间混淆的风险、资本化成本的摊销、期初资产负债表等），却不会带来任何额外的好处，因为在大多数行业中，管理层做出决策时，依然更多地依赖于财务损益表，而不是将财务资产负债表作为标准。

因此，我们认为，就目前而言，互惠损益的概念（不需要互惠的资产负债表）将是最强大和最容易使用的工具，能够指导企业通过管理层的资源分配决策，以可持续的方式长期推动企业目标的实现。要做到这一点，需要在整个企业组织上下，以及当前正在编制损益表的各个阶层和部门进行调整，并推动互惠损益表的实施。

第十五章
互惠利益对商业行为的影响 *

为了理解玛氏公司的互惠损益表举措背后的雄心,我们需要反思会计系统在社会中发挥的作用。首先,财务会计系统的正规程度极高,它们遵循严格的准则,如国际会计准则委员会(IASB)制定的《国际财务报告准则》(IFRS)或美国财务会计准则委员会(FASB)制定的《一般公认会计原则》(GAAP),并利用普遍实施的财务概念,如复式簿记等。事实上,没有什么能像财务会计那样,在各个不同行业的不同企业之间,实现如此高度的一致定义和操作。几乎所有的企业都将业务账簿视为业绩的最终决策依据。

但是,会计的概念远不止是企业在一天的经营结束后记录的数字,一家企业的会计系统是企业制定战略和采取行动的基石。更重要的是,会计信息决定了企业内部存在的现实。在关于会计在企业组织和社会中扮演的各种角色的早期讨论中,一些重量级的研究者对这个观点表示认同。

---

* 本文作者是罗伯特·G.艾克尔斯、朱迪斯·C.斯托尔赫。

会计核算的内容，可以塑造企业参与者对重要事项的看法。会计框架中隐含的主流经济话语和组织运作的类别，有助于创造一个特定的组织现实概念［伯切尔（Burchell）等人，1980年］。

重要的是要认识到，这些现实既不是自然赋予的，也不是完全中立的。它们是由使用者和使它们合法化的机构在社会上构建和自我延续的现实。一旦得到国家在立法层面的认定，会计体系就会成为整个经济体的现实，而不仅仅是单个企业的现实，并将影响到远远超出企业边界的问题，如社会层面的财富分配、公正性和环境退化等问题［巴克和贝特约（Bettner），1997年］。因此，调整会计原则，不仅可以改变企业内部的现实，而且通过延伸，还可以改变企业所处的社会环境的现实。

一、重要性日益凸显的社会性目标

在过去的几十年里，我们看到企业从一个主要关注有形资产（如土地和劳动力）的组织，转变为一个越来越关注无形资产的组织，如知识资本和声誉等无形资产，以及保护供应有限的资源（如自然资源）（巴克和迈耶，2017年）的组织。伴随着这一转变，人们呼吁对价值和利润进行新的理解，从单纯关注财务价值和利润，到关注包含环境和社会层面［该领域的重要参考书籍包括马祖卡托（Mazzucato），2018年；迈耶，2018年；罗奇和雅名布，2017年；艾克尔斯和克祖斯（Krzus），2010年，2014年］的价值。在处理这些问题时，传统的财务会计存在内在的局限性，因此无法完整地捕捉到对企业，以及本质上对社会真正重要的东西。为解决这个问题，将传统的损益表扩展到一个更具包容性、互惠的损益表的想法也应运而生。

通过设计一个包含社会、人力和环境资本的管理账户，即所谓的互惠损益，玛氏智库和与之合作的业务部门进入了一个以社会价值为导向的重构过程，因为它们需要判断，哪些问题是重要的，并将其纳入互惠的损益表中加以跟踪。为了选出这些重大问题，研究者团队绘制了一张范围更广的生态系统图，其中确定了企业的主要利益相关者和它们所面临的不同挑战。从这个清单中，企业首先选择了关键的利益相关者，然后根据它们在帮助企业实现其自述的社会性宗旨方面所起的作用，对重大问题进行优先排序。企业社会性宗旨，是在企业层面上确定的声明，其作用是为企业中的每个人提供行动和决策指南。例如，在玛氏宠物护理部门，其宗旨是"为宠物创造一个更好的世界"。只有与此宗旨相关的问题，才会被纳入互惠的损益表。通过重新定义不同事项的重要性，互惠损益与可持续发展会计准则委员会对重要性的定义不同，后者通常适用于影响力投资战略，并根据其与企业财务业绩的相关性，在行业层面上确定重要问题。

二、研究项目描述

为了研究此类互惠损益表的构建和影响，研究团队目前正在跟踪一个首批试点项目。我们选定了玛氏公司的一个业务部门，实施这种新的管理会计工具。为了配合研究，该业务部门的管理层决定将东欧市场的宠物营养业务作为试点。被选中的市场，是欧洲市场中收入规模最小的一个市场。然而，它显示出相对较高的增长率，且在过去的几年里，其增长速度多次超过了欧洲其他市场的同类产品。根据这两个特征，该市场被认为是一个测试互惠损益的"安全环境"。我们采用了纵向的人种学研究的形式，采集的数据将包括与当地管理团队的7名成员的访谈，在构建和实施新的会计管理工具之前、期间和之后的定期会议，以及相关文件审查等信息。管理团队包括董事会（含公司总经理、首席财务官、项目负责人和工厂经理），以及销售、消费者市场情报、企业事务和运营等部门的主管。通过这个合作机制，我们试图了解企业部门的这种"现实改变"是如何影响内部流程和运作的，以及会给管理人员的推理和决策带来什么样的影响。

到目前为止，我们已经参加了试点单位主管和首席财务官主持的介绍性会议，并完成了对业务部门的首次访问，并与负责实施互惠损益的相关管理团队的其他成员进行了"基准"观察访谈。到目前为止，所有的观察和访谈均表明，人们对互惠损益抱有很高的期望。管理团队似乎不仅对这个项目持开放态度，还感到十分兴奋，他们对被企业管理层选中作为新会计管理工具的试点，表达了一种自豪感。大多数接受采访的管理团队成员说，他们对这个项目很感兴趣，是因为他们有希望通过全新的损益表，收集到关于生态系统和市场的新见解，并有可能利用洞察力来改善宠物食品市场中传统的"卡路里转换"——这是该行业内通用的一个关键绩效指标，描述了有多少宠物是用宠物食品，而不是人类食物残渣喂养的（这是受访者最频繁提到的一个期望）。然而，除了对生态系统地图可能提供的新见解感到兴奋之外，到目前为止，我们还不清楚试点的管理团队是否以及在多大程度上意识到作为管理层面新工具的互惠损益表，可以为他们的业务带来变化。他们是否意识到，业务现实将发生变化？在研究的早期阶段，我们认为，试点的管理层仍将这个项目视为一个概念层面的尝试，认为它有可能给受试验的业务单位带来探索新市场的潜力，而不是作为一个有能力改变整个组织现实的基本会计实践。

三、改变利润的定义

早期调研阶段观察到的结果也充分表明了我们的研究关注点，即互惠损益如何融入企业的内部，以及在互惠损益表的认知和预期目标之间，是否存在差距的风险。正如布鲁诺·罗奇和杰伊·雅各布（2017年）在玛氏智库所定义的那样，互惠损益的预期目标，是让企业在"正确"的利润水平下运作，其中"正确"的利润水平，是指除了传统的金融资本措施外，还要考虑社会、人力和环境资本。换句话说，互惠损益的操作，旨在扩大企业管理者可用的指标，以吸纳非金融形式的资本，并致力于为企业管理者提供新的管理工具，管理企业可以使用但未被认可的（或浪费的）"资产"（罗奇和雅各布，2017年）。为了实现这一愿景，互惠性损益表必须得到全面实施，并作为企业优先考虑使用的管理会计工具，同时还要提供传统的管理会计隐含的所有相关管理和运营后果。这包括要求实施的企业主体考虑将互惠损益表这一工具用于各种决策过程，如资本分配、预算编制、激励（薪酬）、职业发展、市场战略、产品组合，等等。

由于互惠损益的目标是构建一个新的内部管理会计系统，它并不能取代外部的财务会计信息，如上市企业需要遵循的《国际财务报告准则》。如果我们把互惠损益的概念扩展到涵盖上市企业的范围，这可能会导致内部和外部业绩定义之间的冲突。然而，互惠损益中所包含的信息，肯定也会引起投资者的兴趣，因此有可能转向外部。事实上，在过去30年里，非财务信息的报告已经变得越来越重要，特别是对企业在环境、社会和治理等相关问题方面的信息披露。但上市公司有兴趣尝试以严谨的方式，核算与企业利润水平有关的重大非财务问题，这也不过是近期才发生的转变。此外，这些尝试采取了多样化的形式，有些是试验性的。据我们所知，这些试验性的核算，通常仅用于报告和信息披露，而不是用于会计管理。这些工具的例子，包括开云集团的环境损益表[1]、阿克苏诺贝尔公司（AkzoNobel）提出的四维损益表（包括财务和自然资本）[2]、三星集团的"真实收益"计算（根据社会经济和环境价值调整后的收益）[3]，以及德国化学用品公司巴斯夫（BASF）的"社会价值"测量（他们目前正在开发一个"综合损益表"）[4]。这些例子表明，企业正日益重视对非财务信息的核算，特别体现在资本市场上的投资者对这一主题的兴趣日渐高涨。然而，据我们所知，在私人企业中（因此没有来自投资者的外部压力），实施互惠损益表作为管理会计系统，仍是玛氏公司的独创。这就是玛氏公司如何将互惠损益嵌入到运营中，以及这一做法会产生什么样的结果等问题，具有重大研究意义的原因。

四、互惠损益表引发的后果

在权衡类似玛氏公司的私营企业（或任何企业）的互惠损益实践可能带来哪些影响时，我们将考虑可能产生后果的两个关键领域：第一，会计系统的外部环境，指的是现有的操作和正式流程；第二，组织的内部动态，解决领导能力、推理和决策等问题。此外，将这些影响可能或不可能发生的条件纳入考虑范围，也同样重要。

在运营等会计系统的外部环境中，互惠损益也有可能产生广泛的影响，然而，这需要取决于它作为一个完整的管理会计工具的实施程度。如果因为会计衡量对象重点的变化，企业选用互惠损益优化流程，那么互惠损益可以影响企业内部的一系列流程，从资本分配、预算编制、采购，到人力资源和市场营销等。例如，选择供应商的规定要求可以从主要关注成本和质量的层面，变为包括一系列其他（即社会、环境和人类）领域的标准。同样，关于实践活动的准则，如采购、包装和储存的物流等，也会受到影响。例如，在中期储存单元中，使用大型冷却系统可能被认为是不可持续的，并导致企业在采购保质期较短的食品和化学产品时，更多地执行零库存制度。前述案例都只是假设的情况，但它们体现了互惠损益等新工具的扩大使用，有可能导致企业的商业运作发生重大变化。正因为如此，这个工具的全面实施可能会给企业带来一些初始成本，直至所有流程的必要调整全部完成。例如，与供应商签署的合同通常会持续一定年限，而在此期间转而寻找新供应商的成本可能很高。尽管互惠损益表可将这些初始成本作为投资来申报，但一个企业在多大程度上能够实施这种新的管理会计工具，以及以多快的速度实施，仍然是至关重要的问题。因为贸然执行，可能会导致企业陷入混乱而不是实现成功的转型。因此，我们认为，在企业内成功而全面地实施互惠损益会计原则，将是一个中长期目标，而不是一个短期目标。

在内部动态方面，互惠损益表将为企业管理层提供一个评估企业的新框架。顾名思义，管理会计的目标，是向管理人员提供业绩信息，作为随后决策的依据。因此，作为管理会计工具的互惠损益，会影响到企业重点问题的排序，并为企业设定一个新的组织现实。这一点的重要性，不容小觑，因为管理人员从学校和社会接受到的教育——都要求他们学习和掌握传统的财务业绩定义，而这往往与互惠损益为他们提供的衡量内容和指标有很大的不同。我们不能假设所有的经理人都具备直接认知和接受互惠损益的能力，但管理层具备这样的能力，是企业成功地将互惠损益表的结果转化为决策的必要前提条件。然而，企业的管理者是否接受这一新的现实，对互惠损益的实施也起着重要作用。如果企业管理者都接受了，那么企业实现转型和颠覆的可能性会很大。但如果他们无法接受，后果可能是产生所谓的"替代现实",即管理者选择仅在部分流程中,使用互惠损益的做法,如人力资源分配;而在其他复杂性或成本更高的流程中,继续使用传统的财务损益,如资本分配和采购等,以避免全面实施互惠损益导致的成本和产生其他可能的意外后果。为了避免产生这些替代现实,企业可以通过薪酬和职业发展的措施,激励管理层使用互惠损益表,这也是确保企业成功转型的一个重要环节。

由于传统的利润概念已经深深扎根于企业决策中,新的利润模式也同样需要遵循这一模式。然而,正如财务利润的衡量可能会产生意想不到的后果(例如,频繁的业绩衡量可能会诱发短期的逐利行为),互惠损益的采用,也可能存在一些风险后果。但通过谨慎地设定实施的进度表和绩效测量的频率,能够帮助企业预测和有效地应对这些挑战。企业管理者可以从新工具如何与传统管理会计实践相联系的决策,以及在哪些地方适用互惠的而不是财务的利润计算等方面,开始思考会计方法转型的可能性。因此,通过决定如何衡量内部收益率(IRR)、成本量利润分析是什么样子、与现有的平衡计分卡的关系是什么,企业可以采取初步措施,了解由互惠损益表创造的新现实到底是什么样子。

五、实施有效的互惠损益的先决条件

上述讨论表明,互惠损益表对一个组织可能产生的影响既受制于会计的外部环境(业务转型的容易程度),也受制于一个组织的内部动力(管理者转型的意愿和能力如何),管理会计领域的诸多研究已经提供了大量的经验证据支持了这一观点。例如,纳兰乔-吉尔(Naranjo-Gil)等人(2009年)的研究表明,管理会计变革和创新的实施,都高度依赖于组织内部管理者的意愿和能力。因此，一个企业组织的结构也将发挥重要作用。在玛氏公司的互惠损益实施案例中，这个问题也出现了，因为玛氏业务单元的很多战略问题都是在欧洲的总部决定的。然而，互惠损益的实施，是在业务单位的层面上进行的。这就提出了一个问题：如果欧洲总部的决策无法更改，那么在业务单元层面上使用互惠损益的衡量标准的尝试是否会因此而受限？因为至少在目前，玛氏公司的欧洲总部仍然使用传统的财务损益会计方法。换句话说，如果基于互惠损益的管理决策对那些基于纯粹财务损益的管理决策构成挑战，那么只有在企业的治理结构允许的情况下，前者才能战胜后者。当然，如果玛氏在试点地区成功地逐步实施互惠损益，就有可能在整个公司的范围内产生溢出效应，最终消除这种矛盾。然而，如果互惠损益表要成为一个可以应用于玛氏公司自身之外的会计工具，就不能低估企业治理结构的重要性。同时，也不能忽视互惠损益表在自下而上的业务单位层面实施，而不是自上而下的企业层面实施的情况下，可能出现的显著利益冲突。

管理会计创新实施的相关研究，进一步讨论并论证了实施周期的规划是实施管理会计工具的一个重要因素。卡斯佩宁（Kasurinen，2002年）指出，管理会计工具的生命周期相对较短，这使得它们的实施很容易变得不彻底。这就表明，只有会计工具被彻底实施时，它们的寿命才会延长。然而，最重要的会计创新需要很长时间才能被采用并形成制度，如基于活动的成本计算和平衡计分卡等技术，需要长达10年的时间［比马尼（Bhimani）和布罗姆特（Bromwich），2010年］。这表明，全面且循序渐进地实施这一工具，可能需要比管理者预期的时间更长（正如我们所建议的那样）。商业和市场环境、经济领域或自然危机，以及技术进步等重大的变化，都可能在新的管理会计工具的实施期间，对其实施的效果和程度产生重大影响。例如，企业自身变革的意愿往往受到经济危机的影响。为互惠损益制订一个中期和长期的实施计划，对于试行互惠损益的管理者来说，可能是一个有用的工具，避免忽视长期的变革进展。

六、小结

最后，我们重申上面的观点：没有什么东西能像财务会计那样，在各个不同行业的不同企业之间，得到一致的定义和遵循。因此，围绕互惠损益的影响，最重要的问题是，这种一致的现实变化将对玛氏公司产生什么影响。我们发现，互惠损益将遇到很多问题，并经历漫长的实践过程。尽管如此，我们认为这对玛氏公司来说，是一个值得面对的重要挑战。我们讨论了作为一种管理会计工具后果的互惠损益将如何影响会计的外部环境，以及影响企业组织的内部动力，特别是管理层的领导力。因此，我们认为，全面实施互惠损益不是一个短期目标。要从一个管理账户过渡到另一个管理账户，企业必须首先对熟悉的会计概念进行实用性的改造，并逐步将扩展的利润定义纳入中长期决策，以避免出现混乱。是否以及如何有效地改变现实的定义，取决于管理层是否愿意，并有能力理解和接受潜在的颠覆，以及理解互惠损益能够给玛氏公司带来的无穷机会。

全球大型公司高管的个人领导力教练

罗伯特·科伦扎（Robert Krenza），黑狼咨询公司（Black Wolf Consultants）创始人兼首席执行官

全球范围内，最优秀的一些管理者开始根据当前面临的实际问题尝试调整企业的运作思路和方法。

正如我最近在英国牛津大学赛德商学院主持2017年负责任

商业论坛的领导力大师班时所说,"商业从未经历过一个比现在更加苛刻和具有破坏性的、动荡的、不确定的、复杂的和模糊的环境。"执行互惠经济的愿景,需要前所未有的领导力,以驾驭当今快速变化的商业环境。也就是说,领导力要注重转变整个企业的思维方式,秉持可持续发展的精神,来衡量企业的成功,以确保给后代产生积极的影响。

在我看来,当今管理者的责任是发起一个全球性的心态转变,以及对企业成功的衡量标准进行彻底的变革。考虑到变革任务的紧迫性,以及当代企业当前不合理的设计和发展方式,做到这一点尤为紧迫。

我希望通过所写的内容,在诸位读者的思想和头脑中造成一种紧张感。从本质上说,这种紧张感应该源自各位管理者从"因果关系"的心态,转变为"自我授权"心态的必要性的认识,以及对必须采取"行动"的抗拒。

领导力和全球心态转变的紧迫性

"信念"和"心态"在商业领域是两个同义词,而信念可以驱动行为,在过去是如此,在未来也将一直如此。因此,为了改变我们的行为,我们必须首先改变信念。我们首先需要认识到行为的来源是信念,才有可能改变自身的行为和基于行为的系统。这就是转型的根本意义,即:"看到并相信一种以前从未考虑过的可能性。"

今天的管理者,必须从"因果心态"转变为"自我授权心态"。在因果心态下,我们依据这样一种信念做出反应,即我们的思考、感觉和行为实际上由他人主导;而在自我授权的形态下,我们的反应将变成,相信"我能够选择如何思考、感受和行动,并可以创造我相信或想象的一切事物"。

那些被困在因果关系或反应性意识中的人,面对变革时会提出的问题是:"是不是太少或太晚了?"而那些选择成为自身现实的创造者和主导者的人群,则正如萧伯纳所描述的那样,"有的人看着已经存在的事情,问为什么?而我梦想着从未发生过的事情,并问为什么没有发生呢?"

目前,我们正处于一场"完美的风暴"之中,既借鉴了这个词的字面意义,也借鉴了它的引申意义(风口浪尖)。管理者们正选择以因果关系或恐惧为基础的心态,允许他人胁迫自己进入一种反应式的行为模式中。

互惠经济:改变企业衡量成功的标准的紧迫性

当今的管理者,必须勇敢地问自己:"作为一个人,我如何选择在这个星球上的生活方式?我想产生什么影响?我想为后代留下什么遗产?"为了地球和人类的未来,我们衡量企业成功的方式必须发生彻底转变。在商业世界中,这意味着我们需要创建全新的企业,用金融资本以外的其他形式的资本来衡量企业的成功,包括人力、社会和环境资本等。我们不仅要衡量企业的财务增长,还要衡量企业对环境和人类造成的,或积极或消极的影响,在衡量企业是否成功时,我们必须设立和执行这些指标。

如果我们将增长视为唯一的财务目标,我们必须审视企业阐述的"增长信念"是什么?如果我们相信"企业的唯一责任是使股东回报最大化",那么我们就会按照这个信念来行事。但如果我们相信,用环境、人类、社会和财务指标来衡量利润和增长是一种必须遵循的原则,那么我们就会按照这个信念来行动。

要想获得令企业彻底变革的因素,我们就要咨询企业组织、管理团队和单个管理者的意愿。

然而,许多企业仍在用从第二次世界大战以后到现在的旧视角看待世界。这些管理者正在使用一个旧的模式,一个从未全面

> 或包容的模式，一个只关注增长的模式。问问你自己："让我们不遗余力地为了增长而推动增长的信念，到底是什么？"
>
> 归根结底，如果我们问管理者，他们在企业中真正看重的是什么？那就是做出贡献，为他们的子孙留下一个更好的世界。
>
> 正如阿尔伯特·爱因斯坦精准定论的那样，"没有任何问题可以从创造它的同一意识层面得到解决。"所以，管理者，是时候改变老旧思维了。

注释

1. http://www.kering.com/en/sustainability/whatisepl, last accessed September 2018.
2. http://report.akzonobel.com/2014/ar/case-studies/sustainable-business/measuring-our-impact-in-4d.html, last accessed September 2018.
3. https://www.samsung.com/uk/aboutsamsung/sustainability/strategy/, last accessed September 2018.
4. https://www.basf.com/en/company/sustainability/management-and-instruments/quantifying-sustainability/we-create-value/impact-categories.html and https:// www.basf.com/en/company/sustainability/management-and-instruments/quantifying sustainability/we-create-value.html, last accessed September 2018.

第十六章
互惠性和小额股权信贷的无限潜力 *

在肯尼亚的繁华街道和农村市场，玛氏公司正在致力于创建更多的互惠性商业行为与项目。在玛氏智库于 2013 年发起的玛氏箭牌糖果公司的 Maua 业务中，超过 600 名小微经销商参加了一个多元化行销渠道的计划，一起经销箭牌口香糖产品和箭牌其他产品。这些销售商以小幅折扣从当地批发商处购买袋装或盒装口香糖，然后直接卖给消费者，或卖给小商店，再由小商店卖给消费者。秉持着共同的销售目标，这项计划既能够使玛氏公司进军依靠传统分销方式无法进入的国家地区，并同时为低收入卖家提供新的销售来源和培训。通过明确地结合社会目标和商业目标，该项目成了玛氏公司进行社会创新的一个试验地，并鼓励管理该项目的管理者，以新的方式思考销售与销售者的社会和人力资本之间的关系。对于玛氏公司来说，Maua 项目是一个全新的机会，使玛氏公司能探索互惠项目的创新思维，并扩大其业务的范围。

---

* 本文作者是穆罕默德·梅基（Muhammad Meki）、凯特·罗尔、西蒙·奎恩（Simon Quinn）。

第十六章 互惠性和小额股权信贷的无限潜力

Maua 商业项目，也是研究者研究互惠商业行为的一个平台。这项研究由来自牛津大学的经济学家和社会科学家所组成的团队领导，试图以实证的方式，测试一种新型的互惠性驱动工具与传统做法在业绩方面的差异。这项研究为商业中的互惠性实践提供了经验基础，同时为我们理解具有不同社会和人力资本衡量水平的个人如何应对这种干预措施，带来更多的细微见解，所有这些都是非常重要的研究内容和领域。为此，我们专注于向那些有兴趣购买生产性资产的卖家提供小额股权信贷合同。我们认为，提供这样的小额股权信贷合同，体现了互惠性经济的核心理念，特别体现了它对共同富裕和公司利益相关者相互依赖性的强调和关注。与主流的小额信贷形式相比，这种形式的小额股权信贷更好地分担了投资的风险和回报。那么，这样的做法是否会带来更好的结果？通过什么措施提供？为谁提供？这些都是正在进行的研究所要调查和回答的问题。

2014 年和 2015 年，研究团队对 Maua 卖家进行的定性访谈以及玛氏智库对人力和社会资本的调查，催生了小额股权信贷研究的设想。围绕小额股权的调查显示，小微经销商认为，交通是生产力的关键制约因素；调查还显示，他们对"材料和设备"的满意度较低，因为玛氏当时给他们提供的设备主要是用于携带货物和宣传材料的背包。事实上，没有交通工具只能依赖步行往返的小微经销商，经常抱怨工作时间太长，以及背部疼痛等问题，因此他们渴望获得用于运送货物的自行车或摩托车。而那些有能力购买此类交通运输车辆的小微经销商也表示，在购置交通工具后，他们的收入有了明显的增加。因为这两种交通运输车辆有可能减轻卖家的疲劳程度，同时大大增加他们的服务范围——得益于通行速度的增加，他们能够服务更多的小商店，并能够销售更广泛品类的产品。

微型经销商对改善交通状况的明确需求，为研究团队创造了一个机会，使其能够与玛氏智库、玛氏箭牌糖果业务部门和小额信贷伙伴密切合作，开发并测试了一种全新的、更具互惠性的信贷方式，为微型经销商所需的硬件资产提供融资。如前所述，互惠性要求我们关注利益和成本公平分享的程度。为了将互惠性转化为商业实践，我们将试验的重点放在了小额股权贷款的风险和回报分配上。在这项研究中，我们设计了多种类型的融资合同，包括传统合同和小额股权信贷驱动的合同，我们能够向感兴趣的参与者提供这些合同，然后跟踪一系列不同的结果，以严格衡量其影响。在2017年，有32名微型经销商参与了研究，研究的结果表明，受互惠性商业实践启发的小额股权融资产品是可行的。我们目前正在一个规模更大的研究中，测试该产品的效果。此项规模更大的新研究正在进行中，在撰写本报告时，参与者人数已接近100人。

这项研究的新颖之处在于，它使用了实地试验来确定更多的互惠性实践对绩效的因果效应。然而，本章没有着重介绍研究的技术层面问题，而是讨论了我们在概念化和测试新的、更体现互惠性的小额金融方法方面的尝试。我们研究了该案例中显现的两个核心问题：扩大小额股权信贷模式的前景如何？我们在企业项目的背景下，进行实地试验方面学到了什么？本章最后讨论了互惠性理念的研究和测试如何反过来深化了我们对概念本身的理解和实践。

一、小额信贷的演变

小额信贷通常被定义为：向发展中国家的低收入者提供的小规模贷款，这被誉为一种行之有效的扶贫工具，小额信贷有可能刺激信贷能力受限的小微创业者的发展。在本章的讨论中，我们将微型企业家定义为从事非农业商业活动的个人，其中大多数人单独工作，或最多雇用一名其他员工。对贷款人而言，这个群体构成了信贷方面的特殊挑战，因为他们往往缺乏抵押品和信用记录，而且需

第十六章 互惠性和小额股权信贷的无限潜力

要的贷款额度往往太小,不值得大银行花费精力和行政成本去调查其征信情况,而如何克服这一挑战,也是业界在过去20年中研究和试验的重点。

2006年,穆罕默德·尤努斯荣获了诺贝尔和平奖,因为他创立了格莱珉银行并对小额信贷做出杰出贡献。格莱珉最早期模式的成功——其非常高的还款率——可以归功于严格的规定,以及利用当地知识和同行压力等操作,包括联合责任小组贷款、公开举行小组会议带来的高频率还款,以及通过分级贷款的动态激励等。该银行还将妇女群体视为借贷的重点对象。诺贝尔奖委员会指出,"尤努斯和格莱珉银行的实践表明,即使是最贫穷的人也可以努力实现自己的发展……且在他们继续努力(消除贫穷)的过程中,小额信贷必须发挥重要作用。"

基于成功案例的初期报告,以及基于观察数据的早期研究表明,小额信贷为借款人创造了显著而积极的社会效应和财务效应[1]。然而,在近期更严格的研究中则显示了不同的情况。一些大规模的随机对照试验(RCT)研究表明,就整体而言,小额信贷并没有带来变革性的脱贫影响。在一系列不同的环境背景中完成的随机研究表明,受研究对象对小额信贷的需求很低,也没有体现家庭收入、教育成果或女性赋权方面的实质性改善[班纳吉(Banerjee),卡兰(Karlan),以及津曼(Zinman),2015年]。尽管大多数的研究显示,在提供了小额信贷的情况下,商业活动的确有所扩大,但此类投资很少带来利润增加的结果。这些研究可能反映了这样一个现实,即许多小企业主做生意的目标是为了养家糊口,而不是做大做强,或者他们都是被迫做生意的人,更情愿找到一份有固定薪水的工作[班纳吉和迪弗洛(Duflo),2011年;德·梅尔(De Mel)、麦肯齐(McKenzie)和伍德拉夫(Woodruff),2010年;舍尔(Schoar),2010年][2]。尽管这些调研结果让小微金融行业的许多从业者感到失望,并引发了关于小额信贷好处的激烈争论,但最近关于微型企业的学术性研究,却显示出更有前景的结果。尤其是,学者发现,向微型企业所有者提供现金或资本赠款(德·梅林、麦肯齐和伍德拉夫,2008年;法夫尚、麦肯齐、奎恩和伍德拉夫,2014年),以及引入允许还款宽限期的更灵活的小额信贷产品[菲尔德(Field)、潘德(Pande)、帕普(Papp)和里格尔(Rigol),2013年]等,能够带来更积极的结果。

虽然对灵活信贷产品的调查确实带来了充满前景的结果,且近期移动银行业务的发展,使放贷方可以通过观察交易行为,来评估借贷者的信用度,但对小额信贷基本模型的担忧仍然存在。有观点认为,小额信贷未能促使微型企业增长的一个原因是小额信贷债务结构,即小额信贷合同通常设定了非常严格的还款结构和高利率。不管企业的业绩如何,要求一成不变的还款额对高潜力但有风险的微型企业投资而言,并非刺激投资的最佳方法。一种更互惠的融资方式,通过提供与业绩挂钩的隐性保险,反而有可能更好地鼓励微型企业主开展高风险、高回报的投资,进而推动其企业和业务的发展。最近的研究表明,利用"实地"试验的形式,小额股权融资有可能刺激借贷者投资预期回报更高的项目[费舍尔(Fischer),2013]。

二、当互惠性遇上小额股权信贷

基于股权的合同,有可能提供一种更加互惠的融资形式。与其他不管企业的业绩如何,都要求一个固定回报率的贷款方式不同,小额股权信贷的操作,包含了以业绩为基础的还款形式,进而为借贷人提供了隐性的保险。以业绩为基础的还款,简而言之,意味着还款与收益挂钩,在业绩较好的情况下,借贷人可以多还款;而业

第十六章 互惠性和小额股权信贷的无限潜力

绩不好时，则少还款。基于小额股权的融资合同，明确地允许贷款方在借贷方收益较低的情况下，共担损失。但与此同时，作为共担风险的资本提供者，它们能够在借贷方业务利益较高时，获得更多的还款。对于那些倾向于规避风险的小微企业家而言，这样的信贷合同尤为合意，因为他们可能担心企业在受到负面冲击时，因为无法偿还传统的债务合同而导致个人财富的损失。

小额股权信贷，体现了通过创造互惠利润来推动企业发展的理念，并试图确保资本提供方和使用方之间，具备一致的驱动力。在传统的债务合同中，小额信贷的贷款人可能会更愿意给风险较低、回报较低的创业者发放贷款，以确保贷款按期偿还。当然，它们也可能避免资助风险较高的创业者，哪怕这些创业者更有希望赚取大量利润。这是因为，在获得收益之前，贷款方可能会遭遇损失，面临下行的风险，无法共享任何上行收益。但在小额股权的投资模式中，企业家越成功，资本提供者能够获得的结果就越好。

在这项研究中，我们感兴趣的是，一个更体现互惠性的贷款合同——在这种情况下，是小额股权信贷——是否能够胜过传统信贷，例如，在偿还率方面，以及小额股权的借贷模式，是否能够在多种资本方面，产生更好的结果（这也是玛氏提出的互惠经济方法的一个核心问题）。在研究实践的结果时，我们可以假设存在合同A和合同B作为融资工具，表现出同等的业绩；然而，如果我们可以观察到，合同B在社会或人力资本方面，有更大的收益，我们也可以将合同B视为提供了更全面的、更具互惠性影响的合同。同样，由于我们使用基线调查来衡量参与者的人力和社会资本要素，我们将看到，在其他条件相同的情况下，这些禀赋要素如何影响融资合同的表现。

实施基于股权的贷款合同的一个主要挑战，是如何获得关于业绩的准确信息，因为这直接关联到以业绩为基础的还款模式。在

Maua 业务的独特背景下，受援者直接从 Maua 批准的存货点购买存货。研究团队能够根据卖给客户的价格，来估计借贷者的收入，并以可信的方式，将偿还与业绩挂钩。然后，通过一个考虑周全的试验设计，我们可以研究收入水平和风险规避偏好不同的微型企业家对股权合同的偏好程度。但我们最终想要研究的问题，是这样的微型股权合同能够给微型企业家的生活带来什么样的影响。

三、Maua 项目研究

我们在 2017 年 1 月，启动了一项随机对照试验的试点研究。这项随机对照试验总共调查了 32 名参与者。随机对照试验的设计，使研究人员能够衡量因果影响。试点研究中的 5 名受援者获得了一辆由固定还款贷款合同资助的自行车，而 13 名受援者则通过互惠性小额股权合同获得了自行车，后者的还款额与其销售额挂钩。其余的人组成了一个对照组（没有获得交通工具）。试点项目的管理数据显示，在还款表现方面，小额股权合同的受援者表现更优。此外，与债务合同相对较多的未还款情况相比，小额股权合同受援者的未还款情况非常少，但我们十分谨慎地避免过度解读从这种小样本研究中获得的数据结果。

尽管如此，这种小额股权信贷的可行性得到了证明，我们现在正在开展更大规模的研究，并对其有效性进行进一步测试。在 2018 年 1 月，在既定的研究计划因选举后的暴力事件而推迟后，我们再度回到内罗毕，启动了全面的随机对照试验项目。目前，该项目的研究正在进行中，在撰写本报告时，已经有接近 100 名微型企业家被纳入该项目。从我们的（干预前）基线调查数据来看，90% 的创业者是男性，中位数的创业者，年龄为 30 岁，已婚，来自一个有 4 名成员的家庭，但在这样的家庭中，通常只有一名家庭成员有收入。企业利润的中位数，约为每月 65 英镑，而所有参与者的家庭，月收入和支出中位数分别为 137 英镑和 130 英镑。这种低水平的家庭净收入，反映在各个参与者的家庭层面相对较低的储蓄水平上（中位数家庭积蓄约为 280 英镑，这表明，一辆 90 英镑的自行车将占据家庭总储蓄一个非常大的份额）。

我们目前正在扩大该研究计划（该计划纳入了来自肯尼亚沿海地区，即蒙巴萨的微型企业家），并正在收集所有参与实验的企业家的后续数据。初步数据显示，企业家选择小额股权信贷合同的比率很高，在 82%—92%，明显高于所有其他著名的小额信贷研究的接受率（它们的接受率大约在 13%—31% 之间）。到目前为止，本项研究中大多数合同之间的接受率没有体现统计学上的显著差异，但我们预计，随着样本量的增加，这种情况会发生变化。一个出乎意料的调查结果是，基于固定期限的收益分享型信贷合同的接受率似乎较低，但这并不奇怪，因为与其他合同相比，这种合同要求获得巨大商业成功的借贷者分享超高比例的收益。我们希望随着样本量的增加，能够更详细地研究接受模式，例如，探索借贷者的合同偏好和风险厌恶之间的相关性。如前所述，我们还打算通过测量小额股权信贷对一系列差异结果（包括人力和社会资本指标）的影响，来论证这样一个假设，即更多的互惠性合同可以更有效地帮助小微创业者发展业务。例如，我们假设，提供更多的借贷方与创业者分享风险和回报的互惠性合同，可以使创业者更好地认同互惠的价值观，并提高他们在研究中表现出来的商业和其他关系中的信任水平。

Maua 小额股权信贷的随机对照试验的概念化和设计，提出了一系列重要问题，即这类小额信贷产品的积极潜力如何体现？更普遍的随机评估如何开展？两者都能在更大范围内做出贡献吗？如上所述，实施微型信贷合同的一个核心挑战，是确保获得可靠的收益信息。与Maua项目合作的一个特别优势，是我们可以获得可靠的、高频率的销售数据，因为这个项目本身记录了微型经销商的销售情况，用于计算应该支付的奖金。相比之下，许多参与其他项目的微型经销商没有参加类似的奖励计划，因此，缺乏一个系统来确保销售信息被可靠、集中、频繁地收集。例如，小商店主群体作为研究项目的参与者，他们不一定会对自己的收入进行准确而详尽的记录。

但这种现象是否会很快发生转变，得益于金融技术和数字支付系统的创新，小微创业者拥有详细和准确的收入记录的情况可能会变得更加普遍，这将使我们的研究规模得以扩展。随着越来越多的员工和企业家使用数字平台进行交易，平台能够自动生成并保存他们的活动和销售的准确记录，因此，可能为微型股权和更多的互惠性经营方式提供更大的研究潜力和发展空间。因此，得益于金融技术的进步以及衡量业绩水平的增强，我们有望在未来设计出更多互惠性分享的商业模式。

四、小结

互惠概念的核心，一直都是人际关系。在商业环境中，这就要求我们重新认识商业行为，将其视为可以为消费者、员工、供应商和投资者创造共享和持续利益的手段。这就要求我们关注能够带来长期繁荣的条件，以及对利益和成本得到公平分享的程度进行思考。互惠的概念，提炼出一种关系性的、嵌入式的企业观点，与零和游戏的商业模式形成鲜明对比。在一个由企业塑造市场的系统中，如何以更互惠的方式分配商业活动的成本和利益，这个问题已经变得十分紧迫。

这项研究给我们提供了一个机会，测试一个更加互惠的商业操作——在这种情况下，小额股权信贷——是否可以提供超越传统信贷模式的业绩，以及在人力和社会资本方面，为 Maua 卖家推动更多的互惠性结果。对小额股权和传统债务合同的比较，将帮助我们更好地了解帮助微型分销商成长的最佳融资结构是什么。这是一个重要的问题，因为小额信贷早已成为低收入者生活中越来越常见的事物，但它仍然没有满足人们对转型的期望。更广泛地说，这项研究还涉及一些更大层面的问题，如风险和回报的平衡如何对商业行为产生影响，以及如何设计出最好的产品或实践，使之对多方的需求和关切保持敏感。这些问题都触及了商业领域互惠性实践背后的关键认知。

将互惠性这一复杂而多面的概念，转化为可在"公平竞赛"情况下，与传统商业做法进行测试的干预措施，这一挑战本身，就要求我们思考互惠性在实践层面的意义，因此，是一项意义重大的工作。事实上，要回答"如何使小额信贷变得更加互惠互助"这个问题，就需要提炼出互惠关系的特征。这需要超越简单的利益——但至少提供一个边际利益，这是所有非胁迫交易的理论基础——并包涵共同，甚至相互依赖的长期繁荣的理念。如何在小额信贷产品中体现这一点？我们把重点放在贷款人和借款人（或投资者和被投资人）之间的风险和回报的共同分担上，并假设更多风险共担可以促使卖家主动完成更多事情，推动自身事业的发展。小额股权信贷就抓住了这些关键特征。我们确信，这项研究的结果将有助于阐明小额股权信贷关系的性能，以及在更广泛的供应和分销系统中，表明企业和员工之间建立更多互惠性关系的潜力。

注释

1. 详见鲁德曼（Roodman）和莫杜赫（Morduch）（2014 年）以及班纳吉、迪弗洛、格伦内斯特（Glennerster）和金南（Kinnan）（2015 年）的相关讨论。

2. 人类学领域的相关研究,补充了这些实证研究的成果。人类学领域的研究,调查了同行借贷的运作方式,其中一些研究人员对借款人因此而承受的巨大社会压力表示担忧[卡里姆(Karim),2008年;蒙哥马利(Montgomery),1996年;拉赫曼(Rahman),1999年]。

第十七章
互惠性对所有权的影响*

几十年来,"互惠性"和"互助组织"这两个词,在不同国家和不同的时期,有着不同的用法。金融互助组织是以企业形式存在的互助组织的常见形式,即企业由其成员共同拥有,但在这些情况下,成员通常是其客户。金融互助组织包括信用社、合作银行和建筑协会等。在英国,建筑协会是过去几十年来提供绝大多数住房贷款(或抵押贷款)的互助企业形式,直到股份化进程将许多企业的资产(占该行业资产的大部分)转移到股东所有的银行。"互助"一词的"共有"含义,也被用来描述由成员拥有,而不是由私人或家庭、外部股东或国家拥有的所有企业。这个更广泛的定义,包括合作社和雇员拥有的公司。尽管大多数此类公司的共同拥有者是客户,但也存在其他的共有形式,如由企业的员工共有,或包括其他形式的共有成员,如生产商、国家或地方政府的代表,其中混合型共有公司存在多种类型的成员共有者。

以这种方式构建企业所有权,而不是通过更常见的外部股东模

---

* 本文作者是乔纳森·米基(Jonathan Michie)。

式，其背后的动机通常基于这样的信念，即如果该企业由其客户等拥有，它更有可能优先考虑这些客户（共有者）的利益。

因此，任何财务盈余或收益（例如，来自公司发展的整体价值提升）都属于共有者成员，并应以某种形式返还给他们，无论是以财务红利的形式，还是体现为收取更低的价格（例如，较低的贷款或抵押贷款利率），或者提供比其他情况下更优质的服务等多种形式。因此，互惠性不仅指公司的所有权和治理，而且还指企业的宗旨和目标；企业文化、激励和决策；政策和实践；以及所提供的商品或服务的质量、价格等方面的结果。考虑"互惠经济"和所有权之间的关系等问题，有重大意义。更重要的是，企业的所有权和企业的行为之间，不存在自动的关联。例如，一个由其成员拥有的企业可能管理不善，因此无法为其成员提供更好的结果。相反，虽然股东拥有的公司可能有义务优先考虑其股东的利益，但如果它管理得好，它可能会适当地将客户、雇员、供应商和所处的当地社区的利益等其他利益相关者纳入经营的考虑范围。

在这个更广泛的背景下，"互惠性"意味着企业承诺与利益相关者共享企业的成功，所以存在一个共同的利益分享。更宽泛地说，就是企业承诺尊重所有利益相关者的利益和福祉，所以，如果企业面临损失的问题，这些损失将不会被企业投机性地转嫁给利益相关者，而枉顾共同的利益。

拒绝转嫁损失的行为，可能令企业自身付出高昂的代价。例如，原本可以保留的资源将被分配给利益相关者，或一些损失可能由企业自行承担。但是，企业对其利益相关者的忠诚，可能会得到回报。例如，供应商不太可能利用企业短期的缺货，为自己谋利；员工可能会有更大的积极性，并随时准备贡献自己的努力和创新的想法；消费者可能会表现出一定程度的消费忠诚度，而不会为了一时之利，转向其他供应商。

第十七章 互惠性对所有权的影响

任何来自供应商、员工和客户的忠诚，都可能为企业带来长期的经济利益。这实际上是对互惠性投资的回报。因此，随着时间的推移，企业的价值和盈利水平可能会比没做出互惠性承诺时更高（尽管利益相关者可能期望在持续的基础上分享这种成功，从而使这一过程得以持续）。

简而言之，对利益相关者的福利做出承诺（投资），这种承诺可能会得到回报，从而使企业获得经济利益。以盈利水平衡量，采取互惠性方法的企业是否会更成功，将取决于投资和回报的数额哪个更大。

这会影响企业的所有权，主要有两个原因。首先，企业的互惠性承诺是否得到回报，将取决于利益相关者对公司在互惠性承诺方面的信心、管理者实现互惠性的能力，以及这些互惠性承诺长期持续的可能性。而展示企业在互惠性方面承诺的一种方式，是共同所有权。拥有一定程度的共同所有权（也就是说，即使利益相关者的股权低于100%）将使人们确信，企业承认共同利益的政策在任何时候不会被推翻，而是被嵌入到其自身的所有权中，并拥有管理和决策的权利。其次，如果企业所有者希望继续保持互惠性原则，那么引入共同所有权就是一种可行的方法。在过去，许多公司曾做出共同所有权的承诺，但后来都放弃了，如吉百利公司或巴克莱银行。一个家族企业很可能转变为股东所有的公司，从而走上吉百利公司和巴克莱银行的老路。为此，保持互惠性精神的唯一方法，是嵌入一定程度的共同所有权。

对于致力于践行互惠性经济的所有企业而言，所有权形式和治理制度在确保企业的未来实践和成果方面，起着关键作用。在所有权方面，使用"信托"或"基金会"结构，已被证明能在全球领先的工业发达国家的一系列企业中，成功实现互惠。

一、高承诺工作系统

雇佣合同可以十分苛刻并明确地规定，员工在工作期间，为实现企业成功应该做出的具体贡献，但也仅限于此。企业当然可以监督员工的工作成效，但成本十分高昂。归根结底，员工具备一定程度的自由选择权，而高承诺工作系统将政策和实践结合在一起，确保员工具备在长期、可持续的基础上，基于自主自愿的原则，选择积极地为企业做贡献的能力、勇气和动机。

这样的政策，旨在实现下面三个结果。

首先，确保员工有能力提供企业所需的工作主动性。

其次，企业需要给员工提供机会，使他们能够主动贡献自己的努力。如果员工在生产线上工作，除了完成生产线移动速度规定的任务数量外，员工可能缺乏做出任何自主贡献的机会。因此，工作安排是关键。如果主动的工作贡献包括设计、提出产品和流程的创新，那么员工就需要充分知情，并尽可能在某种程度上参与决策。所以，企业能否制定信息共享、咨询、参与，以及与贡献相关的政策，至关重要。

最后，激励措施。这可能包括明确的经济激励，如包括员工持股等形式的收益分享。在这里，我们可以看到互惠性的一个定义，即分享企业的成功——无论是通过信息共享和参与决策，为提高产出创造机会，使所有人都能从中受益——与另一个定义的联系，即员工与企业的未来休戚相关时，这将成为员工持续贡献自由意志的动力。

二、企业所有权和治理制度

企业所有权和企业成果之间的联系，是企业的治理：企业需要构建一个机制，确保管理人员优先考虑所有者的利益，而不是自身的利益。这就是成员制组织设立的初衷——确保组织的运作符合全体成员的利益。

致力于长期利益，还是短期利益，是一个需要单独考虑的问题，即一个企业的运作，是否符合成员的长期利益。有时候，短期利益可能是把企业卖给股东所有制企业，让成员享受经济上的短期暴利，但这可能意味着整个共有组织不复存在。如果企业希望保障成员的长期利益，这就需要明确所有权的归属，并提供必要的法律框架作为依据。在下文将提到约翰·刘易斯合伙公司（John Lewis Partnership）的例子，该公司是通过要求受托人为公司当前和未来员工的利益行事而实现公司动作的。

只有经过深思熟虑而制定的企业治理制度，才能确保互惠性不会导致企业的成员以短期方式行事的风险。这就是确保共同所有权信托形式至关重要的原因。

三、企业所有权与员工激励和创新

企业给予员工所有权的一个激励措施，是激励他们优先考虑财务结果——营利性。企业共有所有权的形式，可以是个人持股，也可以是以信托形式持有的共同所有权，而受托人有义务为雇员的利益着想。在个人持股的情况下，较高的利润可能会推动股价上涨；在以信托形式持有股份的情况下，利润的增加可以作为奖金分配给员工。这些财务激励措施，可能会使员工对公司死心塌地，并激励他们贡献更多的工作主动性，使他们变得更有生产力和创新力，其附加好处还包括：降低员工流失率、提高创新率、提高生产力、提高产出质量，以及提高企业的盈利能力。

在创新的情况下，如果一个员工发现了一个重组工作的方法，但重组却会导致自己的岗位被撤销，那么员工还会愿意主动提供这个信息吗？如果他们认为自己会被裁，他们可能会隐瞒这个想法。但如果他们确信，这些信息会提升企业的业绩，并且能够共享利益——包括重新为他们分配岗位——那么这些建议就更有可能被提出来。而企业在互惠性方面的努力，将有可能提升员工分享改进措施的信心。

通过促进不具备共享所有权的互惠性，企业同样可以享受这些好处。但以共享所有权为支撑，这些政策带来的好处是：首先，使员工对企业的承诺变为长期承诺；其次，因果机制主要取决于信任、忠诚和承诺等主观态度，如果企业不对互惠性的共享所有权做出承诺，那么信任、忠诚和承诺等方面的强度，也将大大弱化。因此，这是一个关乎共享程度和执行时间长短的问题。

四、利用互惠性，提升企业的多样性

除了为企业自身带来互惠性的益处，企业的多样性也将对整体经济产生益处。全球各个经济体都包含了一系列各不相同的所有权形式，如家庭所有权、股东所有权、国家所有权和互惠所有权（包括金融互助组织、合作社、员工共有的企业和其他成员共有的公司）。这些不同所有权形式之间的平衡，在不同的经济体和不同的时期各不相同。

在英国，股东拥有所有权的公司占主导地位，从20世纪80年代开始的私有化和股份化，使情况变得更加严重。为了应对2007—2008年的全球金融危机带来的后续影响，2010—2015年执政的英国政府承诺促进整个金融服务部门的企业多样性，并支持互惠性企业实现这一承诺［正如米基和奥顿（Oughton）在2013年与2014年所记录的那样，这一承诺没有实现］。这并不是说一种企业形式比其他企业形式更好,而是有些企业形式可能更适合于某些目的,而其他企业形式则适合于其他目的。英国改革的整体目标是保持选择的开放性,并促进整个经济的"生物多样性"发展(米基,2011年,2017年;所有权委员会,2012年)。

因此,在丹麦,许多规模最大的公司都由非营利性基金会控制。嘉士伯的多数股权由一个基金会持有,该基金会利用其收益资助科学研究。航运公司马士基(Maersk)由一个基金会控制了大部分股份;灵北制药公司(Lundbeck pharmaceutical)由一个基金会持有多数股权,该基金会每年资助价值约 7 500 万美元的医学研究和教育项目;诺维信公司(Novozymes)69% 有投票权的股份由一个基金会持有。这些由基金会持有股权的公司,其财务回报与竞争对手相似[汤姆森(Thomsen)和罗丝(Rose),2004年]。部分由基金会持有股权的公司,在丹麦最大的 100 家公司中,占了 1/4,其市场价值约占丹麦证券交易所市场价值的一半[汉斯曼(Hansmann)和汤姆森,2013年]。而来自瑞典的宜家,其股权也由基金会持有。

在德国,许多公司的全部或部分股权,也由基金会持有,包括贝塔斯曼(Bertelsmann)、博世(Bosch)、柯尔柏(Korber)、马勒集团(Mahle)、蒂森克虏伯(ThyssenKrupp)、采埃孚股份有限公司(ZF Friedrichshafen)、阿尔迪(Aldi,德国最大的连锁超市)和利德尔(Lidl,连锁超市)。冈特(Gunter)和马蒂亚斯(Matthias)(2015年)发现,这些由基金会持有股权的公司,资产回报率中位数约为 6.7%,而同类公司的回报率为 7.5%。由基金会持有股权的公司,还倾向于遵循更保守的融资政策,因为这可以确保企业的长期生存。

全球还有许多其他公司拥有不同的所有权和治理结构,它们在寻求企业成功的互惠性分享。印度的马恒达集团(Mahindra Group)

在2009年被《福布斯》评为世界上最有声誉的200家公司之一。在2011年，它推出了一个新的企业品牌马恒达首选公司（Mahindra Rise），旨在将马恒达的形象和品牌统一表现为：有抱负的，支持客户"上升"的雄心。该集团广泛参与慈善事业和社会责任活动，包括为马恒达联合世界学院（UWC）提供支持。该学院是全球17所联合世界学院中的一所[1]。

乐高集团于1932年在丹麦成立，并一直由创始家族拥有。到了1986年，该公司抽出25%的股份，建立了一个基金会，其"活动的基础，是所有儿童都应该有机会获得高质量的游戏和学习经验"。因此，乐高集团每年25%的红利都用于基金会，以继续推进这些目标的实现。这个基金会的成立有两个层面的深意：首先，它是乐高践行其价值观的机制；其次，它使乐高的商业成功变得更具有可持续性。如果没有这个基金会，在乐高集团的管理层发生变化的情况下，这种互惠的做法可能会停止。而如果乐高集团在证券交易所上市，且股东希望从股份中获得最大的回报，那么他们一定会叫停所有互惠性相关的商业活动。乐高集团有25%的股份，以基金会基金的形式受到保护，使得乐高不太可能被寻求最大财务回报的所有者接管。此外，即使被这样的所有者接管，基金会的存在也能确保资金继续用于慈善目的。

五、约翰·刘易斯合伙公司及反永续规则

维持企业的互惠性，需要永久性的所有权结构。在英国，雇员福利信托（EBTs）受到"反永续规则"的约束，该规则将英格兰和威尔士的雇员福利信托年限限制在125年以内。该法律"起源于17世纪的普通法，旨在限制一个人在死后永久控制其财产的所有权和持有权的权力，并确保财产的可转让性"[2]。

第十七章 互惠性对所有权的影响

在约翰·刘易斯公司的案例中，1950 年以来，一个代表现在和将来雇员的雇员福利信托机构持有该公司的所有股份。该信托基金由三名受托人和约翰·刘易斯合伙公司的主席管理。受托人持有 60% 的股份，主席持有其余 40% 的股份。信托人是通过代表理事会系统选举产生的［彭德尔顿（Pendleton），2001 年］[3]。

约翰·刘易斯合伙公司信托采用的永续规则，其历史"可追溯到十字军东征时代，将雇员福利信托的寿命定为'当时英国君主乔治五世的最后一个幸存者去世后的 21 年'"［埃尔达尔（Erdal），2011 年］。这意味着约翰·刘易斯的信托将持续到"现任女王去世后的 21 年，或者在第七代海瑞伍德伯爵活得更久的情况下，在他去世后的 21 年"。这给约翰·刘易斯合伙公司带来了问题，它的法律团队正在寻找替代方案，以应对信托可能在未来被解散的可能性。Baxi 合伙公司则是成功规避了永续规则的一个例子。它成功地寻求了议会法案的许可，允许 Baxi 信托在公司存续期间持续存在。然而，这一解决方案仍然是个例，没有被写入法律。

2012 年 Nuttall 审查机构[4] 建议重新评估与雇员福利信托有关的反永续规则，泽西和格恩西上诉法院都进行了相应的修改。英国商业、创新和技能部（BIS）在 2013 年开始了这项审查。约翰·刘易斯合伙公司提交了一份文件，抱怨说："银行也可能不太愿意贷款给即将结束任期的公司，因此阻碍了公司的增长[5]。"尽管存在这样的论点，该项审查在 2014 年得出结论，反对这一规则的更改。

在美国，1969 年的《税收改革法》通过限制私人基金会可以拥有营利性企业的数量，实际上已经消除了信托所有权。这似乎是一个刻意的规定，以防止像洛克菲勒或卡耐基这样的基金会对目前的企业挥舞公司权力的"大棒"。

因此，在公司内部，永久保护和奉行互惠性原则当然是可能的，但不同的司法管辖区所能使用的机制可能会有所不同。

237

六、小结

在成员所有制组织的意义上，创立共有组织的一个动机，是为了解决家族企业的继承问题。创始家族的下一代可能不希望接手公司的运营，但家族可能不希望看到公司的消失（这将是应管理者更迭，导致交易出售或浮动的最终结果）[戴维丝（Davies）和米基，2012年]。在这种情况下，员工或利益相关者的组合，可以确保公司的继续存在。建立共有组织的另一个动机，是鼓励员工的积极行为，如创新和承诺，并通过分享利益，来协调员工和公司的利益冲突。

互惠作为一种商业行为，可以通过一系列机制，提高企业成果和企业绩效，包括员工的积极性和主动性、客户的忠诚度，以及与供应商长期合作的能力。用共有所有权来支持这种做法，可以通过加强维持此类政策的信念（互惠性），来增强积极影响，从而使利益相关者在互惠商业关系中的投资有所值。

注释

1. 信息披露：本文作者是联合世界学院的理事会成员，联合世界学院大西洋学院理事长。此外，前文提到的博世公司，也为德国的联合世界大学提供支持。

2. http://www.fieldfisher.com/publications/2014/01/employee-ownership-one-year-on.

3. 参见约翰·刘易斯案例研究：http://cets.coop/moodle/pluginfile.php/43/mod_folder/content/0/Cases/John%20Lewis%20Partnership.pdf?forcedownload=1.

4. https://www.gov.uk/government/uploads/system/uploads/attachment_data/file/31706/12-933-sharing-success-nuttall-review-employee-ownership.pdf.

5. BIS 调查结果，请见约翰·刘易斯的评论：https://www.gov.uk/government/uploads/system/uploads/attachment_data/file/337988/bis_14_963_ bis_response_to_call_on_amending_the_rule_against_perpetuities_2.pdf.

第十八章
大型投资基金的影响＊

在所有传统资本主义的机制中，很少有机构会像大型投资基金那样，被严厉指责为价值观崩塌的罪魁祸首，或者被认为是剥削员工，来为自私自利的精英谋福利。投资基金将投资者与他们的金钱投资去向分隔开，投资者甚至不知道自己的钱到底投在了哪里，但投资基金有法律层面的义务（法定义务），为投资者的资本赚取尽可能多的收益。几十年来，这被默认为一种许可，允许投资基金会在收益最大化的情况下，迅速买进或卖出股票。而针对投资的监管，只对投资中的一个利益相关者有利：拥有资本的人。

利润最大化并不意味着投资者只想获得良好的回报，它意味着投资基金必须努力提供比其他所有基金更高的回报率，否则，投资者通常会撤资。投资基金之间的竞争，迫使所有的投资基金以季度甚至月度的绩效指标作为比较的基准，也导致股份所有权的周转越来越快。在股份所有权以每天或几天为周期计算的情况下，投资者对企业的任何责任感——即帮助企业成长、改善、使用投资于它的

＊ 本文作者是海伦·坎贝尔·皮克福德。

资金——都会消失。交易中唯一的利益相关者是投资者，投资者的收益变成了唯一重要的目标。正如事实表明的那样，短期利益最大化，促使企业以牺牲员工，甚至牺牲客户或顾客为代价为股东服务。在这一章中，我们将探讨一些大型投资基金的转变，它们开始尝试重新平衡交易的重点，使受益者不仅只限于一方——即不再只是关注如何为投资者提供利益，而试图使被投资公司，以及受其行为影响的各方也开始受益。显然，除非大型投资基金愿意并能够成为负责任的企业的合作伙伴，互惠经济才有可能实现。本章表明，促进互惠经济的发展，不一定会损害大型投资基金的收益率，反而可以帮助它们实现长期增长。

一、为何基金的所有权至关重要

本章介绍了一些大型基金的案例，包括私募股权基金、养老基金和主权财富基金（SWFs）[1]，它们的所有者是多达数千甚至数百万的投资者。关于主权财富基金，没有统一的定义，但存在几个共同特点，经合组织将其描述为："为了分散和提高外汇储备或商品（主要是石油）收入的回报率而设立的基金，有时为了保护国内经济免受商品价格的（周期性）波动影响。因此，大多数国家的主权财富基金，都投资于外国资产。"[布伦德尔－维格纳尔（Blundell-Wignall）等人，2008年] 对于像挪威这样的国家来说，建立主权财富基金是一种管理商品（即石油）财富流入的方式，这样它就不容易受到该资产价格下跌的影响，并可避免经济稳定遭到现金突然过剩的破坏。许多主权财富基金的目的，是在原来的收入来源——石油、钻石、铜或任何固定的商品——耗尽后，依然为主权国家提供收入。主权财富基金研究所（SWFI）将这些基金描述为"下一代基金"[2]。通常情况下，主权财富基金的目标，是建立一个非常多样化的投资组合，将风险分散到不同的部门和领域。一些主权财富基金会购买公司的控股权，但包括挪威在内的许多主权财富基金选择购买大量的公司小额股份。本章援引案例的主权财富基金均受到保护，不会受到过多的政治影响，因为基金会通过聘用独立的经理人，与在任政府保持一定距离，避免被政府行为直接控制。包括新加坡的新加坡政府投资公司（GIC）在内的一些大型主权财富基金，只在海外投资，借此避免了国内投资和潜在的政治影响。对主权财富基金管理的资产总规模的任何估算，可能都会快速地发生变化，但为了获得最新的信息，主权财富基金协会的财富基金排名网页[3]提供了各个大型主权财富基金的当前资产总规模和起源日期。在撰写本报告时，主权财富基金研究所列出了各国持有的主权财富基金，总规模超过 8.109 万亿美元，其中一半以上来自石油和天然气。

公共养老金储备基金（PPRFs）为养老金提供来源，通常是通过"现收现付"制度，由员工和雇主长期缴费。养老金基金通常被认为由缴费者拥有，但它们可能被设立为社会保障体系的一部分，并可能由政府公共部门统一管理，如日本政府养老金投资基金（GPIF），或丹麦社会保障基金。其他的则是由政府管理，与其他的社会保障体系分开，如新西兰的养老基金。

虽然主权财富基金通常投资于海外，但公共养老金储备基金往往面临在国内投资的压力：日本政府养老金投资基金和韩国国民养老基金完全投资于政府证券（布伦德尔－维格纳尔等，2008 年）。公共养老金储备基金有一个明确的目标，即支付养老金，而主权财富基金则可能试图避免"资源诅咒①"（资源丰富，经济发展却反受

---

① 资源诅咒是一个经济学的理论，多指与矿业资源相关的经济社会问题。丰富的自然资源可能是经济发展的诅咒而不是祝福，大多数自然资源丰富的国家比那些资源稀缺的国家增长得更慢。——译者注

其累),抵御通货膨胀,为资源减少做好规划,并通过"软实力"输出国家价值。由于许多养老金基金是在一个多世纪以前建立的,而大多数主权财富基金是在过去15年内建立的,因此,养老金基金为确保其独立于政治影响和基金安全而建立的结构,影响了主权财富基金内的类似结构,也不足为奇。几十年来,养老基金都设立了独立的董事会,对受托人的资格设定了严格的标准,包括专业资格和管理投资基金的经验等。许多主权财富基金也采取了类似的策略。主权财富基金和养老基金,二者的收入来源不同、负债不同、投资的地区也不同,但它们的共同点是,需要独立于政府之外,不受短期的、往往带有政治动机的政府的突击掠夺或恶意买进的影响。

政府对资本或利润的掠夺,并不是短期目标方面存在的唯一诱惑。无论以什么形式进行管理,养老基金都是由每个缴费者共同拥有的,而且持有期往往长达几十年,而主权财富基金则由持有基金的国家全体公民拥有。鉴于所有者人数众多,此类基金需要建立一些专门的组织,来管理购买和出售股票的日常交易。这些管理者同样有一个法定职责,就是代表那些拥有基金或向基金捐款的人,使他们的收益最大化,这就是短期谋利的诱惑所在。根据现行法律,购买公司股票的投资者不需要承担发展公司、增加公司价值的责任,更不用说发展员工的能力,或考虑企业与经营地周围社区之间的关系。如果投资经理担心开采构成风险,他们可能会考虑企业对自然资源的使用,并对有关工人不公平待遇的负面报道保持警惕,但快速周转购买和出售股权,是减少前述风险的一种方式。要使基金的投资对投资者和公司都有利,需要一种更有想象力、更负责任的方法。

我们在此研究的基金,本可以表现得像典型的、收益最大化的基金,因为很少有养老金缴款人向基金会缴款,或共同拥有基金所有权的公民完全不了解基金为他们的利益所做的投资。对所投资的公司，他们可以在缺乏所有权意识的情况下进行买卖。在本章被视为案例的基金会，不同之处在于（且至关重要的是），它们正在进行管理创新，使投资关系对提供资金的人和公司——也就是基金经营所在地的员工、客户和社区，都提供了互惠互利的效果。确切地说，这些基金并不是旨在造福困难社区的"社会影响型"基金，也不是只要求社会回报的慈善基金，更不是在主要投资盈利的同时，开展非营利的企业社会责任项目。与其他基金一样，它们也有为出资人赚取利润的法定义务。但关键的区别在于，这些基金已经意识到，它们不是通过不断加快周转的频次来实现利润最大化，而是通过长期投资，与投资的公司建立互惠的关系。除了像股权所有者那样，致力于增加下一个月的投资回报之外，这些创新的基金还秉持发展企业的社会性目标，使被投资的企业成为可持续发展的企业。

二、为何长期投资至关重要

从短期的股东利益最大化，到互惠互利的长期投资，即利益来自公司的可持续增长，这种思维方式的改变，关键在于投资的长期性。持股基金成为它所投资的公司的管理人，或"监护人"。这需要这些持股基金设立这样一种心态，即投资组合不是一系列的投机行为，即不成功便成仁，而是寻找那些能在短期困难中生存下来，并可持续增长的公司。可持续发展不是一个时髦的流行语，而是一个能够在几十年或几代人中，管理资源的公司的重要特征。

在投资者和被投资人之间建立互惠的关系所需的一套技能，是短期所有权不具备的。为此，建立长期合作关系的必要性，影响着基金结构、文化和治理的各个方面[4]。基金需要学会成为其投资公司的管理者，这意味着它们自身需要创新，并意识到管理的要求远不止在最短时间内持有公司的股份。全球各地的许多基金正在以重新关注长期合作的方式进行创新，这意味着它们目前已经在试验许多不同的模式，并随之产生一系列新的理解和词汇。一个成功的范例，是澳大利亚的未来基金，该基金会的经理人，也被称为基金的"监护人"，旨在为澳大利亚人的子孙后代谋福利。正如牛津大学史密斯企业与环境学院院长戈登·L. 克拉克（Gordon L. Clark）教授所指出的那样，"被任命为'监护人'，是为了防范短期政治利益的操纵，这种行为的授权……对经理人的要求，远远超出了对一个纯粹的专业管理人士的要求[5]。"那些将自己视为投资的管理人或监护人的管理者，需要从长远角度考虑如何为公司创造价值。近几十年来，人们尝试了许多不同的策略，商业责任的模式仍在迅速演变，并产生了各种不同的相关术语——道德的、可持续的、长期的、三重底线的——以界定相关的责任。

三、界定责任：道德的、可持续的、或"绿色"投资和环境、社会、治理

由于整个负责任投资的领域仍处在不断演变和发展的过程中，许多相互重叠的术语被用来描述在确保投资可持续，且对投资者和公司互惠互利方面，具有相似目标的各类做法，但实现这些目标的策略，可能略有不同。此外，这个领域的相关术语仍在不断演变。大多数基金已经从"企业责任"（旨在不违反法律），甚至从"道德投资"开始转向，因为许多基金的目标，不仅仅是遵守道德。"绿色"投资显然侧重于环境的可持续性，而"三重底线"投资则包括超越了纯粹财务指标的利润衡量方法，有时还包括环境或人力资本的衡量。早在 1972 年，联合国布伦特兰委员会，[6] 就将"可持续性"定义为"既能满足当代人的需求，又不损害后代人满足自身需求的能力的发展"。这是一个适用性很强的定义，因为它表明了当前的

责任和未来可持续性之间的联系。

在判断投资策略是否属于负责任的投资策略时，环境、社会和治理因素的考量将成为最重要的指标。因为这个术语认可了一个公司的治理方式与其对环境和社会的影响之间存在的联系。乍一看，将公司的内部治理与它对环境和社会的外部影响结合起来评估其投资风险，似乎有悖常理，并可能包含着无法统一的衡量标准。然而，环境、社会和公司治理措施的意义在于，它们承认企业的内部治理决定了其外部影响。一个在短期内运行，而没有长期增长计划的公司，是高风险的，并可能对社会和环境产生负面影响。正如针对大型基金的许多长期投资的研究发现的那样，环境、社会和公司治理的衡量标准还没有确定，在评估公司表现方面，存在好几套不同的系统。在从业者中，主权财富基金研究所使用林纳堡-迈达艾尔透明度指数；《金融时报》则自主研发了一套环境、社会和治理评级；全球报告指数（Global Reporting Index）提供了可持续性报告标准，以分析气候变化、性别平等、供应链和透明度的影响；克拉克和厄温（Urwin）等人（2008年）通过学术研究的方法，分析了全球最佳实践，发布了他们得出的治理评分系统诊断工具，并在《资产管理杂志》（Journal of Asset Management）上提出了治理框架；而剑桥大学的贾奇商学院，制作了标准普尔长期价值创造全球指数（Long Term Value Creation Global Index）。这意味着，截至目前，并没有一个衡量环境、社会和治理因素的标准被普遍采用，全球的投资基金能够使用显示其各自优势的不同指标。

但正因为缺乏一个得到普遍认可的标准，比较各个基金的责任水平和它们与全球企业建立互惠关系的成功程度就成了一个难题。然而，全球可持续金融协会（GSIA）的一些初步研究结果表明，通过在共享行为准则或指导方针方面的最佳做法的跨领域分享，这些优势领域可以扩展到世界其他地区。全球可持续金融协会的研究显示，亚洲和澳大利亚的投资者实行社区层面的投资和可持续发展报告；欧洲和加拿大的投资者，则在审查企业是否遵循国际人权法方面优势突出。全球范围内，已经有几个组织致力于发展和传播负责任的投资战略，包括联合国负责任投资原则学院、联合国环境规划署（UNEP）为企业提供的培训，以及为负责人投资者提供的世代投资（本章分析的基金）的种子资金和宣传。

当然，治理不仅对基金投资的公司非常重要，对投资基金会本身也非常重要。如果一个基金在招聘和提拔员工时，以短期激励的方式为主，就很难想象这个基金会为其投资组合中的公司增加长期价值。在此，我们首先研究了基金如何筛选具有可持续增长潜力的公司；其次，还研究基金本身如何发展与长期投资相关的治理结构。

四、投资战略

全球的投资基金一直都有选择投资组合的固定策略，但随着负责任投资的兴起，这些策略已经从追求短期利润，发展到寻求可以增长公司价值。权益资本在管理其 100% 的股权方面表现得尤为积极。它们宣称，"作为所有者，意味着要了解你所拥有的东西"，这需要一个高度熟练的专业投资团队，"致力于通过深入的实践研究过程，了解每个被投资公司的每一个方面……为此，我们持续地与所有被投资的公司积极接触。"[7] 因此，它们很难想象一个与传统基金的短期收益截然不同的投资心态。然而，不同的基金在与所有被投资方发展关系方面，具备不同的能力。挪威的主权财富基金积极管理其大约 6% 的股份，并倾向于优先考虑最高风险领域的股份；安大略省教师养老基金，积极管理大约 80% 的股份。许多大型基金正在通过雇用更多的熟练员工，或（在某些情况下，包括新加坡政府投资基金）与外部经理人建立长期的关系，来提高其内部管理能力。

全球各大基金最初采用"负面筛选"的策略，来建立关于其投资组合中公司的知识，即最初拒绝从赌博、酒精、烟草、武器或色情等产品中获利的公司。那些在投资组合中，拥有从事大量不同商业活动的企业股份的基金，在这些企业进入前述领域时，可以选择撤回投资。而其他基金则对企业非常具体的做法进行筛选：例如，澳大利亚人可以选择"进行道德投资"的养老基金[8]，筛选的标准是"重视人类之外动物的尊严和福祉"。还有一些基金，会剔除参与水力压裂技术①的企业，或在土著人拥有的土地上铺设管道（例如，见 2017 年 3 月 ING 关于从达科他州管道中撤资的声明）[9]，这些都表明了一些大型投资基金如何回应当地文化和原住民的关切。

然而，"负面筛选"只提供了最低限度的责任，避免了最差的投资（如果股票由不同的投资者购买，这会成为一个无效的筛选策略）。最重要的是，对于投资基金和公司之间的长期合作关系，商品或产品的内在风险往往太大。权益资本的首席信息官亚力克斯·范德费尔登（Alex van der Velden）[10]强调，他们对化石燃料企业的"负面筛选"，并非出于道德原因，而是因为从长期投资的角度来看，化石燃料将成为一种高财务风险。对于范德费尔登来说，最初的"负面筛选"，不是道德上的预防措施，而是长期收益的需要。

"基于规范"的筛选，是仅次于"负面筛选"和撤资的一个简要步骤，寻求符合联合国人权理事会（UNHRC）、国际劳工组织（ILO）等机构或国际采矿和金属理事会（ICMM）[11]等具有更专业职权范围的机构，所制定的最低标准的公司。同样，仅仅是遵循这些最低标准，也被视为在所属领域缺乏推动变革的雄心。

寻求具有良好环境、社会和公司治理因素的公司，它们不仅

---

① 一种引入高压力液体强力打开地下岩石来提取石油或天然气的过程。——译者注

仅要避免对人的剥削和对环境的破坏，还要寻求创新的方法，来制止这些做法。可持续和负责任投资论坛（Forum for Sustainable and Responsible Investment）[12]将积极筛选描述为"相对于同行而言，具有积极的环境、社会和公司治理表现的部门、公司或项目的投资。这也包括避免选择那些不符合某些环境、社会和公司治理表现的公司"。投资者正在不断开发新的衡量标准，使他们能够识别公司的最佳环境、社会和公司治理表现。加拿大良好治理联盟（CCGG）代表机构投资，"促进加拿大上市公司的良好治理实践，改善监管环境，使董事会和管理层的利益与股东的利益保持一致。[13]" "负面筛选"、撤资和"基于规范"的筛选，与寻求同类最佳筛选之间的一个明显区别是，加拿大良好治理联盟等组织不仅积极影响它们投资的公司，促进良好实践，甚至能够影响到更广泛的监管环境。

"积极的"持股，日益被视为发展良好的环境、社会和公司治理实践的关键。领导创新，并致力于使投资更负责任的基金，旨在增加与被投资企业的互动和参与，要么以直接参加股东会议的形式，要么通过雇用外部代理人（但需要确保其认同基金的价值观）来进行。安大略省教师养老基金积极管理其100%的基础设施投资基金；权益资本基金也通过访问被投资企业，积极管理其100%的股份。对于规模庞大的投资基金来说，发展积极管理其所有股份的能力，可能会很困难，但它们雇用了具有共同价值观的外部经理，实现了间接管理。挪威的社会福利基金，持有9 000家公司的股份；面对如此多的公司，它优先考虑直接管理其在最高风险领域的6%的股份，以及规模最大的投资[14]，剩下的则交给了职业经理人代为管理。加拿大养老基金投资公司强调说，它聘用的外部经理人是合作伙伴，而不仅仅是雇员，并可以利用这些合作伙伴提供的反馈，优化和提升自身资产管理的能力。由于所有者的积极管理（直接或间接），需要基金的员工投入大量的时间，对专业知识的要求也比较高。因此，只有在长期关系中，这样的积极管理才有意义，换句话说，投资基金学习积极管理的过程，需要伙伴关系的建立。

虽然依据所有的股份获得投票权，被认为是施行积极管理的一个重要内容（在必要时，通过指示外部代理人投票），但一些基金已经发展出更先进的投票方式。挪威的主权财富基金在其所有公司中持有少数股份，但会提前公布其投票意向，并提交股东提案，旨在影响其他股东的投票偏好。世代投资管理公司则将代理投票视为"分析师深入了解公司的机会"，并向客户报告代理人的投票情况[15]。一些基金明确表示，它们的投票是按照一套长期一致的价值观进行的，包括加拿大安大略省教师养老基金在内。它们公布了公司治理原则，认为这些原则符合股东的最佳长期利益[16]。此外还有挪威央行投资管理机构（NBIM），它以其"可预测""透明"的策略邀请各方的合作[17]。

通过定期阅读提案，在投票会议上接触，以及利用投票建立体现决定投资者的投票方式的价值观准则，有助于维护投资者和公司之间的关系。此外，各大基金还制定了直接管理的进一步策略。权益资本基金提议改变薪酬，甚至替换薪酬委员会。挪威央行投资管理机构是众多使用"警告旗"的基金之一，即如果基金的利益被企业忽略，就会导致基金的撤资。基金和被投资公司很少陷入诉讼的情况，因为基金负责人认为，通过沟通来维持伙伴关系更加有效。建立了长期关系的基金负责人发现，拥有一套透明的价值观，以及与被投资企业的频繁沟通，比威胁或撤资更有效。

五、将价值观嵌入组织结构

从短期投资关系转向长期投资关系，不仅仅需要改变思维方式，即基金必须改变自己的管理和做法。各大基金必须为负责任的投资提供激励，而不是不择手段地追求利润最大化。对于旨在提高责任感的基金来说，挑战在于如何在现有法律范围内进行创新，以实现长期目标。

很多基金已经找到方法，鼓励其董事会和员工群体拥有更长远的眼光。新加坡的主权财富基金，即新加坡政府投资公司，每年针对员工开展一次道德测验，并提供一个匿名的平台，使发现问题的举报人能够提出问题和关切[18]。其他基金在董事会层面，包含了退休人员或员工代表。荷兰养老基金（PGGM）设立了一个成员委员会，其中包括15名在职员工和15名退休人员的代表，使他们能够影响董事会的决策。荷兰的养老基金将薪酬视为机构治理的一个重要方面，并认为奖励负责任的投资会影响到其组织管理的各个方面，从招聘具有正确动机的员工，到管理层长达10年的稳定性目标的实现。

确保管理人员和董事会得到激励，以负责任的方式进行投资，同样至关重要。权益资本基金在制定奖金时，同时考虑了非财务和财务措施，并且只有在投资表现超过市场的长期表现时，才支付奖金。挪威的社会福利基金则以业绩为基础，将奖金限制在工资的一定比例里，但不是一次性支付，而是当时支付一半，剩余的奖金在3年内付清。安大略省教师养老基金列出了几项措施，以确保薪酬以业绩为基础，同时充分披露薪酬和福利，增加了管理透明度。它引入了对薪酬的投票权，禁止"一次性自由裁量权"，并声明正在计划将高级和中级管理人员的薪酬与公司的长期和短期目标挂钩。员工在退休后，必须保留股权奖励至少1年，以防止其立即出售，这也激励了员工在退休后，仍重视奖励的价值。加薪必须由一个独立的评估员根据业绩来判断是否批准其加薪的申请。最后，它还采用了利益追回条款，"允许公司在出现财务重述，或不当行为的情况下，收回已经支付的报酬[19]。"

除了在机构内部采取这些措施外，负责任的各个基金还要求它们投资的公司也采取类似的措施。加拿大退休金计划投资局解释了它如何与其他组织合作，以扩大其在治理实践和立法方面的影响。除了积极管理基金持有的股份，它还需要积极参与所投资企业的运作，以确保治理层面的创新被更广泛地采用。只有先改变监管环境，使新的治理思路成为主流，那些追逐短期利益的投资者才有可能随之改变。

六、小结

想要从一个创新仍处于试验阶段的领域中得出结论，总是很困难的，而且各种做法仍未得到广泛的接受和采纳，仍处在不断发展的阶段。然而，本章分析的这些大规模基金，提供了几个关键的经验教训。

首先，遵守更多的道德或责任标准，不仅没有阻碍各大投资基金的创新步伐，反而推动了基金内部对平衡薪酬和奖金研究的发展，鼓动员工参与试验，并找到了利用其股份所有者身份的新方法。从试验中获得经验后，这些投资基金正积极寻求方法，鼓励其他人在监管网络中，分享这些知识。

其次，与被投资公司建立伙伴关系所需的时间。长期的视野，也是一个至关重要的影响因素。被投资公司当前的运营、管理未来风险的结构、通过规划继承确保有效的治理方式等，所有这些新类型的知识对基金履行管理角色来说，都是必不可少的。为了满足投资者对其发展计划的定期询问需求，公司自身也必须关注长期的伙伴视野，但同时也需要致力于与投资者建立长期关系。

建立和维持这种伙伴关系所需的技能，正深刻地改变着基金招募、补偿和保留符合其价值观的员工的方式。投资基金既要保证各个层面的薪酬透明度和负责任的行为，又要留住与公司建立了几十年关系的知识型员工，这两者之间的平衡，也在推动基金治理方面的创新。只有那些治理结构使其能够在员工代表、合作业务，以及分享其创新知识等领域进行创新的基金，才能够影响其他基金并影响其投资的企业和监管环境。

注释

1. 在这一章中，按照创新实践的原则，我们大约筛选了30个基金，它们与所投资的企业建立了更多的互惠关系。作为最佳实践的展示案例，本章列举了3个主权财富基金：新加坡的国家政府投资基金、挪威的挪威央行投资管理机构、澳大利亚的未来投资基金；3个养老基金：安大略省教师养老基金、加拿大养老计划投资委员会、荷兰的养老投资基金；2个私人投资者基金：权益投资基金、世代投资管理基金。这些被选中的投资基金，实际上代表了不同类别的股权所有者：主权国家、养老金出资者和私人投资者，但它们都是寻求负责任投资方式的大型基金。

2. http://www.swfinstitute.org/sovereign-wealth-fund/.

3. https://www.swfinstitute.org/sovereign-wealth-fund-rankings/.

4. 关于《指导原则》和长期投资战略的更详细的概述，可参考的一个有用资源是《长期投资组合指南》（FCLT）（2015年3月），由加拿大退休金计划投资委员会和麦肯锡公司联合制定。

5. 克拉克和奈特（Knight）（2010年）。

6. 布伦特兰委员会在提交联合国的报告《我们共同的未来》中，将可持续发展的公司定义为"其当前的收益，不会借用其未来的收益；其可持续发展的做法……推动生产力和竞争定位，并……提供符合低碳、繁荣、公平、健康和安全社会的商品和服务"（http://www.un-documents.net/our-common-future.pdf）。

7. https://www.ownershipcapital.com/investment-philosophy.
8. https://www.australianethical.com.au/pensions/.
9. https://www.ing.com/Sustainability/ING-and-the-Dakota-Access-pipeline.htm.
10. 约翰逊（Johnson，2015年）。
11. https://www.icmm.com/en-gb/about-us/member-commitments/icmm-10-prin- ciples.
12. http://www.ussif.org/esg.
13. https://www.ccgg.ca/.
14. https://WWW.NBIM.no/en/responsibility/ownership/.
15. https://www.generationim.com/media/1141/generation-im-stewardship-code- october-2016.pdf.
16. http://www.cppib.com/en/public-media/headlines/2016/long-term-portfolio- guide/.
17. https://www.nbim.no/en/transparency/news-list/2016/clear-expectations-towards- companies/.
18. http://www.gic.com.sg/about-gic/code-of-ethics.
19. https://www.otpp.com/investments/responsible-investing/governance-and-voting.

第十九章
非政府组织行动主义的影响*

企业经常受到非政府组织的批评和要求。非政府组织会提出一些典型但有争议的问题,包括气候变化、污染、液压破岩采气、转基因食品、动物福利、供应链问题和劳工标准,等等。大多数企业最关心的问题是利润最大化,而非政府组织传统上只关心与人、环境和与社会有关的问题。因此,非政府组织和企业在解决问题时很难找到共同点。随着人们对企业的要求越来越高,要求它们超越对利润的追逐,采取更加负责任和可持续的商业行为,企业和非政府组织之间的互动,在广度、强度和复杂性上,都有所提高。例如,非政府组织目前正致力于与企业建立伙伴关系,以解决环境和社会领域的问题。这一新兴趋势提出了一些耐人寻味的问题。为什么企业与非政府组织之间,保持互利和健康的关系是重要的?非政府组织如何通过与企业的合作,来推动互惠互利结果的实现?这些一致的利益,对双方有什么好处和坏处?

本章通过互惠经济的视角,分析了非政府组织和企业之间的关

---

* 本文作者是安德里亚斯·G.F. 赫普纳(Andreas G. F. Hoepner)、李倩(Li Qian)。

系。我们着重讨论了非政府组织和企业之间的关系是否可以被视为一种互惠的伙伴关系，旨在通过基于相互理解共同利益和共同价值观的有效实施，来实现长期目标和宗旨。在实例和案例研究的支持下，我们讨论了非政府组织用来改变企业的商业惯例的策略，以及非政府组织的倡导活动对企业的行为和运作产生直接和间接的影响。

一、非政府组织与互惠性的互动

从本质上讲，互惠性是指企业在可持续的经济、社会和环境发展方面，实现长期互惠结果的情况。非政府组织是倡导解决社会和环境问题的最积极行动者。像气候变化这样的问题本身非常复杂，政府和企业都已经意识到，非政府组织参与解决气候问题的重要性。非政府组织活动中体现的消费者和社会压力，是将客户、社区和社会的利益诉求传达给企业的重要工具。由于非政府组织的动机不是为了获得利润（尽管它们确实面临着为员工提供薪酬和资金的压力），公众一贯认为，非政府组织比其他组织更值得信赖，而且随着非政府组织数量和种类的增加，它们的重要性也日益凸显。根据国际协会联盟（Union of International Associations）的数据，1985 年约有 2 万个登记在案的国际性非政府组织；到 2018 年 7 月，这一数字已增加到了 6.7 万以上[1]。

在过去，人们一直认为非政府组织与企业之间是对立的关系。然而，最近几年，人们逐渐认识到，非政府组织在争取当地社区和特定社会群体的支持方面，对企业非常有用。非政府组织和企业可以建立合作关系，携手解决当地的社会和环境问题。由于非政府组织和企业都面临着公众的监督［例如，非政府组织本身也要接受慈善导航者（Charity Navigator）[1] 的监督]，非政府组织和企业之间的合作，更有可能产生"双赢"的结果[2]：企业可以提高自身的合法性，改善商业实践；而非政府组织则能够增加收入、提升影响力。然而，在一些罕见的情况下，非政府组织也会因为与企业的合作，而受到不利影响。如果非政府组织在选择企业的赞助时不够谨慎，它们最终会像企业一样，招致公众的批评。例如，英国石油企业和壳牌企业与英国文化机构的权钱交易，遭到了其他非政府组织和反矿物燃料活动家的批评。随之而来的压力，导致英国石油企业和壳牌企业撤回了给这些机构的年度捐款。换句话说，非政府组织有可能被公众指责为，沦为企业的公关部门以换取赞助的组织。

此外，尽管企业治理问题更有可能受到其投资者的影响，但非政府组织也被认为可以对企业行为产生重要影响。如 ShareAction 等非政府组织，专注于投资系统和环境保护，采用股东活动家的运动模式参与企业治理问题［伊万诺瓦（Ivanova），2016 年］。然而，在与企业合作时，非政府组织必须注意，避免在财务上过度依赖于合作的企业，因为这可能会导致组织使命的偏移。只有那些在财务上充分独立于企业的非政府组织，才能进行必要的独立审查，以确保企业真正致力于带来社会和环境层面的积极影响，而不是仅仅从事漂绿行为[2]。

企业在应对外部压力和改变政策的需要之间的权衡和取舍，符合与非政府组织保持互惠互利和健康关系的模式。在面对来自非政府组织的压力、抵制和运动时，企业必须判断应该如何回应和应对非政府组织。从价值的角度来看，关闭一个污染性业务部门，或投资于新技术等变化，会给企业带来多大的损失？由于获得了消费者

---

① 纽约的几位慈善家于 2001 年创立的一个非营利评估组织。——译者注
② 词典将其定义为：机构为了展示环境负责的形象而宣传虚假信息。——译者注

的信任,企业的价值会增加多少?企业在长期利益方面,获得多少价值?企业必须选择如何明智地应对突发的批评,以保持利润,并对社会和环境产生积极的影响。

二、非政府组织对企业的互惠行为施加影响的策略

非政府组织对企业行为的影响,可能是多样化而复杂的,主要有四种类型的沟通策略:直接妥协、直接胁迫、间接妥协和间接胁迫。间接策略的例子包括提供研究报告和政策简报,而直接策略的例子包括抗议、抵制、破坏、纠察和占领[费鲁曼(Frooman)和默雷尔(Murrell),2005年]。在本章中,我们将探讨的重点放在能够促使非政府组织与企业形成互惠关系的策略上,以强调非政府组织的活动对企业创造价值和提高环境与社会责任水平的积极影响。非政府组织使用的策略,分为三种形式:建议和咨询、协作、股东激进主义①。[3]

(一)建议和咨询

为了在某些问题上达成与企业的互动和合作,非政府组织通常会寻求专门的社区、网络和知识。当企业开始与非政府组织互动时,它标志着学习过程的开始,通过学习形成新的战略,以实现企业的经济利益,以及社会和环境的利益。这方面的例子包括:环境保护基金(EDF)提供能源问题方面的知识和专家意见;清洁水网络分享其在水质方面的广泛知识;世界自然基金会提供材料采购方面的帮助;保护国际基金会(CI)提供食品和农业方面的专家意

---

① 股东激进主义指外部股东以最大化的行为,积极干预、参与公司重大经营决策,是近年来在世界各地兴起的运动。——译者注

见。非政府组织可以作为企业的顾问和咨询者，帮助企业变得更加负责和可持续。这些特点可以对企业的商业运作、管理实践、供应链和它们在社会上的声誉，产生积极影响。

企业和非政府组织之间的互动，为那些需要创新，但在法规方面缺乏专业知识，或不了解不确定性潜在影响的企业，提供了学习和知识交流的机会。非政府组织通常具有分析和技术能力，可以帮助企业制定标准、提出新的想法、解决新的问题，并对其他利益相关者的需求做出回应。例如，世界资源研究所（WRI）主要负责产生和策划数据集，作为将信息转化为行动承诺的一部分。其中一个数据集使用户能够探索、比较和评估每个国家的国家自主贡献①（INDC[4]）中的温室气体减排计划。世界自然保护联盟（IUCN）的一个主要目标，是分享其独特的知识库，其中包含超过来自1万名科学家从全球社区收集到的知识[5]。

然而，鉴于非政府组织同时服务于多个不同的利益相关方，人们也对它作为顾问和咨询者的责任感表示担忧。关于非政府组织部门的一些丑闻已经见诸报端，如滥用资金、行为不端，以及财务系统缺乏透明度，等等。例如，世界上最知名的人道主义组织——红十字会，在2017年被爆出在西非的埃博拉疫情期间，有超过500万美元（380万英镑）的援助资金因欺诈和腐败而损失。2018年，乐施会（Oxfam）承认其一些成员在海地存在性方面的不当行为。这些丑闻造成了严重的后果，包括乐施会在公众眼中失去信誉，资金支持减少，以及海地禁止乐施会在该国运营等。

每当人们要求企业要具有一定的透明度时，非政府组织处于战斗的前线。然而，非政府组织本身也不应该豁免在透明度要求之

---

① 是《联合国气候变化框架公约》各缔约方根据自身情况确定的应对气候变化行动目标，是2015年底在巴黎召开的第21届联合国气候变化会议协议的组成部分。——译者注

外。现在已经成立了诸如慈善导航者等组织，负责对非政府组织如何有效管理自身进行评级。评估非政府组织的依据是，财务效率和能力，以及它们如何管理问责制和透明度。

（二）协作

非政府组织和企业在互动的过程中，往往存在不同的需求和观点。沟通有助于双方平衡自身的需求和期望，从而确保共同目标的实现。非政府组织和企业，可以在利益一致和资源互补的基础上，发展相互合作的形式。赫普纳、德·阿吉亚尔（de Aguiar）、马吉西亚（Majithia）（2013 年）研究了企业管理层对《母乳代用品国际销售守则》（International Code of Marketing of Breast-Milk Substitutes）在 20 年里的遵守情况。他们的研究结果表明，负责任地遵守非政府组织发布的国际标准的企业，不太可能引起消费者的抵制，并且在声誉风险管理方面表现更好，同时不会因为负责任的行为而使股东的价值减少。此外，非政府组织可以帮助企业实现变革，增加其在全球供应链中的透明度（例如，督促企业积极披露社会和环境信息）[里德（Reid）和托费尔（Toffel），2009 年；麦克唐纳（Mcdonnell）和金（King），2013 年]。然而，任何侵犯关键利益相关者（如消费者、员工、供应商和政府）权利的行为，都会对供应链产生巨大的负面影响，有可能导致企业遭遇失败。

对于非政府组织来说，协作关系为它们提供了引导企业政策和运营的权力，从而反过来推动非政府组织自身目标的实现。然而，协作关系仍存在可能会削弱非政府组织影响力的一些因素。例如，与同一家企业的对立关系相比，协作关系可能会影响到非政府组织自身的独立地位。乔纳森·P. 多（Jonathan P. Doh）和瓜伊（Guay）（2006 年）认为，不同的制度结构和政治遗产可以解释非政府组织在政策制定过程中的影响力。另外，鉴于非政府组织的工作通常是跨越国界的，它们能够施加的影响力还会受到国家和地区具体背景和情况的限制。

（三）股东激进主义

尽管非政府组织通常不投资于股票，但近年来，激进的非政府组织已经开始作为独立的投资者购买股票（以参与企业的代理会议和其他决议），或者在企业的其他股东中，寻找同盟代为持股，以解决非政府组织关心的问题，迫使企业改变。作为其代理股权持有者的机构，经常被非政府组织要求在各种环境和社会问题上作为代理人投票，如处理生物多样性、气候变化、污染、废物、动物福利等问题。此外，非政府组织可以向投资者施压，让他们向特定企业投资，或者试图通过与企业董事直接互动，以及干预年度股东大会（AGMs）等方式，影响企业董事会的决策。跨信仰企业责任中心（ICCR）率先使用了激进的股东主义政策，敦促企业在环境、社会和治理问题上采取行动［古德曼（Goodman）等人，2014 年；赫布（Hebb）等人，2018 年］。例如，跨信仰企业责任中心的成员倡议，包括呼吁加强勤勉，以消除全球供应链中的强迫劳动风险，遏制温室气体排放，以符合《巴黎气候协定》规定的 2℃升温的上限，以及敦促全球企业建立更可持续的食品系统[6]。

另一个例子是 ShareAction 的"焦油砂—计算成本"活动。这个活动试图阻止英国石油企业和壳牌企业从焦油砂中开采石油，因为这将带来严重的环境、社会和财务风险。ShareAction 说服了 100 名股东，在 2010 年英国石油企业和荷兰皇家壳牌企业的股东大会上，提出一项禁止开采的决议，并在壳牌企业的股东大会上获得了 11% 的投票，在英国石油企业的股东大会上获得了 15% 的投票。虽然这种股东激进主义的做法不太可能赢得大多数人的支持，但它可以提高公众意识，并可能导致企业高管进行自我反省，因为企业的股东会议和结果往往会被媒体报道。在未来的活动中，非政府组织可能需要将这种宣传与有效的股东参与所需的长期承诺和奉献精神进行权衡。

三、非政府组织对企业互惠行为的影响

由于非政府组织主要关注消费者、员工和社会的利益，它们被认为是推动企业行为改变的一个主要驱动力。非政府组织的运动，可以成功地改变企业的行为和政策，使其转向更注重社会和环境的管理实践，同时对企业的财务价值产生积极影响。例如，企业可以通过提高能源效率来节约成本，也可以通过提高员工的福利来改善企业运营。非政府组织促进了与企业的沟通和互动，从而产生社会资本，使企业整体受益。此外，非政府组织还有助于将责任和可持续发展的价值观植入追逐利润的企业文化中。

在帮助企业扩大和塑造复杂网络方面，非政府组织发挥了重要的作用。非政府组织与企业的其他利益相关者（如客户、供应商、投资者、政府、监管机构和其他非政府组织）合作，共同塑造企业政策、文化和信念的规范。企业与非政府组织的互动，在获取其潜在的知识和网络方面，具有价值潜力。在非政府组织的帮助下，企业有可能发现，并扩展新的市场，而全球知名的非政府组织的认可，也可以帮助企业吸引更多的潜在客户。

当企业致力于有利于社会和环境的变革时，这些行动往往会给企业的声誉和公众的看法带来积极的影响。企业也会保持一定程度的合法性，帮助它们获得包括政府、媒体、员工、客户、供应商和投资者在内的多个利益相关者的信任和接受。相反，不愿意改变的企业可能会面临来自激进分子和公众的额外压力和监督，甚至是更多的监管关注，最后，屈服于激进分子，企业最终还是要改变其政

策、产品和业务运营。企业被要求披露更多关于社会和环境表现的信息。随着透明度的提高，消费者对产品和企业的表现也有了更深入的了解。由于非政府组织可以促使企业改变其管理实践，提高全球供应链的透明度（里德和托费尔，2009年；麦克唐纳和金，2013年），企业与非政府组织的互动，在减少供应链风险方面，也具备极大潜力，可以帮助降低风险。

在促进可持续发展和将社会问题嵌入企业规划方面，非政府组织可以发挥重要作用。它可以作为早期预警机制，在企业监测和实施国家间协议方面提供帮助。例如，如果大众汽车公司注意到国际清洁运输委员会（ICCT）2013年的一份报告，它可能已经免于遭受2015年排放丑闻的痛苦。从"实验室到道路实测"的数据表明，法定二氧化碳值和大众汽车实际排放的二氧化碳值之间的差距正在持续扩大，甚至以大众帕萨特为例，数据显示，2011年大众汽车的排放差距已经超过了30%[7]。

非政府组织和企业之间的合作，可以帮助企业提前应对与环保主义行动者和公众之间的冲突或批判。在监管不断加强的领域，那些已经为应对非政府组织的活动而做出改变的企业，对立法冲击已经有了充分的准备。这种准备在很多行业中可以转化为竞争优势。对于非政府组织来说，培养与企业的关系，可以帮助改善环境，同时增加对自身的宣传和其知名度。建立这些关系，也能够帮助非政府组织从企业和个人捐助者处获得更多的资金，从而增加其长期的财政安全和稳定性。

四、小结

尽管非政府组织和企业在社会和环境问题上的互动越来越多，但从互惠经济的角度来看，仍存在许多需要解决的不确定性和挑战。如果有更多的企业与非政府组织社区形成互惠互利的关系，两者之间的互动，将随着时间的推移而变得更重要和更有意义。非政府组织的活动对企业互惠行为的影响，是动态而复杂的。这种影响在不同的关注领域、不同的企业、不同的行业和不同的市场环境中，可能有所不同。一些企业会积极主动地与非政府组织接触，而另一些企业则可能尽力避免与非政府组织的任何接触；一些企业能利用非政府组织来重塑其受损的声誉，而另一些企业则是真正发自内心地关注环境和社会问题，并全力以赴地进行改变。企业和非政府组织都以价值和回报为基础，评估自身的运营情况：如果在不久的将来，可以预见多种好处，企业就更有可能改变。同时，如果非政府组织认为，这样能够带来更大的影响，它们就更有可能选择企业作为合作伙伴。

企业和非政府组织都需要制定更好的方法，协调二者的共同利益，以确保共同目标的实现。非政府组织需要努力改善其战略和行动。企业则需要改变它们对与非政府组织关系的看法，表现得更加积极和负责任。虽然非政府组织已经成为重要的利益相关者，但企业仍然必须与其他各种各样的利益相关者（如客户、供应商、投资者、政府和监管机构）打交道。企业如何才能以最好的方式处理与各个不同的利益相关者之间复杂和不断变化的关系？在面向消费者的行业中，大型企业是否能从与非政府组织的合作关系中获得更多好处？存在于较弱制度环境中的企业，是否更有可能成为非政府组织的目标？所有的互动和合作，都会使非政府组织和企业双方受益，还是非政府组织有可能面临出卖自身价值的风险？要回答这些问题，还需要进一步的经验证据。

注释

1. https://uia.org/ybio.《国际组织年鉴》包括来自300个国家和地区的

3.75 万多个活跃的国际组织，以及大约 3.8 万个休眠的国际组织的详细信息——包括政府间组织和国际非政府组织（INGOs）。每年约有 1 200 个新组织加入。

2. 关于慈善导航者的更多详细信息，点击：https://www.charitynavigator.org/.

3. 人们倾向于认为非政府组织的主要作用就是提出倡议，我们只关注非政府组织可以用来为企业和自己谋福利的更具体的策略。

4. 根据《联合国气候变化框架公约》（UNFCCC），各国承诺在 2015 年 12 月的巴黎气候峰会结束前，制定一项新的国际气候协议。为了帮助促进这一目标，各国同意公开发布他们打算采取的行动纲要。这些承诺被称为"国家自主贡献"（世界资源研究所）。世界资源研究所提供的数据集，可在以下网址获取：http://datasets.wri.org/dataset. CAIT 的巴黎贡献数据可在以下网址访问：http://datasets. wri.org/dataset/85940e80-d6dd-4978-a2e6-82ca743b0884.

5. 国际自然保护联盟提供的资料，可访问：https://www.iucn.org/.

6. 更多的细节可以在以下网站找到：https://www.iccr.org/about-iccr. 每年，跨信仰企业责任中心的成员通常会提交近 200 个决议，跨信仰企业责任中心会在网上公布全部清单。完整的决议清单可以在以下网站找到：https://www.iccr. org/iccrs-shareholder-resolutions.

7. 获取更多详情，请点击：https://www.theicct.org/blogs/staff/trend-that-cant- continue-europes-car-co2-emissions-gap.

第三部分

互惠经济经典案例

第二十章

法国贝勒集团：利用非正式分销网络的力量*

自贝勒集团成立，这个家族式的奶酪制造集团就一直在其核心价值观——"勇于尝试、悉心关怀、坚守承诺"的驱动下开展各项业务。最近，贝勒集团越来越强调通过追求创造共享价值来实现增长。正如家族成员兼首席执行官安托万·菲耶特（Antoine Fievet）所说："业绩的增长必须通过创造财富来实现，不仅是为公司创造财富，而且要造福整个社会。"[1]

贝勒集团对这些原则的承诺，推动了其在 2011 年创建贝勒探索者项目（BE）。作为集团的创意孵化器，这个项目的创建，旨在促进整个集团内的包容性和突破性的商业模式方法的发展。这个新成立的部门，旨在通过将低收入社区纳入其价值链，增加全球获得高质量营养和可负担食品的机会。

2011 年 11 月，贝勒探索者项目部门出席了在新德里举办的国际流动商贩大会[2]。当时，贝勒集团正在调查印度这个潜在的市场，

---

* 本文作者是阿拉斯泰尔·科林 – 琼斯、亚力山德拉·贝莱比（Alexandra Berreby）、卡洛琳·索尔兰（Caroline Sorlin）、汉娜·拉德万（Hannah Radvan）、贾斯汀·艾斯塔尔·埃里斯。

这次活动使贝勒集团对如何最好地让非正规部门参与销售，并成为替代分销渠道产生了强烈兴趣。在这次会议上，贝勒集团还发现，基于共同利益和需求的战略，有可能创造出创新的、可持续的商业形式。

乐芝牛，作为贝勒集团的五个主要品牌之一，在越南有很强的影响力，占越南全国奶酪市场的90%以上的份额。考虑到越南子公司的良好业绩，贝勒探索者项目部门决定，在越南胡志明市（HCMC）启动其第一个共享城市（SC）项目。最早的业务销售形式创新，是邀请女性销售员挨家挨户地销售贝勒集团专门为越南消费者设计的全新营养产品，该产品具备了物美价廉的特性。但问题是这种销售模式是亏损的，其销售量不足以支付固定的成本，也无法为销售者带来足够的收入[3]。

贝勒探索者项目部门迅速调整了策略，转而利用胡志明市随处可见的流动商贩网络。根据国际劳工组织的统计，非正式就业领域在全球范围内雇用了超过18亿人（而正式经济领域仅雇用了12亿人），因此，这肯定是一个"庞大到不可思议的销售队伍"[4]。此外，街头流动小贩也代表了发展中国家大部分消费者购买食物的主要渠道[5]。在胡志明市，低收入家庭消费的食物有80%来自街头小贩[6]。因此，2012年，贝勒探索者项目部门又再度回到胡志明市，测试这支由超过13.5万名流动商贩[7]组成的非正规销售大军作为乐芝牛的替代分销网络，具备多大的可持续性潜力。

一、生态系统的痛点

贝勒探索者项目部门首先调查了胡志明市现有的街头摊贩网络的结构和模式，以及摊贩本身的需求。根据贝勒探索者项目部门的政策，这一关键的研究阶段与该部门在包容性商业模式的积极发展方面齐头并进。胡志明市当地的业务部门必须担起初始生态系统分析所需的资源成本的职责。最后，当地的业务部门和贝勒探索者项目部门一致认为，这项研究带来了一个值得试验的机会。

贝勒探索者项目部门开展了各种研究项目，针对胡志明市的流动商贩进行了背景调查，重点研究了他们的日常工作活动、兜售的典型产品，以及他们的常规利润率。贝勒探索者项目部门选择将重点放在兜售水果和蔬菜的小贩群体身上（估计有 25 000 人）[8]，因为他们从胡志明市内为数不多的几个大型批发市场购买所有的产品。这个初期的调研是在 2012 年 3 月和 2012 年 4 月之间进行的，调查对象包括来自三个水果和蔬菜市场的 300 多位小商贩。大量的研究、观察和沟通强调了新的商业模式中需要克服的关键障碍，以便在社会影响最大化和商业可行性之间取得适当的平衡。

胡志明市的流动商贩代表了越南社会中的弱势群体，他们普遍受教育程度低，收入低且不稳定，并且缺乏获得许多社会服务的机会。他们中有超过 65% 的人是妇女，其中大多数人的年龄在 35—50 岁，大多数有孩子。根据这项研究，这个群体的一个主要的愿望是支付其子女的教育费用。对于 92% 的受访小贩来说，售清当天的存货，意味着每天需要兜售超过 12 个小时，在此期间，他们的收入相当于 3—10 欧元。

尽管这是一支人数众多的庞大销售队伍，但在许多情况下，流动商贩缺乏基础的教育，对自己的销售能力缺乏信心，也缺乏有效的销售技巧来获取新的客户。然而，贝勒探索者项目部门的研究发现，这些小贩中的大多数人拥有一个非常有价值和令人印象深刻的商业工具：他们与忠实客户的深厚关系。

访谈显示，这些流动商贩通常将 80% 的商品卖给老顾客，他们与老顾客已经建立了牢固的信任关系。此外，一个流动商贩平均有 100—150 个固定客户，他们每周都要与这些固定客户联系，并且在以自行车作为交通工具的情况下，每天大约能够完成40次交易。流动商贩把大部分时间花在拜访固定客户上，并与固定客户建立友谊。每个消费者都有自己喜欢的流动商贩，他们会持续多年地支持商贩的生意。事实上，65%的受访消费者表示，他们购买商品是为了支持他们的卖家；76%的消费者说，他们从同一个流动商贩那里买东西的时间已经超过5年了。

为此，从一开始，小贩的专业和个人发展就是这项创新试验的核心。贝勒探索者项目部门认识到，投资于小贩的自身发展，不仅可以吸引更多的小贩，还可以通过小贩的技能和生产力的提高，推动商业绩效的自然提升。

因此，在初期的诊断调研阶段，贝勒探索者项目部门与流动商贩进行了焦点小组讨论，以了解他们的主要社会关切，以及他们对该倡议的想法。贝勒探索者项目部门还联系了当地的非政府组织，以进一步了解广大社区的主要社会需求。通过调研，一系列的社会问题得以确定下来，包括获得教育、医疗和资金的需求。调查发现，资金是阻碍流动商贩参与新的销售计划的主要因素，因为大多数小贩用现金支付，他们的日常收入几乎没有产生足够的利润，无法丰富他们兜售的各类产品，更不用说支持他们购买品牌产品了，因为品牌产品往往代表了一种昂贵和不确定的投资。此外，水果和蔬菜等商品通常能帮助他们获得比传统的品牌产品更高的利润率。因此，流动小贩对利润率的合理期望，高于贝勒公司能提供的水平，一个突出的原因是贝勒公司不希望冒着破坏其传统销售网络的风险，为流动商贩专门建立更优惠的利润率制度[9]。

流动商贩的担忧，不仅包括财务方面的因素，也体现在心理层面，他们的忧虑源于对自己的销售能力缺乏信心，以及对消费者如何看待他们的信念。例如，一个流动商贩说，他不能销售品牌产品，因为"没有人会从流动商贩那里购买品牌产品"。因此，说服流动商贩销售新产品将是一个挑战。

二、商业战略

矛盾的是，流动商贩的社会关注点（收入水平、医疗保健等）显然有助于找到一个潜在的商业模式解决方案。贝勒探索者项目部门开发了一个激励系统，主要是根据流动商贩的需求，提供社会福利，以换取高销售业绩。销售乐芝牛的流动商贩将获得商业培训、健康保险和银行账户。在一个流动商贩首次加入该计划时，贝勒公司为其提供了三盒免费的乐芝牛，供其尝试销售。一开始，免费的商品和立即付现的销售模式，无疑是对流动小贩最有吸引力的激励措施。然而，随着时间的推移，获得健康保险和技能培训与免费商品或现金红利一样有价值。事实上，对销售业绩最好的流动商贩的调查显示，健康保险被视为最有价值的激励措施。

在开发正确的商业模式以克服已确定的障碍，并优化在诊断阶段发现的销售机会时，贝勒探索者项目部门使用了以下一系列关键设计原则。

1. 顺应当地社区的文化。贝勒探索者项目部门在现有的水果和蔬菜批发市场设立了三个供货中心，这样流动商贩就不需要到不同的地方去采购贝勒集团的产品。在胡志明市内，向流动商贩销售供货的运营团队是贝勒公司的员工[10]。
2. 增加流动商贩销售的商品品类，而不是取代其销售的全部产品。贝勒公司产品的销售额不应超过流动商贩总收入的20%，这样他们就不会依赖贝勒公司产品的供应和需求。他们销售的主要产品是乐芝牛，因为它价格适中，很受消费者欢迎，而且其质量和营养成分即使在未冷藏的情况下也能保留下来。

3. 简化标准的商业销售流程。贝勒集团直接向流动商贩销售，流动小贩直接向客户销售。这使贝勒集团与卖家和消费者的互动更加密切，同时也简化了价值链。
4. 推广贝勒集团的品牌。当流动商贩加入该计划时，他们会收到一套品牌制服，因此，他们可以成为该品牌在整个城市的"销售大使"，但这些宣传的元素应该以鼓励为主，而不是强制执行[11]。

社会因素对这一举措的运作同样重要。流动商贩对销售品牌产品有很大的担忧，同时也担心销售乐芝牛会导致整体销售利润的降低。为此，贝勒探索者项目部门采取了一种全面考虑的方法，确定了流动商贩的主要关注点，并仔细选择了最佳的合作伙伴，在关键领域进行合作，包括：

1. 培训和技能建设。通过和欧洲合作与发展研究所（IECD）合作，贝勒集团在2012年12月建立了商贩培训商业学校。这个18个小时的课程，主要是为了给商贩提供职业培训，内容包括食品安全、销售技巧、基本簿记和技术管理等主题。一旦商贩完成培训，欧洲合作与发展研究所会在商贩各自集中的销售地点组织后续的跟进和培训。
2. 提供保险。贝勒探索者部门与法国安盟保险公司（Groupama）合作，为商贩提供每月1美元的小额保险产品，旨在帮助后者支付可能发生的"住院费用和残疾情况下子女的教育费用"。贝勒集团与法国安盟保险公司没有向流动商贩征收这笔保费，而是共同承担了这项保险的全部费用。尽管每个商贩每年的保险费总额仅为12美元，但实际上，保险激励的作用不亚于现金红利，还能够提供更显著的社会效益。
3. 为商贩提供金融服务。贝勒集团鼓励商贩购买新材料和新设备，并通过帮助他们开设银行账户来鼓励他们储蓄。
4. 提供正式就业的机会。贝勒集团通过为流动商贩提供税收、社会准入和移民登记等文书工作方面的协助，帮助他们融入正规的商业领域和部门。
5. 完善整个生态系统。贝勒集团计划通过宣传和游说，来改善流动小贩的生态环境，并为关于流动商贩的公共辩论献策献力。

这些激励措施使贝勒集团能够产生广泛的社会影响，同时也有助于吸引和招募新的卖家。其中，商业培训是一个特别有力的激励措施，因为它提高了卖家的生产力，促使流动商贩和贝勒集团双方的销售和收入增长。

值得注意的是，这些社会激励措施通常不是免费提供的，卖家可以根据他们的业绩水平，从贝勒集团处获得不同程度的社会福利。对贝勒公司和流动商贩来说，关键是不能把"共享城市"项目视为一个慈善项目。因此，只有那些表现最好，并被认定为适合长期培训的人，才会被录取到针对流动商贩开设的商业学校。目前，胡志明市一半的流动商贩接受了贝勒集团提供的保险，而15%的流动商贩接受了其提供的商业培训。

在设计了社会激励措施后，贝勒探索者项目部门建立了两套独立的绩效指标，分别衡量企业绩效和社会影响。主要有以下两方面指标。

1. 业务方面（主要用于评价销售团队的主管）：销售的总量、

销售额、投资和利润；每个流动商贩销售额的变化；流动商贩业务与传统贸易的百分比。
2. 社会效益方面：参与计划的流动商贩数量，获得社会奖励的百分比（关于医疗、商业培训、获得金融包容性的细节信息），以及商业培训对流动商贩的全球活动的影响。由于商业培训旨在实现整体目标，社会绩效指标也将衡量项目对参与者的自尊、自信和愿望的影响。

在试点阶段，贝勒公司以每周为单位，监测整个社区的业务表现和发展，以便迅速分析结果，并在必要时调整业务策略。为了推动项目的进展，贝勒探索者项目部门在2015年为每个售货亭创建并实施了一个专门的在线客户关系管理系统。每天，当地的销售主管都会登记新的流动商贩，并记录他们的销售情况。每个团队的主管使用信息亭来分析业绩，在每个月末，各个销售主管可以自动确定将获得奖励的流动商贩名单，以及确定可提供哪些奖励。最后，在全球层面上，贝勒公司能够监测全球的绩效指标，将一个市场/模式与另一个市场/模式进行比较。

三、业绩表现

尽管胡志明市当地的业务部门经理最初有些犹豫，但贝勒探索者项目部门于2013年在胡志明市启动了第一个"共享城市"计划。虽然最初设定的目标是在6个月内签约40个卖家，但仅4个月后，团队就迎来了第100个卖家。此外，到2013年12月，在该计划启动不到1年的时间里，胡志明市的"共享城市"销售网络中，活跃着近250名卖家，并且这个数字还在不断地增长。

贝勒探索者项目部门和当地业务部门在"共享城市"项目启

动后的 2 年内，成功地将其管理到盈利状态。到 2016 年，整个项目中包含了 2 261 个街头摊贩，他们的销量占单份乐芝牛销售总数量的 28%。在社会影响方面，截至 2016 年 12 月，429 名小贩从该项目提供的微型企业家培训中毕业，其中 1 000 人获得健康保险，817 人开设了银行账户。在胡志明市，接受商业培训的小贩在 12 个月后将收入平均提高了 30%。今天，"共享城市"计划为流动商贩提供了与其他销售渠道相同的利润水平，同时也为其更广泛的分销商生态系统提供了更大的社会效益。

四、未来预测

贝勒探索者项目部门在胡志明市的试点工作取得了可喜的成果后，决定扩大试点项目的规模，并在 2015 年，将领导权交给当地业务部门经理。该试点项目已经达到了贝勒探索者项目部门为所有项目设定的重要目标，即应该与贝勒公司在越南的传统市场路线的盈利水平相匹配，或者预计在 5 年内达到相匹配的水平。

在胡志明市推出"共享城市"计划以来，贝勒探索者项目部门已经在金沙萨（刚果民主共和国）、塔那那利佛（马达加斯加）、河内（越南）和伊斯坦布尔（土耳其）成功复制了这种商业模式。这项商业举措也见证了贝勒集团非正式销售网络的稳步增长，体现为 2013 年有 2 100 个流动商贩，到 2018 年有 7 500 个，到 2025 年的目标是 80 000 个。

贝勒集团的"共享城市"销售计划已经证明，企业有可能同时发现新的商业增长机会和发展更具包容性的经济，以改善生态系统中弱势群体的福利。某些新兴国家，如越南和撒哈拉以南的非洲国家，已经存在这些非正式的销售网络，并将为贝勒集团的商业发展做出重大贡献。通过将当地值得信赖的流动商贩作为替代分销渠道，"共享城市"计划使贝勒集团能够在人口高度增长的地区牢固地在市场中站稳脚跟。这项计划目前已被纳入贝勒集团的核心业务战略，以促进区域的包容性和客户的增长。值得注意的是，贝勒基金会没有参与"共享城市"销售计划，因为该计划被认为是一个单独的商业问题。

最终，贝勒集团已经成功地创建、测试了一个创新和包容的商业模式，实现了其规模化运作，为公司创造了财务价值，同时尊重并确保其生态系统成员的积极利益。在解决市场成功和社会公益问题方面，贝勒集团的这项举措已经发展了一个由志同道合的伙伴组成的生态系统，他们对公司在社会中的作用有了新的认识，认识到互惠的合作关系不仅对企业有利，而且能够使企业变成负责任的企业。正如其首席执行官安托万·菲耶特所说，"对我们来说，集团取得成果的方式与取得的成果本身同样重要。将强有力的管理和最佳实践、盈利能力和诚信、增长和道德结合起来，不仅是可能的，而且是必不可少的。"

注释

1. 《北极星：构建繁荣的家族企业》《家族企业网络：来自我们的网络与超越的创意与启示》（贝勒集团，2016年）：35。
2. J.M. Guesné and D. Ménascé, 1.
3. J.M. Guesné and D. Ménascé, 2.
4. 2013年，贝勒集团总经理卡洛琳·索林接受采访，详情请见：https:// www.youtube.com/watch?v=DwYB0uoaGVg.
5. J.M. Guesné and D. Ménascé, 2.
6. 《北极星：构建繁荣的家庭企业》：33。
7. J.M. Guesné and D. Ménascé, 2.
8. J.M. Guesné and D. Ménascé, 3.

9. J.M. Guesné and D. Ménascé, 6.
10. 在贝勒集团没有设立下属子公司的地区,集中的库存点将由合作组织的员工管理,贝勒集团负责确保他们至少获得与流动商贩群体同等水平的社会福利。
11. J.M. Guesné and D. Ménascé, 6.

第二十一章
英国玛莎百货：提高供应链的可持续性＊

在过去的10年里，玛莎百货这家主要的英国家居用品、食品和服装零售商，更加注重在其整个供应链中促进可持续性。为了满足商业需求和客户对可持续发展的需求，玛莎百货一直致力于在减少对环境的影响方面发挥领导作用。

玛莎百货成立于1884年，现在是一家股份有限公司，在全球拥有超过1 000家门店，其中852家门店位于英国。它雇用了超过8万名员工，年收入超过100亿英镑。在英国，有368家工厂直接向玛莎百货供货，工厂雇用了超过11.9万名员工。这些工厂包括302家食品厂和38家饮料厂。为了提高整个供应链的透明度、产品质量和工人福利，玛莎百货在2010年建立了一个可持续发展记分卡系统，以衡量供应链的影响并激励最佳实践。这个指标继续帮助玛莎百货通过促进与供应商和客户的良好关系来取得积极的效果。

＊ 本文作者是苏哈尔·罗摩·墨菲、迈克·巴里（Mike Barry）、贾斯汀·艾斯塔尔·埃里斯。

第二十一章　英国玛莎百货：提高供应链的可持续性

一、生态系统的痛点

玛莎百货超过 90% 的社会和环境影响，发生在供应链和其自身运营之外。尽管玛莎百货销售的产品中，超过 98% 的产品以自主品牌的名义销售，但玛莎百货自己并不生产任何产品，而是依靠其供应商生产。出于这个原因，玛莎百货必须特别关注与供应商发展关系，并与他们在可持续发展领域进行合作。

这种合作可以为玛莎百货带来一系列的好处。例如，基于可持续发展的创新，如优化包装设计、减少运输包装和运输过程中的负载分担，可以降低成本。创新的产品设计或配方可以创造出更好的产品；可以通过优化材料的采购，提高供应商工厂的劳动标准来减少环境和社会的风险。当整个供应链实现了更大的透明度时，供应和声誉的风险就会降低。

然而，在实施供应链可持续发展的新方法方面，依然存在着挑战。正如一份行业报告所解释的那样：

食品杂货行业的大多数公司，最初致力于提升供应链的可持续性，是为了确保其业务的合规性，并尽量降低整个供应链的供应和声誉的风险。虽然一些行业范围内的倡议，如供应商道德数据交换（Sedex），已经成功地为这种风险管理方法提供了一个有效的框架，但这可能导致供应商的防御性行为，并可能强化以确保合规性为标准的"勾选"过程为主导的关系[1]。

为了抵消潜在的风险，玛莎百货需要创造新的方法，使供应商与玛莎百货的可持续发展目标保持一致。

二、商业战略：可持续发展记分卡

供应链是玛莎百货整个可持续发展计划中的一个关键部分——被玛莎百货称为"A计划"。在2010年，玛莎百货创建了一个可持续发展记分卡系统，旨在通过跟踪供应商自身可持续发展活动的进展，使其与玛莎百货的可持续发展目标保持一致。[2] 分数的计算基于下面三个支柱：环境、人力资源和道德贸易，以及精益生产。

总的来说，玛莎百货的目标，是确保整个供应链提供良好的工作条件，并且产品的来源是可信的。资源效率与供应效率相关，并且成本的降低与原材料、能源和废物等问题相关。玛莎百货的目标是激励和促进供应商采用更好、更精益的做法。

玛莎百货的供应商每年应该在网站上至少进行一次问卷调查，以完成记分卡框架下的评估[3]。正如财务报告委员会（Financial Reporting Council）的一项案例研究描述的那样，玛莎百货的供应商均认真地对待这些记分卡的生成和审计过程。

整个评估过程的一个关键部分是审计和保证。整个框架必须既满足玛莎百货自身的要求，又避免因过于严格而导致其供应商的疏远。玛莎百货选择了为审计提供一个窗口期，这样供应商就知道保证小组会在某个特定时间点到达，比如，在一个月内。这个窗口期足够短，因此不会干扰供应商的正常运作，但也足够长，足以防止供应商暂时地掩盖不良的行为。[4]

通过这种方式，玛莎百货既满足了收集优质数据的需要，同时又不会给供应商带来过重的负担。为供应商提供审计窗口期的做法，有助于在不影响生产的情况下，培养供应商的善意和促进其承担社会责任。

买家在采购时会将这些分数作为参考。此外，只有来自"银牌"工厂和"金牌"工厂的产品，才有资格被认定为具有"A计划产品属性",而出售给消费者。到2020年,玛莎百货计划实现100%的产品均来自"银牌"工厂或"金牌"工厂。为了表彰这些优质供应商的努力,"银牌"供应商和"金牌"供应商会在玛莎百货的年度商业会议上得到认可证书。[5]

(一) 环境方面

记分卡系统的第一个要素是环境措施。这些措施关注的重点是能源使用、水使用、废物和碳输出。记分卡系统的环境评估部分,包括环境影响评估、关键原材料的风险评估。它还显示了一个可持续的采购计划,并跟踪现场可再生能源的百分比数据。

玛莎百货已经确定了废物排放是一个值得特别关注的具体问题,尤其是在生产和包装方面。当前设定的目标是将从零废物工厂的供应商处采购25%的食品。正如该公司的"A计划"承诺报告所描述的那样:

> 玛莎百货供应链的不同环节,在废物方面面临不同的挑战。食品供应链产生了更多的废物,但其中大部分目前已被回收利用。玛莎百货与食品供应商合作,帮助他们使用最省碳的方法,如厌氧消化或邮寄,来回收他们剩余的垃圾。我们还将与供应商合作,尽量减少食品包装的冲销[6]。

正如这个食品供应链的例子所示,在整个供应链中,存在很多可以增加可持续的商业行为的机会。通过提供更多的回收机会,玛莎百货应对食物浪费的挑战,使其供应商与其自身的长期可持续发展目标保持一致。

（二）人力资源和道德贸易方面

记分卡系统的第二个关键考查领域是人力资源管理和道德贸易。这部分的评估，包括员工代表权、员工流失率、员工队伍的凝聚力等内容。正如玛莎百货报告的那样，"我们希望玛莎售卖的食品只来自在培训、劳动力和社区参与、健康和安全，以及就业实践方面表现优秀的生产商。"[7]

这样一个记分卡系统，有助于推进玛莎百货的人力资源和道德贸易目标的实现。

玛莎百货的全球采购原则（Global Sourcing Principles）借鉴了主要的国际文件和标准，包括联合国《世界人权宣言》、国际劳工组织的《国际劳工组织关于工作中基本原则和权利宣言》(the ILD Declaration on Fundamental Principles and Rights at Work)、《联合国工商业与人权指导原则》(the UN Guiding Principles on Business and Human Rights)、联合国《赋权予妇女原则》(Women's Empowerment Principles)、联合国《清洁水和卫生设施人权》(Human Right to Water and Sanitation)、《儿童权利与商业企业原则》(Children's Rights and Business Principles)，以及联合国《全球盟约》(Global Compact)。通过使玛莎百货在人力资源和道德贸易方面的要求与这些国际标准保持一致，它就能够鼓励供应商参与并简化其合规负担[8]。

（三）精益生产

记分卡系统的第三个要素是精益生产。在这部分的评估中，玛莎百货利用记分卡跟踪供应商是否使用正式的工具，来解决跨职能的问题；是否采用价值流图，来说明和分析制造过程，并确定关键供应商，以改善关系。

三、参与式合作

玛莎百货致力于鼓励供应商掌握可持续发展议程的所有权。玛莎百货没有选择给供应商强加目标，然后监督其遵守情况，而是选择与主要供应商合作，并与他们一起创建了一些示范工厂。尽管示范工厂的一些经验通过"A 计划"的承诺，推动了供应商的改变，但玛莎百货一直以来关注的重点都是如何展示良好行动的商业案例，在未来，玛莎百货仍将此视为激励整个供应链变革的强大动力。

此外，玛莎百货还鼓励其供应商使用一个在线知识平台。该平台提供建议、案例研究和工具包，以推动在工厂和农场层面的实际变革。[9]

玛莎百货提出的记分卡框架，得到了供应商合作计划（Supplier Collaboration Programme）的支持。该计划有三个重点关注领域：促进供应商交流会议，使供应商能够分享彼此的学习成果；为供应商提供技能培训和发展机会；提供财政收益和先进的工作方式。

通过其他激励措施和合作计划，如年度供应商奖励计划和销售网络会议，玛莎百货进一步激励了供应商的参与，因为这些奖励计划"认可并展示在工艺创新或产品可持续发展等方面取得明显改进的供应商"，而供应商交流会每两三个月举行一次。这些会议的关注重点是供应商在业绩记分卡的哪些领域遭遇了困难，以及如何解决。在这些会议上，玛莎百货鼓励在特定挑战方面取得进展的供应商与他们的同行分享经验和成果，玛莎百货的技术专家也会在现场分享运营知识和专业知识。玛莎百货还特别强调，它不要求供应商分享具体节省了多少钱，或有多大比例的节省来自玛莎百货的参与。避免分享此类具体的信息，是因为供应商可能担心玛莎百货的采购部门会利用这些信息来进行价格谈判。此外，由于供应商参与和调整商业惯例的决定之间的关系并不总是明确的，这些会议主要是作为确定最佳做法的平台和机会。与供应商的交流会有助于提供一个讨论挑战的平台,而不必担心这种披露会对供应商与买方的关系产生负面影响。

四、记分卡方法的诸多好处

记分卡系统使玛莎百货能够更好地了解和管理其供应链。这种方法还有助于激励供应商进行最佳实践。正如其可持续发展经理黑兹尔·卡利(Hazel Culley)所总结的那样,这项计划暴露了玛莎百货供应链中,多年以来未被注意到的问题:

能够通过这个计划,看到一些变革真正地发生,是非常好的结果,例如,在一开始,我们只有70个点的员工参加了调查,现在已经有超过200个点的员工参加。我们还看到了环境方面的显著改善,包括40%以上的工厂没有将废物送往垃圾场,以及现在25%的供货均来自将能源减少20%的工厂[10]。

更广泛地说,通过供应商的自我报告,玛莎百货获得了关于这些工厂的能源、材料、废物和碳性能的信息;供应商对其原材料的风险评估;供应商的员工代表、性别比例、员工流失率和这些供应商所在点的员工调查结果;以及其供应商的生产能力等方面的评估数据。这些洞察力使玛莎百货能够更好地选择供应商,并与其互动,推动产品创新的实现和其他产品的改进。

五、业绩表现

总体而言,"A计划"(记分卡是该计划的一个组成部分)通过减少废物和提高环境效率，实现了巨大的节约。在 2014—2015 业务年度，这些节约的资金总额达到了 1.6 亿英镑。2007 年以来，"A 计划"已经帮助玛莎百货节省了 6.25 亿英镑的成本。

玛莎百货认为，"A 计划"的价值远远不止节约成本而已。正如财务报告委员会公布的一个案例报告所写那样：

玛莎百货并不寻求从利润率、企业收益和品牌价值等方面衡量"A 计划"的财务影响。玛莎百货认为，这是一个无法用数字来计算的影响，但它相信"A 计划"对客户信任度的提升，以及对其员工和供应商的士气提振等方面的影响将使公司更具弹性和适应性，能够帮助玛莎百货在快速变化的世界中增强自身的可持续性。[11]

正如报告所指出的那样，将变得更加可持续的供应链付诸实践，对玛莎百货和其供应商都有好处。可持续发展记分卡的举措，通过加强主营业务、供应商和客户之间的关系，提升了玛莎百货自身的品牌价值。

六、供应商成就案例

通过实施可持续发展记分卡计划，玛莎百货在其整个供应链中，成功地创造了价值、节约了成本。

- 据一家不愿透露名字的公司估算，通过为新鲜肉类引入真空包装，它在 2011—2012 年节省了 1 630 万英镑的成本。
- 玛莎百货的一家食品供应商 Worldwide Fruit，因其每年减少 14% 的电力消耗和 75% 的水需求，而被玛莎百货评为 2012 年的年度供应商。

- Brandix 是玛莎百货指定的生态工厂，其因减少 80% 的碳排放、46% 的能源使用和 58% 的水消耗，而被评为 2012 年的年度最佳服装供应商。
- AMC 新鲜食品和果汁集团是一家水果供应商，其引进了一种封闭式的水果挤压生产方法。这个方法的改建，实现了水果的零浪费，90% 的水果废料被用于企业生产的其他地方。
- 服装供应商 Courtauld 开发了一种新的胸罩，由 100% 的回收聚酯制成，具有更好的耐用性，并保证不泛黄 [12]。

正如这些供应商的成就所显示的那样，记分卡举措有可能使供应商与玛莎百货提倡的可持续发展目标以互惠互利的方式保持一致。

七、未来预测

展望未来，玛莎百货的目标是到 2020 年实现 100% 的产品来自至少是"银牌"级别的供应商。除了达到内部标准外，公司还计划为每件玛莎百货的产品编写一个可持续发展故事，以此展示其产品的来源，并强调其新供应链模式的好处。

此外，玛莎百货还计划扩大其"A 计划"的实施规模，保证更广泛的可持续性计划得以实施。为此，它将启动一个为期 5 年、价值 5 000 万英镑的"A 计划"创新基金，以支持企业内部的创新想法[13]。玛莎百货制订的另一个未来计划，是帮助供应商创建 200 家"A 计划"工厂，并让 1 万名农民加入该计划。[14] 总之，这些计划都致力于促进玛莎百货的可持续供应链的创新，并继续促进公司与供应商之间的良好关系。

注释

1. Stanley（2013）.
2. Bhattacharya（2016）.
3. "可持续发展记分卡：能力建议倡议"，corporate.marksand spencer.com, https://corporate.marksandspencer.com/plan-a/our-approach/food and-household/capacity-buildinginitiatives/sustainability-scorecard.
4. "我们的计划A承诺书2010—2015年"，玛莎百货集团，2010年3月，http://corporate.marksandspencer.com/plan-a/ 85488c3c608e4f468d4a403f4ebbd628.
5. Hazel Cully, "Silver and Beyond—Foods Sustainable Factory Programme", https://corporate.marksandspencer.com/blog/stories/silver-beyond-food factory.
6. Plan A, corporate.marksandspencer.com, 25, http://corporate.marksandspencer. com/plan-a/85488c3c608e4f468d4a403f4ebbd628j.
7. Plan A, corpororate.marksandspencer.com, 28, http://corporate.marksandspencer. com/plan-a/85488c3c608e4f468d4a403f4ebbd628j.
8. "全球采购原则"玛莎百货公司，2016年11月，https://corporate.marksandspencer.com/documents/plan-a-our-approach/ global-sourcing-principles.pdf.
9. 同第8条注释。
10. Hazel Cully, "白银和超越——食品可持续发展的工厂计划"，https://corporate.marksandspencer.com/blog/stories/silver-beyond-food-factory.
11. "案例研究：玛莎百货供应链标准"，财务报告委员会，https://www.frc.org.uk/Our-Work/Corporate-Governance-Reporting/ Corporate-governance/Corporate-Cultureand-the-Role-of-Boards/Case-Study Marks-and-Spencer-%E2%80%93-Supply-chain-stand.aspx.
12. Stanley（2013）.

13. "我们的计划A承诺书2010—2015年", corporate.marksandspencer.com, March 2010, https://corporate.marksandspencer.com/plan-a/85488c3c608e4f468d4a403f4ebbd628.

14. 同第13条注释。

第二十二章
Sabka 牙科诊所：实现可负担的牙科护理的规模化*

Sabka 牙科诊所是印度最大的连锁牙科诊所，其专注于提供印度民众可负担得起的牙科护理。目前，在印度总共有 112 家 Sabka 牙科诊所，有 250 把牙科专用诊疗椅，500 多名牙医，以及 1 500 名员工。这个连锁牙科诊所在孟买、浦那、艾哈迈达巴德、苏拉特和班加罗尔都很活跃，每年为大约 30 万名牙科患者服务，并且收入增长强劲，从 2012 年的 18.7 万美元增加到 2016 年的 810 万美元[1]。

Sabka 牙科的使命，是为印度全体民众提供负担得起的牙科护理，并特别关注城市人口中最贫穷的成员。这一普惠的目标，是创建 Sabka 牙科的创新商业模式的主要驱动力。Sabka 牙科的创新商业模式采用低资本支出模式，通过小规模诊所和固定的诊疗程序套餐，使每个人都能负担得起牙科护理。

---

* 本文作者是亚辛·埃尔·卡茨奇、莱昂内尔·卡里尔（Lionel Khalil）、艾达·哈茨克、凯特·罗尔、朱迪斯·C. 斯托尔赫、维克拉姆·沃拉（Vikram Vora）。

一、生态系统的痛点

牙科护理对健康的重要性不言而喻，但它作为整体健康和福祉的一个组成部分，却往往被大多数人所忽视。此外，牙科护理往往存在价格昂贵和服务供应不足等问题。在印度，城市地区的牙医与人口比例为1∶10 000，农村地区的比例为1∶150 000，这意味着大多数印度人根本无法获得基本的口腔健康服务[2]。因此，牙科疾病成了印度全国范围内普遍存在的一个重大公共卫生威胁，它们对国民的生活质量、日常表现和一般生活满意度有很大的负面影响[3]。

在过去，不管是高端的私人牙科诊疗，还是原始的街边拔牙服务，在印度都很稀缺，因此，无力承担高端治疗的人根本不想去看牙医，也不知道可以采取什么样的牙病预防保健措施。

为了解决这个问题，Sabka牙科首先开发了一种高效的模式，使牙科诊所能够提供普通民众也负担得起的牙科服务。Sabka牙科估计，相较于同行业的竞争对手，它已将治疗成本降低了40%，使其能够降低对患者的收费。此后，Sabka牙科公开了其商业模式的细节，以帮助其他牙科企业也同样尽可能多地为民众提供治疗。

二、商业战略

Sabka牙科的核心创新商业模式，是构建高度标准化的操作流程，这使诊所能够在轻松拓展业务的同时，提供高质量的牙科服务。

Sabka牙科旗下的大多数诊所从上午9点到晚上9点营业，不间断地运营12个小时，每个诊所都按照标准业务单元的模式布置，其中包括在一个大约400平方英尺的小型临床区域配备两把诊疗椅。这意味着一个新的诊所可以在三周内完成装修并投入使用。

第二十二章　Sabka 牙科诊所：实现可负担的牙科护理的规模化

Sabka 牙科还在诊所提供免费检查，并通过使用流动车提供牙齿保护科普，创造了一个更好的预防环境，使患者能够及早了解牙齿问题，进而降低后续治疗的难度和成本。Sabka 牙科还提供大规模的培训计划，详细地涵盖了所有牙科程序，使护理工作得以持续进行。此外，Sabka 牙科还为雇用的牙医组织了持续教育计划，包括向每位牙医发出"1+1"培训邀请，即他们可以邀请外部的同行接受 Sabka 牙科提供的免费培训。这意味着，提高牙科护理质量的培训，是 Sabka 牙科提供给整个行业的，而不只是提供给公司自身的员工。通过在公司内部和向诊所以外的牙医提供培训，Sabka 牙科同时解决了低质量的牙科护理和牙科行业的人力资本创造问题。

Sabka 牙科一直致力于招聘和留住女性员工，目前女性员工占比高达 95%。在印度，在毕业的牙医中女性比例很高，但她们往往不执业。为了解决这个问题，并使工作空间对女性更有吸引力，Sabka 牙科已经围绕女性牙医对工作灵活性的需求，制定了相关措施。

此外，为了使患者能够承担得起牙科护理的费用，Sabka 牙科允许其病人以 12 期无息分期付款的方式对护理费用付款。在这些信贷安排中，Sabka 牙科将自己支付利息，或者寻求与金融机构合作分担。

Sabka 牙科诊所的高标准和高质量的医疗服务，已经开始吸引生活较富裕的病人，这也使 Sabka 牙科有机会交叉补贴最贫穷病人群体的牙科治疗费用。为此，Sabka 牙科增加了高端的、高利润的服务（例如，用陶瓷牙冠代替金属或树脂），这对较富裕的病人有吸引力。从富裕的病患群体诊疗中获得的较高利润，被用来补贴较贫穷病人的低利润治疗。这样一来，向最贫穷的病人收取的价格可以降低 50%。

但一家秉持类似理念的牙科公司在印度北部成立时，Sabka 牙科的首席执行官决定与他们分享本公司的整个战略，包括诊疗程序、价格和技术，以便他们能够从 Sabka 牙科的经验中获益，以更好、更快的方式为印度民众提供负担得起的牙科护理。当被问及为什么要帮助一个潜在的竞争对手时，这位首席执行官回答说："我希望所有印度人都能获得负担得起的牙科护理。你们觉得它在与我竞争，我反而觉得它同样在为我的目标和宗旨而工作。所以如果可以的话，我想要帮助它们。"随后，他创建了一个在线平台，将这些资源以免费的形式提供给公众。

三、业绩表现

Sabka 牙科的创新商业模式，有助于更好地分配人力资源和治疗病人。定期的牙齿检查，不仅降低了干预治疗的难度，还使 Sabka 牙科的牙医和员工能够节省治疗的时间，在更短的预约时间内治疗更多的牙科病患，从而使牙科护理更加普及。这是一个重要的因素，因为在印度，需要牙科护理的病人数量和牙医数量之间的比例严重失衡。

Sabka 牙医已经投入时间和精力，创建了一套独特的绩效指标，这些指标超越了对财务绩效的关注。这些指标按重要性顺序列举如下：

1. 宗旨：治疗的牙科患者总数量。
2. 质量（由内而外）：内部突击审计得分（满分 200 分）。
3. 质量（由外而内）：病人满意度得分（病人向家人和朋友推荐本诊所的可能性）。
4. 可持续性：治疗每个病人的平均收入。

这些指标被用来指导 Sabka 牙科的管理决策。首席执行官和管理人员的业绩和浮动薪酬都以这四项指标为参照，其中第一项（宗旨指标）的权重最高。

这些指标也为各个层面的各项管理决策提供了参考，例如：提拔谁？关闭哪个诊所？将资源分配到何处？当一个诊所在第一项指标上不合格时，就会触发立即的审计和干预。如果问题在9个月内没有得到充分解决，该诊所将进入"红色警戒区"（需要开展更多的营销活动，并需要总部指派更高级的牙医），然后再观察3个月。如果仍然没有达到目标病人数量，它将被关闭。因此，宗旨指标（治疗的牙科患者总数）被用来确保Sabka牙科公司资源的负责任分配。

再比如，第三项考核指标（质量指标），反映了对患者体验和反馈的基本关注。Sabka牙科的网站上有一个反馈链接，点击后可以直接给首席执行官发邮件。此外，Sabka牙科会随机抽样牙科病患进行电话回访，经过专门培训的回访人员会找出负面的反馈。但在印度这种不鼓励患者投诉医生的传统文化中，要获得来自患者的客观批评和指正，的确是个难度不小的挑战。

Sabka牙科部署的每项战略，基本上都是为了满足这些性能指标。因此，诊疗的质量是通过高水平的标准化来解决的，这保证了高质量的诊疗服务和快速的业务扩展。质量方面的审计十分彻底，由受过专业培训的内部团队领导，通过电话调查获得患者的满意度反馈。价格透明度是另一个重点考查的因素，Sabka牙科通过在其网站上公开所有价格，解决了透明度的问题。

在财务方面，Sabka牙科的商业模式和战略可以说是成功的。首先，Sabka牙科实现了稳定的增长。在早期阶段，Sabka牙科每月扩建2个诊所，如今每月新增的诊所数量上升到7个，并仍在持续稳步地增长。其次，其业务不仅实现了社会积极影响层面的成功，而且还是可盈利和可持续的。

四、未来预测

　　Sabka 牙科能够取得全面成功，有几个因素。首先，Sabka 牙科寻求高度标准化的操作、低资本支出，以及标准化的质量，确保其业务可轻松地复制和扩展。其次，通过扩大规模和提高可负担性，Sabka 牙科希望在整个印度范围内，提高民众定期检查牙齿的频率，并减少民众对复杂牙科手术的需求，因为这些手术更昂贵。换句话说，只要民众能够定期获得牙齿护理，减少对更复杂的干预措施的需求，这对患者和牙科诊所来说，都有经济效益。最后，Sabka 牙科已经找到了一种方法，来进一步补贴贫穷患者群体的牙科护理（价格下降了 50%），同时丰富了为富裕的患者提供的高端治疗选项。

　　在未来，Sabka 牙科将继续秉持其创始理念，并致力于使印度所有阶层的人都能负担得起牙科保健。考虑到这项业务的社会规模，政府也可能有兴趣参与其中，并在未来，通过为其商业模式提供支持，而共同创造社会利益。Sabka 牙科将面临的一个主要的挑战是如何获得更多愿意从事牙科研究的人，以增加牙医的数量。考虑到已经掌握的数据，Sabka 牙医的人数预计在未来会出现更多的增长。在仔细观察和分析 Sabka 牙科诊所的服务后，基于获得的经验教训和数据，Sabka 牙科可能会迅速找到应对潜在挑战的办法，并实现更好的发展。

注释

1. https://www.healthcarebusinessinternational.com/awards/samsung-innovative low-cost-business-%20model-fifinalist-2017/.
2. Tandon（2004）.
3. Gambhir and Gupta（2016）.

第二十三章
添柏岚公司和小农户联盟：在海地创建一个数据驱动的小农棉花供应链*

全球户外品牌添柏岚已经与海地的非营利性小农联盟（SFA）建立了合作关系，以彻底重构棉花供应链，创建一个新的棉花生产系统，使小农和出口客户的利益最大化。添柏岚公司的主营业务是为城市户外生活方式设计、制造和销售优质鞋类、服装和配件。该公司致力于制造高质量的产品，并长期致力于承担环境和社会责任，在生产负责任的产品、保护和恢复户外环境，以及支持全球社区方面做得更好。添柏岚在全球拥有7 000多名员工，在2018年创造了19亿美元的收入。而小农联盟是海地的一个非营利性组织，由休·洛克和蒂莫特·乔治（Timote Georges）于2010年共同创立，其目的是在海地植树造林。小农联盟通过建立以市场为基础的农民合作社，建立农业出口市场，创建农村农场企业，以及促进社区发展，运用商业解决方案来帮助养活海地更多的人口，提升海地的森

---

* 本文作者是休·洛克（Hugh Locke）、亚特兰大·麦基尔雷思（Atlanta McIlwraith）、莱昂内尔·卡里尔、凯特·罗尔。

林覆盖率。小农联盟是根据海地法律成立的一个基金会。

新的供应链围绕下一代数据建立，旨在为区块链做好准备。这将使合作伙伴能够衡量耕作面积小于2公顷的农民（小农）所带来的经济、环境和社会效益，同时衡量其潜在客户的成功，如添柏岚、范斯（Vans），以提高透明度和效率。

添柏岚与非营利性小农联盟之间的伙伴关系，最终将通过慈善和商业投资的结合，使海地种植棉花的新供应链得以实现。该伙伴关系目前正在孵化一个社会企业，该企业将利用收益，提供农业和社区服务。海地非营利性小农联盟还建立了一种创新的"树木货币"方法，让农民通过种植树木，获得棉花种子、工具、培训和融资的农业信贷，从而降低经营成本。虽然该伙伴关系目前的重点是将有机棉花种植重新引入海地，但这种小农户供应链设计及其相关的数据管理系统，有可能适用于全球任何地方的小农户种植的作物。

一、生态系统的痛点

海地是世界上森林砍伐最严重的国家之一，森林覆盖率严重低下，降低了其农业生产力，提升了平均温度，并使农村地区更容易遭受洪水灾害。更糟糕的是，低农业生产力意味着农民会通过砍伐树木和制造木炭以补充收入的不足。这使海地农村陷入砍伐森林、低生产力和贫困的恶性循环之中。

洛克和乔治认为，打破这种恶性循环的最好办法是付费请农民植树。这将使树木存活在地里的价值高于砍伐后被制成木炭的价值。他们向添柏岚公司寻求资金，因为添柏岚在邻近的多米尼加共和国有一家工厂，并有在不同国家赞助植树的历史。添柏岚公司同意成为非营利性小农联盟的企业赞助商，但它提出了两个条件：

第二十三章　添柏岚公司和小农户联盟：在海地创建一个数据驱动的小农棉花供应链

首先，他们要求非营利性小农联盟在5年内种植500万棵树，以履行该公司通过"克林顿全球倡议"（Clinton Global Initiative）做出的承诺。其次，非营利性小农联盟必须确保该计划能够自主实现收支平衡，这意味着仅向农民支付现金来植树是行不通的，因为当添柏岚5年的资金承诺完成后，该项目就会停止，他们需要一个不依赖外部资金的解决方案。

在重新思考基本的商业模式时，洛克和乔治意识到，有三样东西几乎是海地每个农民都需要，但无法获得的：优质种子、基本工具和农业培训。他们询问海地农民是否愿意种树，并接受农场信贷形式的付款。这些信贷可以换取种子、工具和培训。农民同意了，于是非营利性小农联盟建立了树木苗圃，农民可以在那里工作，并获得前述的农业服务。非营利性小农联盟还制订了一个计划，通过建立种子库，以及从一开始就培训农民，使其在几年内实现自负盈亏，以便有朝一日接管业务时，不必再依赖外部资金。

2010年，合作计划正式启动。在几周内，有数百名海地农民加入，但人数迅速增加到1 000多人。海地国家林业局以最快的速度建立了树木苗圃，但最终不得不将该计划人数限制在1 500名以内。在接下来的几年里，该合作计划逐渐发展到涵盖3 000个农场，农场中大约有6 000名成员；非营利性小农联盟承认，共同耕作的夫妻团队也是独立而平等的成员。非营利性小农联盟目前在海地的6个地方经营着31个树木苗圃。

最终，非营利性小农联盟圆满地完成了添柏岚提出的第一个条件，即在5年内种植500万棵树。到2018年，与非营利性小农联盟合作的海地小农户已经种植了近700万棵树。农民不仅在自己的农场和小果园里种植果树，还种植树木作为围栏，并在容易滑坡和洪水泛滥的山坡上植树，以稳定这些被过度砍伐的植被；他们还在社区的大片土地上重新造林，这些土地最终将被连接起来，形成海地的第一条绿化带。所有这些被种植的树木使农民获得了更好的种子、工具和培训，同时又使他们的作物产量平均增加了40%。这些采用有机原则种植的作物，使参与合作的农民的家庭收入平均增加了50%—100%。

二、树木货币为农业融资

参与合作计划的海地农民让洛克和乔治认识到，在设计通过种植树木获得农业服务的模式时，他们实际上创造了一种新的货币形式——"树木货币"。当农民开始要求用额外的服务来换取他们的农场信贷时，他们意识到了这一点，海地农民提出的一些要求与农业直接相关，如使用信贷购买牲畜或改善灌溉。但越来越多的农民要求用信贷换取社区服务，包括参加成人扫盲班、基本商业培训和建立为女性农民提供贷款的小额信贷银行。而且海地农民自身在非营利性小农联盟的指导和支持下，获得了这些服务。

合作计划带来的另一个好处是恢复了以前海地一度濒临消失的农业传统。"Kombit"是海地克里奥尔语，指的是农民在播种和收获时聚在一起分担工作。一位农民对"Kombit"做了最好的解释，她说："我们现在为了共同的利益一起工作，我关心社区，就像关心我的家一样。""Kombit"也恰好是添柏岚为2015年的一部纪录片起的名字，这部纪录片讲述了添柏岚与海地小农联盟的植树工作。

三、引进和种植出口作物

2015年初，非营利性小农联盟发布了一份关于莫林加树（辣木属植物）种植的可行性研究报告。这种可快速生长的树木，其叶

第二十三章　添柏岚公司和小农户联盟：在海地创建一个数据驱动的小农棉花供应链

子含有非常高的蛋白质。添柏岚和克林顿基金会帮助非营利性小农联盟介绍了一家名为 Kuli Kuli 的美国公司，该公司询问非营利性小农联盟的小农户是否可以种植莫林加树，并让女性农民将树叶加工成干粉。Kuli Kuli 公司开发的莫林加绿色能量饮料，加入了从非营利性小农联盟采购的莫林加树叶粉，现在已经在全美 400 多个全食超市上架。

四、添柏岚成为客户

看到莫林加作物的成功，添柏岚公司开始考虑如何从非营利性小农联盟的赞助商，转变为非营利性小农联盟种植有机棉的客户。

第一个挑战是尽管棉花曾经是海地的经济支柱，但海地已经 30 多年没有进行棉花的商业种植了。添柏岚赞助了一项由非营利性小农联盟领导的可行性研究，以确定棉花商业种植是否有意义。最终的研究报告于 2016 年底发表，该报告明确指出海地棉花产业的崩溃是由于当时的政治和政策，而不是由于农业或气候。研究报告建议将棉花作为小农户的作物重新引入，因为在过去，小农户种植的 80% 的作物都是棉花。

下一个挑战是海地没有棉花种子库存。2017 年 8 月，非营利性小农联盟建立了一个田间试验，使用来自巴西、印度和美国的一年生棉花种子品种，以及在海地花园中仍可找到的一个多年生品种进行对照试验。6 个月后，非营利性小农联盟的农民收获了棉花，并公布了两组结果。随后开展了第一批商业种植，在 2018 年夏天由 100 名农民完成，并在 2019 年的头两个月收获。

作为非营利性小农联盟的新客户，添柏岚已承诺，通过其面料供应商从非营利性小农联盟手中购买多达 1/3 的棉花。前提条件是棉花必须是有机种植的，并以适当的价格、质量和数量提供，以确保不过度依赖一家公司进行供货。

添柏岚公司预计将在2019年年中,让一家面料供应商首次购买轧制的棉花,它还引起了范斯公司的兴趣,以此确保了海地生产的有机棉花的市场接受度,并扩大了项目规模。非营利性小农联盟的目标是在未来5年内,让14 000个农场种植有机棉,估计年产量约为1 000万磅,全部用于出口。

为了维护粮食安全,非营利性小农联盟的农民只允许用一半的土地种植有机棉花。在农民新加入非营利性小农联盟后,预计作物产量将增加40%或更多(得益于技术的掌握),这将抵消棉花种植给粮食生产带来的任何影响。另外,由于棉花只需要6个月就能成熟,农民每年还可以在种植有机棉花的一半土地上多种植一种粮食作物。

由于非营利性小农联盟的基本"树木货币"模式保持不变,即农民在苗圃中种植、移植和照顾树木,以赚取棉花和粮食作物的种子、工具和培训,非营利性小农联盟估计,在这5年中,农民将再种植2 500万棵树。

五、将非营利性小农联盟转变为一个企业

非营利性小农联盟创建的初始目标是植树造林,并为此创建了一个农业服务部门来激励农民种植这些树木。然后,它增加了社区服务,以换取植树的分值。最后,它引进了两种高价值的出口作物,即莫林加树和棉花,其投入仍然来自植树。虽然植树的模式一直保持不变,但如今牵扯到的利益比组织刚成立时多了太多。整个计划的规模越来越大,非营利性小农联盟无法再作为一个非政府组织实施有效的管理,因此,在2018年非营利性小农联盟决定转型成为一个具有社会意识的企业。

第二十三章　添柏岚公司和小农户联盟：在海地创建一个数据驱动的小农棉花供应链

非营利性小农联盟将创建一个新的营利性公司，进而使非营利性小农联盟和农民合作社成为该公司的小股东。在最初的 5 年里，非营利性小农联盟将与名为"Haiti Rekòt"（意为"海地收获"）的新营利性公司一起协作。在这 5 年里，赠款和资本投资将为合并后的业务提供资金支持。在 5 年的混合经营和混合投资结束后，Haiti Rekòt 公司将接管整个经营活动，并将确保所有的农业活动和社区服务所需的资金完全由公司的盈利承担，而不再需要任何进一步的外部资金补助。

六、供应链的重新定义

从基于赠款的模式过渡到经济上可行的供应链模式，需要新的方法和更强大的数据管理。农业供应链的经典定义是，产品从农场到终端消费者的每一步都被跟踪和测量，以提高效率和管理整体成本。Haiti Rekòt 公司通过增加对社会和环境影响的跟踪和测量，修订了这一定义。

最初，这个新的供应链模式将集中在有机棉花上，以及如何在以下基础上对有机棉花的种植、销售和加工进行跟踪和测量。

1. 它将如何促进小农户的复原力。
2. 它对粮食安全的影响。
3. 它将如何帮助应对气候变化。
4. 它将如何支持妇女的赋权。

供应链需要数据跟踪，以管理效率和成本。如果一个供应链试图将农产品对小农户的复原力、粮食安全、气候变化和妇女赋权的可衡量影响纳入其中，它需要首先确定基线数据，跟踪变化，并对这种影响进行量化分析。

同时，小农户本身也需要获得数据。在海地，只有不到10%的农民能知道他们的投入成本是多少、上一季的销售额是多少，或者任何一年的净利润是多少。然而，他们都知道的是家人是否吃得好、家庭是否安全、孩子是否在学校读书，在这个几乎没有免费教育的国家，大多数人从一年级开始就必须付钱上学。但是，为了最大限度地提高农场的效率和盈利能力，农民需要创造更好的生产数据。

当非营利性小农联盟处于探索数据管理的早期阶段时，添柏岚询问它，是否有可能将农民和供应链的需求与添柏岚公司对使用数据来提高有机棉的生产效率相结合。

这意味着非营利性小农联盟关注的是农民端非常简单的数据需求，而供应链则需要进一步向添柏岚及其消费者提供越来越复杂的数据的方向发展。这似乎是一项艰巨的任务，但它同时也带来了巨大的颠覆性。

为了帮助建立一个数据系统，将二者看似非常不同的目标和运作模式结合起来，非营利性小农联盟组建了一个数据建设团队，其中包括添柏岚和两个专家组织——Better Sourcing Program 和 RCS Global，他们率先从小规模"矿工"[①]那里实时采集和报告质量数据。在这个组合中，该团队开始"为区块链做准备"，以确定如何尽可能地纳入这个或类似形式的安全数字分类账。

数据系统的探索由哥伦比亚大学国际和公共事务学院的7名研究生牵头主导，以他们的毕业项目为依托。这些学生正在世界范围内寻找专门设计的数据管理系统，或者说可以适应小农户使用的数据管理系统，同时也可以满足包括区块链技术，或类似技术在内的

---

① 区块链的一个概念。——译者注

供应链的更复杂需求的系统。在研究了 44 个备选的系统后，他们发现，适用概率最高的系统是莫桑比克的粮食和农业组织（FAO）开发的电子凭证系统。这个系统的基础是每个农民都有一个独特的数字 ID，可以通过生物识别进行访问，且不需要密码，这对人口中识字水平普遍较低的农户来说，是一个重要的影响因素。

这是全球唯一了解农民需求的系统。其余的系统设计太复杂、太昂贵，或者无法修改以满足实际需要。该团队还发现，没有一个系统做好了以适当或有效的方式纳入区块链的准备。

这些见解也引出了下一个认识：设计一个既能满足小农户需求，又能满足全球企业的数据管理系统，其复杂性与设计的出发点直接相关。如果选择从元层面开始，然后向后推导，在越接近农民用户端时，复杂性和问题似乎就越多。但是，如果选择从农民用户端开始，一路向上推进，就可以从纸质记录和 Excel 电子表格等简单的东西开始，并随时可以增加新东西，直到达到区块链的水平。成功的关键在于要设计一个既简单又容易使用的数据管理系统，然后随着基本数据以不同的方式组合，逐渐增加其复杂的层次。

在 2018 年春季，非营利性小农联盟测试了基于 Excel 电子表格的农民级数据系统的初始测试版。非营利性小农联盟计划到 2019 年年中完成必要的技术规范，由项目开发人员设计一个新的统一的数据管理系统，该系统可用于区块链。随后再进行试点测试，重点关注海地的有机棉花的种植情况。

七、未来预测

区块链类型的数据跟踪的意义，对于添柏岚等零售商来说是尤为重要的，他们想象着消费者可以通过扫描产品吊牌上的代码来获取关于哪个农民在哪里种植棉花的信息。在种植棉花时，涉及哪些有机协议？它对农民个人及其家庭产生了什么影响？种植棉花对环境和食品安全有何影响？社区是如何受益的？对女性农民群体有什么影响？

  添柏岚相信，在给客户带来特定产品的供应链中，客户将越来越希望看到这种透明度的提升，而且这种信息可以帮助激励人们做出更负责任的购买决定。

  目前，约有1亿个小农场生产着世界上75%的棉花。如果我们扩大覆盖的范围以包括任何种类的作物，最终的数字将是整个发展中国家的5亿个小农户农场。把在这些农场上生活和工作的人加起来，可能会有25亿人，占全世界人数的1/3。简单地说，鉴于如此庞大的群体规模，数据驱动的小农户供应链的转变，就有可能改变世界。

第二十四章
戴尔公司：可持续供应链的商业案例 *

戴尔公司是全球最大的计算机制造商和技术公司之一。戴尔为企业、政府、小型企业和消费者市场销售一系列 IT 硬件、软件产品和服务[1]。作为一家私营公司，戴尔拥有追求长期目标的自由，并致力于改变其资源使用方式。高效原则一直都是戴尔商业模式的核心，也是该公司在资源、采购和废物管理方面的指导原则。

一、生态系统的痛点

戴尔对高效的承诺，促使该公司及时接受挑战，致力于改善全公司上下的电子废物处理方法。

电子废物，即废弃的电器和电子设备，这是世界上增长最快的废物流[2]。快速的技术革新和不断缩短的产品寿命，都导致了电子废物的增加[3]。根据联合国大学的一份报告，2014 年全球电子垃圾

---

* 本文作者是路易斯·科赫（Louise Koch）、斯蒂芬·罗伯茨（Stephen Roberts）、贾斯汀·艾斯塔尔·埃里斯。

的数量达到了4 180万吨⁴。对于复合物质，电子垃圾的总体回收率很低，这意味着不需要的设备仍未被使用。

负责任的电子废物处理，不仅具备环境方面的重要意义，还具备积极的经济效益⁵。例如，大量的黄金因回收率低而退出经济市场，但现在有越来越多的机会让我们可以重新获得这些价值，因为一吨电脑主板中的黄金含量比一吨金矿中的黄金含量还要高。就规模而言，仅在2014年，全球电子垃圾的物质价值估计就达480亿欧元⁶。这种未被充分利用的资源具有巨大的"未开发的潜力，可以创造一个更可持续、更高效的产品生态系统"⁷。

循环经济将传统的"取、造、弃"的线性模式，即产品从设计到工厂，从工厂到消费者，再到被掩埋到土地里的废弃过程，转变为一个更加高效的闭环生态系统。消费者不需要的旧电子产品可以被收回进行翻新，然后在二级市场上重新出售。无法维修的产品，或者维修成本过高的产品，可以被回收，以利用其中包含的珍贵和稀缺的材料。回收的材料可以被纳入新产品的设计和制造中，或出售给他人使用。

研究表明，大约30%的消费者都有高科技产品闲置在家里，然而很多消费者不确定如何处理废旧电子产品⁸。据戴尔公司称，企业存放的旧设备也存在类似问题。回收方案使广大客户能够轻松地以负责任的方式处理废旧电子产品。这一措施，将确保废旧电子产品得到重新利用，或者在其使用寿命结束后，能够得到妥善的回收处理。

塑料是现代社会中最有用和最重要的材料之一。由于具备耐用、易于制造复杂的形状和电气绝缘等性能，塑料也是计算机行业颇受欢迎的材料⁹。然而，塑料回收仍然具有不小的难度，因此，塑料也成了土地和非点源污染的主要污染物，即来自许多不同来源的污染。传统塑料的生产也使用了大量的化石燃料。用燃料制造塑料，需要消耗大量的能源，并在此过程中，二氧化碳的排放量也相对较高。研究表明，如果我们不采取措施减少塑料的使用和改善塑料废弃物的回收，人类社会目前对塑料的使用，很快将变得不可持续。

使用二次回收的塑料作为新电脑的原料，是一个可行的解决方案。随着信息和通信技术的快速创新，回收材料可以减少原始材料的使用，继而减少其制造过程带来的环境破坏。然而，要找到足够的、高质量的再生塑料供应，以满足信息与通信技术产品制造商的技术、经济和审美要求，仍然是一个挑战[10]。

二、商业战略

为了应对这个挑战，戴尔正在采取措施，创建一个循环供应链。除了对环境的关注，商品波动的加剧和资源压力的增加，使戴尔意识到重新思考材料和能源使用在商业层面的必要性[11]。在2013年戴尔承诺，到2020年，将重达5 000万磅（约22679.62吨）的回收材料重新投入其产品生产中，并在2017年初提前实现了这一目标。之后，戴尔还在继续强化这方面的工作。

对于戴尔来说，从市场上采购再生塑料，并为通过回收计划收集的废旧电子产品中的塑料建立一个新的、稳定的闭环供应链，是一种可行的、可负担的替代方案。戴尔没有选择专注于应对个别挑战，而是采取了积极措施，从更广泛和系统的角度来处理整个供应链的相关挑战。戴尔仍在加强这方面的工作，以解决贵金属，如黄金等材料的处理。戴尔公司的供应链可持续发展总监珍妮弗·阿莉森（Jennifer Allison）总结了戴尔目前采用的商业战略：

> 我们谈论的是系统的建设，而不仅是产品、方案或商业倡议的

转变。从整个系统的角度看问题，是真正驱动变革实现的关键点。技术是衡量和分析系统、了解流程、识别缺陷的一个伟大工具[12]。

通过这种方式，戴尔从整个生态系统的角度来看待其产品生命周期，而这种全局观的方法正在改变着戴尔的产品和服务的设计。戴尔的生命周期方法，旨在使可行的产品和部件在流通中保持更长的时间。戴尔还调动了全球的资源来重复使用、翻新和转售产品和部件，以延长它们的寿命，并在其寿命结束时进行回收处理。

此外，戴尔的产品设计从一开始就强调了维修的便利性和材料的可回收性。戴尔还不断寻找方法，将可持续发展的材料，如回收的塑料和再生的碳纤维，纳入产品和包装[13]。

（一）戴尔的回收计划

戴尔拥有全球规模最大的电子产品回收计划，该计划覆盖了超过 75 个国家和地区。2008 年以来，戴尔的回收计划已经回收了大约 80 万吨的电子产品。对于商业客户来说，戴尔通过资产转售和回收服务，形成全方位的物流和处理能力，当前，戴尔还提供了包括数据安全、现场粉碎、回收和完整的可追溯性报告等回收服务。戴尔还通过与货运公司合作，提供戴尔品牌设备的免费邮寄回收服务，使个人消费者也能够轻松地将这些旧电子设备进行回收。在许多国家，这项计划甚至会提供上门取件服务[14]。

另一个旨在使废旧电子产品的回收更轻松的计划，是戴尔与慈善机构二手店——Goodwill 的重新连接计划，慈善机构二手店是一个致力于帮助人们通过教育和培训实现经济独立的非营利性组织。重新连接计划，允许人们将任何品牌的废旧电子产品，送往全美境内 2 000 多个参与该计划的慈善机构。重新连接计划也接受消费者提供的任何品牌、任何状况的计算机设备，并提供免费回收服务。

戴尔将所有收益返还给慈善机构二手店，以支持其旨在为人们提供就业的使命[15]。通过参与这一倡议，客户可以间接地实现保护环境、造福社区的目的，并同时获得可用于抵税的善举收据。通过这样的方式，这个合作回收计划可为客户和企业创造利益。

用户捐赠的设备作为一个整体系统或零部件，都具有价值[16]。如果回收的设备可以翻新再用，慈善机构二手店会将其再次出售；如果不能，报废的产品会被送到戴尔的一个回收合作伙伴——纬创公司（Wistron）那里，其在美国境内进行资产回收。锡、黄金[17]和钨等金属，将在商品市场上被重新出售。为了完成闭环操作，塑料被分类运往中国，变成塑料颗粒，并与未经使用过的塑料混合，用于生产戴尔的新产品。[18]

（二）闭环式再生塑料供应链

戴尔的 2020 年"美好的遗产"（Legacy of Good）可持续发展计划设定的目标是，到 2020 年将重 5 000 万磅（约 22 699.62 吨）的再生塑料，以及其他可持续材料纳入戴尔产品的生产过程。[19]

这项可持续发展计划始于 2014 年，戴尔推出了闭环再生塑料供应链。从那时起，戴尔已经在超过 125 种的产品中使用了超过 9 750 吨的闭环回收塑料。这些产品包括平面显示器、台式机和一体式电脑。

通过与不同的供应链伙伴一起合作，戴尔的这项可持续发展计划包括利用收集、回收和使用电子废物，来制造戴尔的新产品[20]。首先，来自各个不同回收源的塑料被分类，接着进一步处理，然后运输到位于亚洲的生产合作伙伴处。之后，这些塑料被熔化，并被塑造成新的部件和电脑组件，从而形成一个闭环回收系统。整个过程——从废旧设备的回收，到塑料作为新产品的一部分回到客户手中只需要不到 6 个月的时间。闭环回收系统还为各个参与的企业提供了一个比原生材料成本更稳定的价格，因为原生材料的成本会随着油价的变化而变化。

此外，回收计划还减少了戴尔对那些环境成本高的原生材料的依赖。通过重新使用已经流通的塑料，戴尔减少了电子垃圾和碳排放，并有助于推动 IT 行业的循环经济的发展。与使用原生材料的工艺相比，闭环工艺产生的碳足迹降低了 11%[21]，并创造出对环境更友好的产品，这也是戴尔客户日益关注和强调的一个要求[22]。戴尔也是第一家在其产品中使用来自电子垃圾的再生金的 PC 制造商（2018年 1 月）。通过与数据分析机构 TruCost 合作，戴尔发现，与金矿开采相比，这种闭环工艺对环境的破坏可以减少 99%，每处理 1 千克再生金回收物，就可以节约 160 万美元的自然资源成本（仅试点项目就节约了 368 万美元）。同一研究表明，通过闭环工艺，可以避免的社会负面影响是黄金开采的社会负面影响的 41 倍。

戴尔公司在旧电脑的塑料回收和再利用方面的领导地位，意味着整个电子行业朝着循环经济迈出了至关重要的一大步。戴尔公司在欧洲、中东和非洲地区的企业可持续发展总监路易斯·科赫介绍了戴尔启动闭环系统的驱动力：

戴尔的闭环回收计划，背后的主要驱动力来自戴尔提升效率的追求——这是一个可以追溯到戴尔的创始精神和商业模式的原则，也帮助戴尔履行了其减少环境影响的承诺。[23]

戴尔对闭环回收塑料的使用，可以创造对从旧电脑中回收塑料的需求，从而提高电子产品的塑料回收水平。这将使戴尔在忠于创始原则的同时，又为新兴行业的从业者创造了新的工作机会。

（三）转向闭环回收系统的诸多挑战

在从传统的"取、造、弃"线性供应链，转向循环供应链的过程中，戴尔不得不克服一系列的障碍。

在闭环回收方面，戴尔面临的最大的一个挑战是确定哪些类型的塑料可以重新被纳入新产品的制造过程。正如戴尔的企业环境事务总监斯科特·奥康尼尔（Scott O'Connell）所说："在处理塑料时，要使其性能相当或优于原生材料并不容易……但这是一个我们能够用工程知识来克服的困难。"[24] 为了解决这个问题，戴尔与合作伙伴一起，测试了多种不同的方法，并最终发现，出于综合技术和审美两个方面的考虑，将回收的塑料与原生塑料混合能够取得最佳效果。

戴尔面临的另一个挑战是如何建立一个可靠的闭环供应链。正如奥康尼尔所描述的那样，"我们必须确保能够回收足够数量的旧产品，以便能够产生足够的再生塑料投入到戴尔的主流产品中。"[25] 然而，为了使闭环回收发挥作用，并扩大规模，戴尔需要确保回收设备供应的稳定性，而这在回收产品的数量不断变化的情况下是很难实现的。不断缩小的外形尺寸——随着电子产品变得越来越小，每件旧电子产品可回收的塑料也越来越少，这使情况进一步复杂化。因此，戴尔需要继续推动越来越多的人参与回收计划，同时探索其他回收材料的方法。

回收材料的运输，也是一个额外的挑战。戴尔的客户遍布世界各地，这意味着回收计划必须覆盖全球。虽然戴尔在欧洲已经建立了一个小型的闭环塑料供应链，并且正在探索在其他地区扩大规模的方法，但回收的材料需要达到一定的体量，使其运输到一个集中的处理地点时才能具备经济和环境方面的价值。这就意味着戴尔还需要考虑到物流、法规和其他相关的因素。在某些情况下，被运输的材料的定义，甚至也会影响到闭环工作的可行性。例如，回收的塑料是被标记为废弃物，还是原材料？

戴尔面临的最后一个挑战是如何向客户展示闭环回收的好处。

毕竟，混合材料生产的最终产品在外观和性能上，与原生材料制成的产品完全一样。戴尔必须通过强调最终产品的回收量、材料的闭环性质，以及对客户自身可持续发展目标的好处，向客户传达其中蕴含的价值主张。

三、业绩表现

2008年以来，戴尔已经回收了超过17.6亿磅（近80万吨）的废旧电子产品，自2014年年中戴尔启动闭环塑料回收计划以来，它已经从回收的计算机部件中创造了近5 000吨塑料。这个过程为戴尔节省了180多万美元，循环塑料的碳足迹也比制造原生塑料的碳足迹降低了11%。戴尔在其全球大约125种产品中使用循环塑料，数量已达数百万件。

戴尔公司与TruCost共同完成了一项评估，以了解从原生塑料中转移出来的收益。在评估与新举措相关的风险时，最有用的一个方法是量化其活动产生的环境影响，包括内部运营、上游供应链，以及下游产品的使用和处置等，然后将这些影响转换成货币价值[26]。将这些影响转化为货币价值，能够帮助企业确定那些在传统的金融市场中无法捕捉的价值，并将相关因素纳入决策的过程[27]。

研究结果显示，戴尔的闭环回收塑料比原生ABS塑料的环境效益高44%[28]。研究发现，回收和循环利用废弃电脑中的废旧塑料，可以最大限度地减少"对人类健康和生态毒性的影响"，并减少有害物质的总排放量[29]。

戴尔公司也开始将社会影响指标纳入其评估框架[30]。例如，分析企业的商业活动对社会和人力资本的使用等所提出的新战略，可能会成为戴尔未来进一步改进的一个方面。[31]目前，戴尔正在将环境和社会影响指标纳入其流程，帮助解决戴尔在负责任的电子废物处理方面面临的挑战。

四、未来预测

- 在全球范围内，在IT行业及其他领域，继续扩大循环资源流的规模仍有巨大潜力。当前生产的塑料只有10%被回收，而50%以上最终被填埋。
- 戴尔已经在新产品中增加了回收材料的使用（包括闭环和传统的消费后回收材料），并计划继续扩大该计划的覆盖面。
- 随着戴尔继续扩大目前的回收计划，它将致力于将回收和再利用的范围扩大到其他类型的材料，例如，戴尔已经成功地将回收的碳纤维用于产品制造，目前也正在使用由封存的柴油排放物制成的再生海洋塑料墨水进行包装。
- 戴尔还将研究如何将海洋塑料或其他解决方案用于产品制造。
- 戴尔将继续使用相同的方法和理念，衡量其产品的社会影响，更新回收材料总量的模型，以遵循外形尺寸的发展趋势。它将每年报告进展情况，在此基础上，戴尔计划到2020年实现累计20亿磅（约90万吨）的回收总量[32]。
- 戴尔继续与政府和行业伙伴合作，就全球范围内的回收和循环利用展开对话。在未来几年，戴尔愿意与更多的客户、合作伙伴和政府进行创新合作。戴尔认为，在发展中国家建立伙伴关系以加强这一生态系统的前景尤为光明。

戴尔的回收计划提供了一个令人信服的例子，说明循环经济和闭环系统在促进负责任的互惠性商业行为方面的巨大潜力。展望未来，在发展中国家建立闭环回收计划，将开拓出一个新的领域。在回收产品的国家直接进行循环利用操作，可以为当地创造技术型工作、创造产业、拉动当地经济发展[33]。利用其久经考验的能力，利用合作伙伴关系和政府关系，以创造新项目所需的基础设施，戴尔可以继续在世界各地的社区推动回收文化[34]。正如戴尔的回收项目例子所显示的那样，各方协作的循环方法有可能在全球范围内，为戴尔的企业和个人客户创造经济和环境方面的效益。

注释

1. "戴尔公司一瞥"公司档案，Vault.com，http://www.vault.com/company-profifiles/computer-hardware/dell-inc/company-overview.

2. 安全研究中心，http://isnblog.ethz.ch.

3. Baldé, C.P., Forti V., Gray, V., Kuehr, R., Stegmann, P. The Global E-waste Monitor–2017, United Nations University（UNU）, International Telecommunication Union（ITU）& International Solid Waste Association（ISWA）, Bonn/Geneva/Vienna.

4. Rubin（2015）.

5. Kitsara（2014）.

6. Baldé et al.（date）.

7. Anya Khalamayzer."2017年循环经济的涟漪效应"，Greenbiz, https://www.greenbiz.com/article/8-ripple-effects-circular-economy- 2017.

8. "切换到价值"WRAP报告，2014年11月，http://www.wrap.org.uk/sites/fifiles/wrap/Switched%20on%20to%20Value%2012%202014.pdf.

9. "塑料：主要家电创新和生产力的关键材料"，美国塑料理事会，http://infohouse.p2ric.org/ref/11/10437.pdf.

10. "《回收塑料的最佳实践》"，数字欧洲，2016年8月，http://www.digitaleurope.org/DesktopModules/Bring2mind/DMX/Download.aspx? Co

mmand=CoreDownload&EntryId=2276&language=en-US&PortalId=0&TabId=353.

11. 同第 10 条注释。

12. "全圈",供应管理研究所,2016 年 10 月——丽莎·阿恩塞斯采访了詹妮弗·艾利森。

13. 《戴尔谈循环经济》,2016 年 3 月,http://i.dell.com/sites/content/ corporate/corp-comm/en/Documents/circular-economy-0316.pdf.

14. "戴尔回收",戴尔公司,http://www.dell.com/learn/us/en/uscorp1/dellenvironment-recycling.

15. "关于我们",Goodwill 公司,http://www.goodwill. org/about-us/.

16. "戴尔重新连接——它是如何工作的",戴尔公司,http://www.dell.com/learn/us/en/ uscorp1/corp-comm/how-it-works-reconnect.

17. www.dell.com/gold.

18. Hower(2015).

19. 同第 10 条注释。

20. Hower(2015).

21. "戴尔 2020 年好计划的遗产",戴尔公司,http://i.dell.com/sites/doccontent/corporate/corp-comm/en/Documents/2020-plan.pdf.

22. "戴尔的闭环回收过程",戴尔公司,https://www.google.co.uk/url? sa=t&rct=j&q=&esrc=s&source=web&cd=2&cad=rja&uact=8&ved= 0ahUKEwjdkPqots7TAhXhKsAKHde7AF0QFggoMAE&url=http%3A%2F%2Fi.dell.com%2Fsites%2Fdoccontent%2Fcorporate%2Fsecure%2Fen%2FDocuments%2FClosed-LoopRecyclingfull.pdf&usg=AFQjCNHzBLF4ooKUkKnDSbgyHG8CLRzQ&sig2=bKIXDKjRA1YoWSQgh4H5yg.

23. Louise Koch(欧洲、中东和非洲企业可持续发展),个人沟通。

24. Scott O'Connell24.(戴尔环境事务主任)接受了迈克·霍尔的采访

（Hower 2015）.

25. 同第 24 条注释。
26. 戴尔，戴尔公司，http://www.dell.com/en-us/.
27. 同第 26 条注释。
28. "评估戴尔更可持续塑料使用的净价值"，2015 年 9 月，http://i.dell.com/sites/content/corporate/corpcomm/en/Documents/circular-economy-net-benefifits.pdf.
29. 同第 28 条注释。
30. 同第 28 条注释。
31. 同第 28 条注释。
32. 同第 21 条注释。
33. 同第 21 条注释。
34. 同第 21 条注释。

第二十五章
英特飞公司：将环境问题转化为商业机会*

英特飞自 1973 年开业以来，已经成长为一家价值数十亿美元的公司，是世界上最大的商用地砖制造商[1]。英特飞的总部位于美国佐治亚州的亚特兰大，其在美国境内各地、加拿大、欧洲和亚太地区等地都设有办事处。它在四大洲的 110 个国家和地区均有销售点和制造厂。英特飞主要深耕商业、机构和住宅市场的企业对企业销售。

"零污染使命"——英特飞承诺在 2020 年之前，消除其对环境的任何负面影响——指导着英特飞的业务战略[2]。

在追求可持续发展目标的同时，英特飞并没有牺牲其商业目标。与戴尔公司一样，它的目标是将传统的线性模式转变为循环经济模式。线性的"取、造、弃"经济模式依赖大量廉价、容易获得的材料和能源[3]。相比之下，循环经济模式在设计上具有恢复性和再生性，旨在使所用的材料始终保持最高的效用和价值[4]。通过

---

* 乔恩·邱（Jon Khoo）、米里亚姆·特纳（Miriam Turner）、贾斯汀·艾斯塔尔·埃利斯。

Net-Works 计划的例子，该计划将英特飞的纱线制造商与废弃尼龙的新来源联系起来，以实现废弃尼龙的再利用，该案例研究突出了循环经济模式在推进可持续性和商业目标方面的潜力。

一、生态系统的痛点

尼龙纱线的生产，是地毯制造商供应链中对环境有所影响的一个关键。纱线的生产是能源密集型过程，生产中需使用严重影响环境生态的油基原生材料。从生产周期的角度，了解纱线生产对环境的影响，主要来自原材料的提取和加工。事实上，在整个生产过程对环境的影响中，预计 68% 的负面影响是在原材料阶段产生的[5]。因此，为了减少对环境的影响和降低对石油的依赖，英特飞需要寻找多样化的原材料。

人们发现，一个潜在的纱线材料来源是废弃的捕鱼网。发展中国家的渔民经常将废弃渔网丢弃在海滩上或海里，因为难以降解，这些被随意丢弃的渔网可能会在那里停留几个世纪之久。世界动物保护组织（原称世界动物保护协会）表示，根据联合国粮食和农业组织在 2009 年的一项研究，每年有超过 64 万吨的捕鱼工具，包括尼龙网，被丢入海洋中，对海洋生物和严重依赖捕鱼为生的社区来说，这都是一种严重的伤害。老旧的捕鱼网不容易分解，并造成所谓的"幽灵捕鱼"现象，即鱼类被无人看管的网捕杀，但没有人从捕鱼中受益。它们也给潜水员和其他港口使用者带来了问题。根据联合国环境规划署的数据，丢失和被遗弃的捕鱼工具占所有海洋垃圾的 10%。

英特飞没有坐视成吨的渔具被遗弃在海洋中而不管，它看到了一个机会，那就是与纱线制造商 Aquafil 合作，重新利用这些渔具，将其作为制作地毯的原料，而不是让这些渔具继续被丢弃在海洋里。收集废弃的渔网还有一个社会目标：协助和强化当地政府的固体废物管理计划。[6]

此外，在其产品中使用可回收材料，帮助英特飞满足了建筑和室内设计行业日益增长的对可持续材料的市场需求。

根据国际能源署的数据，建筑行业要为全球 1/3 以上的温室气体排放负责。因此，选择可持续材料已成为帮助室内设计师和建筑师实现客户和自身的可持续发展目标的一个重要战略。事实上，对可持续材料需求的增长，很可能导致那些拒绝转型为日益可持续的商业模式的公司迅速被挤出市场，使其变得没有竞争力。英特飞认为，其产品是帮助建筑项目获得绿色建筑认证的重要途径，如 BREEAM、DGNB、HQE 和 LEED 等。

二、商业和项目战略

作为"零污染使命"战略的一个目标，英特飞承诺，到 2020 年，只使用可回收或生物基材料制造新产品。

2012 年，英特飞与伦敦动物学会（ZSL）和 Aquafil 联手创建了 Net-Works 计划，这是一项多方协作的计划，试图在世界上一些贫穷的沿海地区，帮助当地解决日益严重的废弃捕鱼网问题，并为实现英特飞的可持续发展目标做出贡献。[7] 该计划也符合伦敦动物学会开发新的社区服务模式的目标，即为当地人民带来直接的好处，并打破组织依赖捐助者的传统循环，使组织不再需要依靠外部捐款来资助其保护工作。[8]

Net-Works 计划还与菲律宾和喀麦隆的当地社区合作，鼓励人们收集和出售废弃的捕鱼网。如果这些渔网被随意丢弃在海滩上，就会变成垃圾，污染海洋，并威胁到海洋生物的生存。收集废弃渔网的渔民通常生活困难，并面临着鱼类资源减少的问题。他们很少有机会打破贫困的恶性循环，摆脱环境恶化对他们产生的负面影响[9]。回收而来的废弃渔网经过清洗、捆绑和压缩，然后运往纱线供应商 Aquafil 的处理点。接着，Aquafil 利用其再生技术，将渔网转化为 100% 的再生尼龙纱线，称为"ECONYL"，可用于地毯制造和时装制作。英特飞按市场价格，从 Aquafil 处购买再生尼龙。

英特飞与伦敦动物学会、Aquafil 和各个地方社区，就 Net-Works 计划的技术细节，进行了密切合作。这种合作的一个例子，是打包机的开发，该机器用于压缩收集而来的废弃渔网。正如英特飞公司的乔恩·邱所解释的那样：

> 打包机是由英特飞的工程师、伦敦动物学会的保护团队和当地制造商共同设计的；根据当地社区的反馈意见进行了调整；然后由英特飞的设计团队将其变成一个可分享的蓝图。现在，全球两个大陆地区的回收点都在用它成功地捆绑废弃渔网，这也是团队合作行动的一个具体例子[10]。

渔网以每千克 14 比索（约 0.27 美元）的价格出售给 Net-Works 公司，为捕鱼社区提供补充收入[11]。每收集 2.5 千克的废弃渔网，一个当地家庭就可以购买 1 千克大米——这意味着每个村庄的贫困家庭每年可以多吃大约 4 800 顿饭，而这些家庭的月收入通常不到 195 美元[12]。该回收计划的参与者获得了相当于 629 800 多份额外膳食的补充收入[13]。

Net-Works 计划以社会企业的形式运作，销售净额的收益用于支付管理和运营成本，如有结余，则存入社区银行作为储蓄。社区银行是 Net-Works 模式的核心，使当地人能够存钱，并获得小额贷款以投资于教育或创业。这些银行还创建了"环境基金"，社区成员通过这些基金汇集部分储蓄，资助当地的保护项目；这些产品使社区能够共同决定资金的分配方向[14]。2012年以来,已经建立了90多家社区银行,其中已经支持了至少2 200个家庭获得融资[15]。

三、业绩表现

Net-Works计划为英特飞创造了价值,为Aquafil提供了一个新的尼龙材料来源,并为参与的社区创造了收入。同时,它有助于减少对不可再生资源的使用,并有利于海洋环境的改善。该项目保障了对人类、地球和利润均有利的三重底线。

通过将这些废弃的捕鱼网转化为宝贵的资源,Net-Works计划帮助英特飞减少其供应链中的能源使用。与使用原生材料相比,Aquafil的尼龙再生技术和捕鱼网的回收使用更节能,而且更有利于减少二氧化碳排放。通过使用再生尼龙制造纱线,英特飞的供应商Aquafil节省了大量的环境成本和资金。2013年,英特飞报告称,处理了1.26万吨废物,节省了70 000桶石油,避免了4.2万吨二氧化碳,节省了86.5万吉焦耳的能源。从更广泛的层面说,通过购买Aquafil的再生ECONYL纱线,英特飞正在利用其市场力量,鼓励更多可持续材料的生产和可以减少能源使用、废物和二氧化碳排放的制造工艺。Net-Works计划为这种使用更多可持续材料的努力做出了贡献,同时也为捕鱼社区寻求了社会效益。

对于英特飞来说,这项计划带来了一些明显的好处。由回收废旧渔网制成的地毯,有助于充分利用商业市场对绿色和可持续室内设计日益增长的需求实现商业利益。通过为英特飞及其客户提供一个分享可持续发展目标的平台,Net-Works计划还能够帮助英特飞加强与企业客户的关系。在某些情况下,客户是Net-Works计划在金融、制造或零售行业潜在的未来合作伙伴。

此外,Net-Works计划还促进了英特飞产品的销售和品牌声誉的提升。作为环保方面的积极案例，英特飞赢得了美国国务院对该倡议的赞誉。Net-Works 计划的成就，还得到了《经济学人》和可持续品牌会议的专门报道。2015 年，英特飞能够通过 Net-Works 计划直接创造超过 2 350 万美元的销售额，而相关的投资还不足 100 万美元。在企业对企业的市场中，Net-Works 计划一直受到客户的热烈欢迎。公司的重点使英特飞从竞争对手中脱颖而出，并使买家将他们的购买决定与他们自己的可持续发展目标和愿景相结合。根据对英特飞销售团队的调查，83% 的人表示，Net-Works 计划有助于建立或加强他们与客户的关系。乔恩·邱评论说：

Net-Works 计划一直是英特飞的一个伟大的差异化产品，并且非常受我们客户的欢迎。人们越来越认识到，社会和环境的可持续性是相互交织的。当公司在寻找他们可以为联合国可持续发展目标做出什么贡献的时候，我们有了一个成功的项目例子可以分享。这个项目将解决当地的贫困，赋予社区权力，与保护海洋和采取气候行动相结合[16]。

正如邱的发言所表明的那样，追求可持续发展的目标，已被证明可以用来成功地建立品牌。根据对参与者的采访，英特飞发现，Net-Work 计划已经激发了当地社区对其环境的真正所有权。这个计划也已成为社区中人们的自豪感的一个重要来源。

2012 年成立以来，Net-Work 计划已覆盖菲律宾和喀麦隆的 40 个社区，已对超过 208 吨废弃网进行回收。[17] 通过该计划，2 200 个家庭通过社区银行获得贷款，64 000 人受益于更健康的环境[18]。

除了解决"幽灵捕鱼"的问题，Net-Works 计划还为伦敦动物学会提供了一个与社区直接互动的平台。伦敦动物学会帮助当地社区实施可持续的捕鱼方法，保护红树林和海洋环境。到 2020 年，

Net-Works 计划的目标是通过建立海洋保护区，保护面积为 10 万公顷的海洋和海岸线。通过保护当地的自然环境，更清洁、更健康的海洋环境也将为当地社区带来更多好处。此外，这个商业倡议还能够帮助当地社区通过推动生态旅游来创造额外的收入。

从社会角度来看，Net-Works 计划改善了当地社区的生存和发展能力，并创造了一系列的社会效益。它帮助建立和支持当地的社区银行，为当地社区居民提供便捷和急需的金融服务；它使当地社区的人们凝聚到一起，共同管理和保护他们的海洋资源；最后，计划还为当地社区居民提供了多渠道的收入来源，使渔民能够发展新的业务，如海藻养殖等。这种多渠道的收入来源，将有助于降低渔民对捕鱼的依赖，从而创造一个更安全的经济前景。

四、未来预测

英特飞致力于帮助 Net-Works 计划扩大这项商业计划的规模，并探索在自家的产品中使用其他形式的再生海洋塑料。考虑到每年有 64 万吨废弃的捕鱼工具被倾倒在海洋中，英特飞不太可能遭遇废弃材料供应不足的问题。

通过 Net-Works 计划，英特飞能够向自己的供应商 Aquafil 提供废弃的捕鱼网。英特飞和伦敦动物学会在与捕鱼社区的合作中，要满足的各项要求并不会少于与任何其他商业伙伴合作的情形，即它们同样需要与社区合作，收集、分类、清洁和预处理好废弃渔网，还要与当地和国际机构合作，办理出口和废物处理许可证。英特飞、伦敦动物学会和 Aquafil 在将废物转化为机遇的共同目标下，建立了一个共同的实践体系，有助于进一步提高参与各方的可持续发展能力和商业目标。

但这个计划也给英特飞和伦敦动物学会带来了新挑战，该计划要求它在开始与当地社区合作时，探索新的合作模式，必须想办法克服现实层面和文化层面的挑战——无论是在地理上，还是在地毯和保护领域中。正如乔恩·邱所说：

从很多方面来看，建立 Net-Works 计划的感觉，就像是在建立一个新公司。建立一个具有包容性的商业模式，对英特飞和伦敦动物学会来说都是全新的任务。我们必须共同探索和创新，从废弃物的管理法律，到回收渔网的质量控制，到物流，到社区参与的不同模式等。我们经历了一个真正的曲线学习过程，但凭借共同的愿景、多样化的技能和强大的合作网络，我们已经找到了所有人共同面临的每一个问题的答案。在未来，我们也将继续秉持初心，砥砺前行[19]。

展望未来，英特飞和伦敦动物学会正在项目实施和融资方面，寻求新的合作伙伴，以扩大 Net-Works 计划在全球的覆盖范围，并计划在更多国家和地区推出类似的项目。例如，英特飞认为，咖啡行业的公平贸易模式，是使用尼龙的行业重新思考供应链和采购时可以借鉴的潜在模式。

注释

1. "家"，英特飞公司，https://www.interface.com/US/en-US/homepage.
2. "任务零"，英特飞公司，https://www.interface.com/US/en-US/about/mission?ga=2.91552409.225405492.1505403690-515724855.1505403690.
3. "循环经济概述"，艾伦·麦克阿瑟基金会，https://www.ellenmacarthurfoundation.org/circular-economy/overview/concept.
4. 同第 3 条注释。
5. Arratia（2014）.
6. de Guzman（2017）.

7. 同第 2 条注释。

8. "家"，*Net-Works*，http://net-works.com。

9. 同上，第 2 条注释。

10. Jon Khoo，创新合作伙伴，英特飞公司与 SBS 团队的沟通。

11. de Guzman（2017）.

12. "2006 年，一个菲律宾家庭一周食用 8.9 公斤普通大米"，菲律宾统计局，2010 年 12 月，https://psa.gov.ph/content/fifilipino-familyconsumed-89-kg-ordinary-rice-week-2006-results-2006-familyincome-and.

13. "来自非洲的蓝色解决方案：非洲海洋、海岸和人类福祉解决方案区域论坛"，蓝色解决方案，2016 年 1 月 14 日，https:// bluesolutions.info/images/Blue-Solutions-from-Africa-2016_en.pdf.

14. "通过将浪费转化为机会来赋予社区权力"，*Net-Works*，http://net-works.com/about-net-works/.

15. 同第 13 条注释。

16. 同第 10 条注释。

17. 同第 8 条注释。

18. 同第 8 条注释。

19. 同第 10 条注释。

第二十六章
苏威化工集团：识别和规划可持续商业战略的工具 *

苏威化工集团成立于 1863 年，是一家全球性的化学公司，其总部设在比利时，目前大约有 25 000 名员工在 61 个国家开展业务[1]。苏威化工集团在 2017 年的利润为 101 亿欧元。在其企业宗旨中，苏威化工集团明确地表示，它将"致力于推动化学发展，解决关键的社会挑战"[2]。为此，苏威化工集团生产的一系列化学产品，应用于健康、农业、电子、航空航天、汽车、工业和消费品等领域[3]。苏威化工集团一开始是一个家族企业。截至目前，索尔维家族的成员依然控制了苏威化工集团的公开交易控股公司 Solvac 80% 的股权。鉴于 Solvac 控制了苏威化工集团 30% 的股权，它也是苏威化工集团的主要股东[4]。近年来，苏威化工集团更加关注能够提供可持续解决方案的产品。简单地说，苏威化工集团已经开始对其自身的影响，以及它在未来继续创造价值的能力提出了根本性的质

---

* 本文作者是贾斯汀·艾斯塔尔·埃里斯、阿拉斯泰尔·科林 – 琼斯、让·玛丽·索尔维（Jean–Marie Solvay）、迈克尔·沃什（Michel Washer）。

疑。得益于这条问题路线，苏威化工集团启动了一个价值创造的赎回过程，使公司走向一个长期的战略，即考虑非财务的，或者用苏威化工集团的话说，"财务资本以外的资本形式，如何影响企业的未来发展。"苏威化工集团问自己，公司如何才能在取得好业绩的同时，减少负面影响？苏威化工集团的目标，是通过这种方式最大限度地开展企业的可持续发展的实践，并最大限度地减少对环境的负面影响。通过"对化学提出更高的要求"，苏威化工集团旨在创造可持续的解决方案和战略，确保公司能够长远发展[5]。

在研究苏威化工集团的互惠性商业战略时，本案例研究特别关注苏威化工集团的可持续投资组合管理（SPM）工具。这个工具提供了一种识别、规划和运营可持续商业战略的手段。正如苏威化工集团在 2016 年的年度报告中所述，集团在运营管理和战略决策中考虑了财务标准和财务领域以外的标准[6]。这一举措能够帮助苏威化工集团将可持续发展战略全面纳入企业的战略决策。

一、生态系统的痛点

遵循联合国制定的可持续发展目标，苏威化工集团在其日常运营和长期战略中大力支持可持续性。苏威化工集团将可持续发展解决方案定义为具有"直接、重大和可衡量的社会和 / 或环境影响"[7]。为此，应对现有（和未来可能会出现）的可持续性挑战，已成为苏威化工集团的关键和重点。基于可持续性是评估收益和损失的重要内容，而不是次要部分的认识，苏威化工集团致力于开发其可持续投资组合管理工具，以及可以改善产品可持续性和性能的其他手段。

对于这家希望在未来的市场中持续保持竞争力的化工企业而言，这些问题具有特别突出的意义。最近的行业分析表明，化工行业面临着一些关键的结构性挑战。根据全球会计公司普华永道的一份报告，由于化工行业整体面临着工业生产下降和"许多客户的大规模库存调整"[8]，市场对化学品的需求已经下降，2016年的化工行业销售增长只有区区的2.1%。[9]此外，整个化工行业越来越认识到，"大多数市场的结构性疲软，以及影响原始材料销售的回收和再利用，正共同导致化工产品需求大幅减少。"[10]面对这些挑战，化工企业正在寻求新的商业战略，以保持其业务在未来的竞争力。

此外，新的商业战略必须承认并考虑到地球自然资源的有限性。对一家化学公司来说，这些可持续发展方面的因素具有特殊的重要性。因此，在未来几年里，如何获得市场份额可能成为一个关键的挑战[11]。化工行业未来的机会，可能在于能否制定与传统战略截然不同的商业战略。金融和非金融形式的资本互惠性和相互依存性，将成为这种新方法的核心原则。

因此，苏威化工集团对其化学产品采用了生命周期的衡量方法，致力于寻找各种新方法，确保企业准备好应对它所说的"资源稀缺的全球问题"[12]。通过"预测、创新和灵活性"，苏威化工集团致力于预见未来的挑战并提前准备好应对措施。

二、商业战略

面对化工行业的整体挑战，苏威化工集团不仅需要转变思维方式，还需要一套全新的技能和工具。苏威化工集团的管理层计划通过企业内部创新来应对这些挑战，并开发了可持续投资组合管理工具，以帮助评估和绘制其化学产品的优势和劣势（见图26.1）。这套工具旨在指导苏威化工集团创造出既能在市场上提供可持续的解决方案，又能为公司减少环境和社会风险的产品。

第二十六章 苏威化工集团：识别和规划可持续商业战略的工具

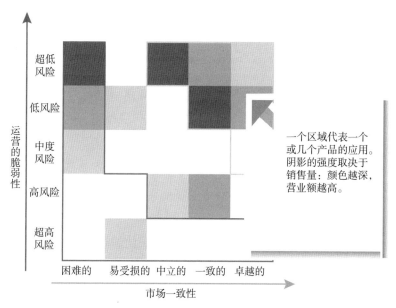

图 26.1 苏威化工集团的可持续投资组合管理关系图

资料来源：苏威化工集团《可持续投资组合管理指南》，第 7 页。

这套工具根据所有产品的环境制造足迹，以及其相关的风险和机会，绘制所有产品的地图。它使用了从摇篮到大门的生命周期评估，量化产品的环境足迹和使用成本，以反映产品的社会成本。然后将产品的社会总成本与产品的价格进行比较。这些因素能够特别有效地帮助苏威化工集团评估其业务的脆弱性。

然后将脆弱性与产品"从市场角度看，带来的好处或面临的挑战"的方式进行对照[13]。这些措施尤为关注市场的一致性，旨在帮助苏威化工集团确定，"从消费者和市场角度看，特定应用中的一种产品到底是可持续发展解决方案的一部分，还是问题的一部分。"[14] 苏威化工集团使用了一份调查问卷，基于对可持续性相关市场信号的定性、循证的收集。所有使用调查问卷评估的可持续性信号，都通过一个决策树分析。这就确定了产品应用组合（PAC）

的确切定位（见图 26.2）。

图 26.2　苏威化工集团的快速市场调整决策树

资料来源：苏威化工集团《可持续投资组合管理指南》，第 11 页。

　　首先，苏威化工集团研究障碍和值得关注的事项。在调查过程中发现任何障碍，苏威化工集团都会立即将其产品应用组合列为挑战，而任何值得关注的事项，都会被列为可能导致企业受损的因素。然后，苏威化工集团再考虑积极的信号。如果苏威化工集团发现没有负面的或特别积极的影响，产品应用组合将被归类为中性。假设被分析的产品应用组合显示出可以给市场带来直接的、重大的、可衡量的好处，或给一个或多个被评估的可持续发展项目带来积极影响，则被列为均衡的。此外，如果苏威化工集团在销售预测中显示出两位数的增长潜力，则该产品应用组合将被归类为卓越类型。[15]

　　可持续投资组合管理工具为苏威化工集团提供了一种评估其产品风险参数，并做出相应战略决策的手段。苏威化工集团的可持续发展部门，负责管理可持续投资组合管理的方法。苏威化工集团与其业务部门和职能部门密切合作，在关键流程中部署可持续投资组合管理工具，包括战略、研究和创新、资本支出、市场和销售，以及兼并和收购。可持续投资组合管理工具的方法是苏威式管理（Solvay Way）框架的一部分，有助于衡量苏威化工集团的全球业务单位和公司职能部门，将可持续性纳入其业务实践的程度。[16]

　　重要的是，可持续投资组合管理指标是苏威化工集团的全球业务部门和执行委员会之间就战略进行讨论的一个重要组成部分。苏威化工集团的兼并和收购项目，也使用可持续投资组合管理进行评估，以确定在可持续的投资组合目标下，拟进行的投资是否可行。由执行委员会或董事会做出的投资决定（超过1 000万欧元的资本支出和收购）将包括一个可持续性挑战，其中包括对潜在投资的详尽可持续投资组合管理分析。所有研究和创新项目都使用可持续投资组合管理进行评估。最后，在市场和销售方面，可持续投资组合管理使苏威化工集团有可能让客户参与到基于事实的可持续发展主题中，从而为苏威化工集团本身和客户创造价值。这些涉及了共同利益和关注的领域，包括气候变化行动、可再生能源、回收和空气质量等。

三、业绩表现

在过去的三年中，苏威化工集团的产品在客户和消费者特定产品已满足社会或环境需求的领域中，实现了更高的年收入增长率。更具体地说，每个可持续投资组合管理类别的业务量年增长率显示，解决方案类别的产品增长了3%，而挑战类别的产品下降了2%。值得注意的是，这些计算的数据基础是过去三年中相同产品、相同应用和相同可持续投资组合管理排名的销售额，占集团销售额的44%（其中2/3来自销量增长）。[17]

四、未来预测

尽管长期研究仍有待完成，但目前看来，可持续投资组合管理工具已经在环境、社会和财务指标方面，为苏威化工集团带来了良好的表现。最重要的是，可持续投资组合管理已经成为苏威化工集团内部战略决策的关键，为合并和收购（M&A）战略、投资决策，以及通过市场和销售改善客户参与度提供必要的信息。

　　苏威化工集团在2016年首次发布了其第一份"综合"年度报告，表明了集团发展的优先事项。这份文件有别于传统的年度报告，旨在展示非财务或财务以外的资本形式在促进苏威化工集团的业务目标方面发挥的重要作用。苏威化工集团没有完全依赖财务指标，而是将可持续性纳入了对公司整体业绩的评估。正如报告所展示的那样，结合各种形式的资本，代表了苏威化工集团旨在向公众展示的可持续发展战略。金融和非金融形式的资本相结合，呈现出苏威化工集团业务的整体面貌。当苏威化工集团展望未来时，它的目标是发现能够维持其产品的市场领导地位的战略。同时，与此相关的是苏威化工集团还旨在制定可持续发展战略，以造福于环境，并帮助推进其业务目标的实现。通过解决其生态系统中的负面外部因素，苏威化工集团旨在创建一系列可持续的做法，以确保其业务的长期可行性和增长。

注释

1. "2017年度综合报告"，苏威化工集团。
2. "家"，苏威化工集团，*Solvay*, Solvay.com, https://www.solvay.com/en/index.html.
3. "2016年度综合报告"，苏威化工集团。
4. 同第1条注释。
5. 同第2条注释。
6. 同第2条注释。
7. 同第2条注释。
8. Bebiak et al.（2017: 3）。
9. Bebiak et al.（2017: 11）。

10. Bebiak et al.(2017: 8).

11. 同第 10 条注释。

12. "苏威化工集团",艾伦·麦克阿瑟基金会,https://www.ellenmacarthurfoundation. org/about/partners/global/solvay.

13. "可持续投资组合管理指南:推动长期可持续增长",苏威化工集团,https://www.solvay.com/sites/g/fifiles/srpend221/fifiles/2018- 07/Solvay-SPM-Guide.pdf.

14. 同第 13 条注释。

15. 同第 13 条注释。

16. 同第 1 条注释。

17. 同第 1 条注释。

第二十七章

苏黎世基金会：在洪灾多发地区建立有效保险的案例*

苏黎世保险集团于1872年在瑞士苏黎世成立，是全球领先的保险集团之一，其为170多个国家和地区的客户提供保险服务。苏黎世保险集团的使命，是帮助其客户"了解并保护自己免受风险的损害"。

苏黎世基金会通过将苏黎世保险集团的全球经验和风险管理能力与非营利组织所具备的当地知识和发展专长相结合，为可持续的社会和经济发展做出贡献[1]。它采取了一种长期合作的方式来应对全球挑战[2]。

苏黎世保险集团的抗洪保险计划就是一个很好的例子，说明这种合作方式可以帮助苏黎世保险集团开发新的客户解决方案，发起公共政策讨论，并为全球社区创造价值[3]。

一、生态系统的痛点

保险行业的各家公司已经发现，与天气有关的保险损失呈上升

---

* 本文作者是海伦·坎贝尔·皮克福德、大卫·纳什、贾斯汀·艾斯塔尔·埃里斯。

第二十七章 苏黎世基金会：在洪灾多发地区建立有效保险的案例

趋势，这是因为极端天气事件的频率和强度的增加，以及与之相关的经济成本的增加。在过去的30年里，由自然灾害（如洪水）造成的保险损失翻了两番。正如苏黎世基金会经理大卫·纳什所解释的那样：

> 由于社会经济因素和极端天气及气候事件的频发，洪水风险在未来也可能会增加。这是一个全球性的挑战，对发展中国家和发达国家都有不利的影响。尽管这是一个全球性的问题，但有效的洪水风险管理是非常复杂的，不存在一个放之四海而皆准的解决方案。

这类极端天气事件造成了巨大的经济、社会和人道主义损失。许多发展中国家都位于高风险地区，经常发生的洪水灾害影响到大部分人的正常生活。目前，大约有8亿人生活在易受灾害影响的地区，其中平均每年约有7 000万人实际遭遇过洪水灾害。在发展中国家，严重的暴雨会破坏人们赖以生存的自然资本和基础设施，使过去取得的发展成果面临损毁的风险。洪灾还会破坏经济发展，使减贫工作受挫。尽管发达国家因暴雨造成的经济损失总额较高，但对发展中国家的经济影响和死亡人数相对都更大、更多。在全球范围内，与气候变化影响相关的成本不断上升，也给政府带来了严重的挑战，因为政府需要采取有效的战略，来处理日益增长的经济后果。

各国政府、海外发展机构和慈善组织都在努力减轻洪灾的影响。然而，这一领域的绝大部分投资都是被动的——侧重于灾后救援与重建，而不是灾前的预防。事实上，目前与灾害有关的资金中，只有13%的资金用于抗灾能力建设，而87%的资金则用于灾后的复原和重建工作。

这就是保险部门发挥作用的地方。保险是一种风险转移机制，将风险转移到私营部门，可以提供高效和低成本的解决方案，缓解已经十分紧张的公共部门预算。然而,在不具备解决导致或创造风险情况的能力时,保险的费用可能会过高,或者在极端情况下,根本不值得投保。为此,全球都需要更加关注洪水预防或洪水复原力。正如纳什所说:

如果发生洪灾,事先采取行动减少潜在的损失比灾后救济的成本效益更高。建立的抗灾能力越强,就可以通过提供可靠和迅速的预定经济补偿,使保险在加强抗灾能力方面发挥更大的作用。[11]

二、商业战略

2013年,苏黎世保险集团启动了一项全球计划,旨在提高抗洪能力。洪水风险是处于一个动态的、复杂的系统中,由多种因素共同作用的结果。正如苏黎世保险集团的一份简报所概述的那样,"一个全系统的抗灾方法,需要捕捉一系列的活动、行为者和过程,这些都是抗灾能力建设系统的一部分。"因此,在第一阶段,苏黎世保险集团的抗洪保险计划与四个核心伙伴进行了合作,包括红十字会与红新月会国际联合会(IFRC)、实际行动组织(Practical Action)、国际应用系统分析研究所(IIASA),以及沃顿商学院的风险管理和决策过程中心。

通过这些合作关系,苏黎世保险集团创建了一个联盟——苏黎世保险集团抗洪联盟,该联盟已经开发了可用于提高社区层面抗洪能力的程序和工具。从这些合作中产生的一个创新成果,就是抗洪能力的测量框架。

通过建立抗洪能力联盟,苏黎世保险集团旨在创造一个环境,使保险和其他风险转移机制能够帮助全球社区解决气候变化引起的洪灾等自然灾害问题[12]。苏黎世保险集团已经发现,它的角色尤其适合对社区进行风险预防措施的教育，而且这个过程有助于提高社区的可保性。因此，支持减少自然灾害风险和使风险更可预测的公共政策，也符合苏黎世保险集团自身的商业利益。此外，苏黎世保险集团的模式显示了私营企业在帮助社区加强对洪水风险的抵抗力方面的潜力。

抗洪保险计划测试了解决方案和想法的可复制性和可推广性。苏黎世保险集团的专家团队和知识储备，为这些想法的形成做出了贡献，而从社区经验中产生的洞察力也反过来可以用来帮助苏黎世保险集团重新确定和定制保险解决方案和风险管理流程。

苏黎世保险集团抗洪联盟中的学术机构也获得和完善了相关的研究和知识。它们为苏黎世保险集团提供的洞察力，使苏黎世能够开发新的技术，以避免洪灾导致的损失。

这种跨学科联合的方法，拓宽了当前抗灾能力的研究范围，并为推进公众对洪灾影响的理解提供了机会。这个联盟在研究中产生的知识和工具旨在为更多人服务，并将通过一个门户网站和一个学院的发展，以开放源码的形式提供相关信息和工具。

三、业绩表现

苏黎世保险集团计划在墨西哥、印度尼西亚、尼泊尔、秘鲁和孟加拉国等[13]易受灾害影响的地方对社区进行风险干预，并根据当地的具体工作环境采用略有不同的干预措施。例如，在尼泊尔，获得高效的早期预警系统、替代性收入来源，以及加强与当地决策者的合作，是提高抗灾能力的关键；尽管在墨西哥应对策略也包含了开拓收入来源的内容，但重点仍然是在社区内发展当地的支持机制。

在印度尼西亚，苏黎世保险集团抗洪联盟已经找到了方法，有效地帮助梭罗河流域的社区应对洪灾。梭罗河是爪哇岛上最长的河流，在雨季经常发生洪灾。这项计划已被证明是非常成功的，当地政府现在正在使用苏黎世保险集团提供的方法，来帮助爪哇更多的易受洪灾影响的社区。

苏黎世保险集团与印度尼西亚红十字会一起，确定了最有可能从其复原力方法中受益的社区。例如，在 Tulungrejo 村，该社区可以使用政府提供的紧急避难所。然而，对一些人来说，这个避难所太远了，在洪灾来袭时，他们可能难以前往。因此，作为解决方案的第一步，苏黎世保险集团计划提供资金，在靠近村庄的地方，建造了一个可以容纳几百人的高架疏散点。同时，在村子里开辟通往新避难所的安全通道，并对当地志愿者进行了培训，使其成为第一反应人，组成一个社区志愿者行动小组（SIBAT）。

除了这些初步措施，苏黎世保险集团抗洪联盟正在 Tulungrejo 开发一个更好的预警系统，并建立了一个指挥所（POSCO），在洪灾暴发时，可以作为应急小组的紧急响应中心。建成后，这个中心将配备先进技术，提供预警公告、天气报告和其他重要的公告等。

为了提高该措施的影响力，在非洪灾期间，社区志愿者行动小组将在该中心进行洪灾应对的模拟演习。作为该计划的一部分，印度尼西亚红十字会还推出了提高社区意识的活动，特别是在学校。

印度尼西亚的 Bojonegoro 的地方政府非常重视这种志愿者参与的方式，因此，这种应灾设计也得到了地区政府的正式认可。当地政府已经为 Bojonegoro 的另一个村庄的类似项目提供了资金，以建立当地的社区志愿者行动小组，并建议在该地区所有存在洪灾风险的社区，采用和实施在 Tulungrejo 村使用的模式。地方政府官员认为，这些方案甚至可以在全国范围内采用。通过建设新的疏散场所和更好的预警系统，这项干预措施增强了易受灾社区的物质资本。这些补充措施也减少了对社区民众对洪灾做出反应所需的时间。此外，通过增加当地民众对洪灾的了解，项目也增强了社区志愿者行动小组在可持续的基础上普及洪灾知识和能力的努力，因此这项计划也提高了当地社区的人力资本。[15]

此外，该计划还对苏黎世保险集团的保险业务产生了积极影响。在内部，93%的员工对苏黎世保险集团在这一领域的工作感到自豪，几乎有一半的员工自愿参与到这项计划活动中。事实上，苏黎世保险集团也能够让当地的保险经纪人参与到这些活动中来。品牌意识已明显提高，苏黎世保险集团也因其努力赢得了当地保险业的奖项。这项工作有助于吸引更多的企业客户和他们的员工投保。总的来说，这些举措加强了各个关键利益相关者之间的关系。

苏黎世保险集团抗洪联盟取得的其他成果，包括基于社区的抗洪能力测量工具，目前正由苏黎世保险集团的社区合作伙伴在110多个社区进行试验。通过与沃顿商学院和国际应用系统分析研究所的合作研究，这个工具也正在得到科学的验证。[16] 这个测量工具旨在了解什么能够帮助社区建立抗洪的能力，从而确定可能的抗灾能力建设行动。联合国开发计划署称，这是一项前沿的应用研究，将填补这一领域的空白，因为目前还没有其他可以用来衡量抗灾能力的可行框架。[17]

这个测量工具还提供了客观的证据，可以影响政策制定者对其他气候变化相关风险的反应。为了向决策者展示其抗洪保险计划的商业案例，苏黎世保险集团的研究表明，在选定的减少洪水风险措施上，每花费1美元，就能通过避免和减少损失而平均节省5美元。尽管气候变化是驱动暴风雨的一个因素，但决策者对气候变化风险的反应可以帮助处理这些不可控的自然因素导致的后果和不利影响。

四、未来预测

对于苏黎世保险集团而言，洪灾依然是一个重要的主题。2018

年7月,他们启动了第二阶段的工作,为期5年。第二阶段工作的核心重点,是通过社区方案加强围绕灾后复原力测量方法的证据基础,并利用它来推动其他行为者对灾前预防工作的更多投资。

注释

1. "苏黎世基金会2014年度报告",苏黎世保险集团。
2. 同第1条注释。
3. "苏黎世洪水恢复计划",苏黎世保险集团,https://zurich.com/en/corporate-responsibility/creating-value-for-zurich-and-society Z Zurich Flood Resilience Programme.
4. 气候智慧,《思想领袖系列》第二期,剑桥可持续发展领导力研究所,2012年,http://www.cisl.cam.ac.uk/publications/publication pdfs/climatewise-thought-leadership-series-2012-issue-t.pdf.
5. Surminski and Oramas-Dorta(2013).
6. David Nash(苏黎世Z基金会的基金会经理)与SBS团队的沟通。
7. "关于苏黎世的信息",苏黎世保险集团,https://www.zurich.com/.
8. Fankhauser and Thomas(2016).
9. Surminski and Oramas-Dorta(2013).
10. Business Perspectives LLC., https://businessperspectives.org.
11. 同第6条注释。
12. 同第7条注释。
13. "苏黎世北美分区——保险和风险管理",苏黎世北美分区,https://www.zurichna.com.
14. 同第7条注释。
15. Freiner(2016).
16. 国际供应系统分析研究所,http://www.iiasa.ac.at/.
17. Winderl(2014).

第二十八章

非凡巧克力公司：通过共同所有权，在可可行业创造可持续价值*

非凡巧克力公司成立于1998年，是一家由社会使命驱动的社会性企业，其总部设在英国的公平贸易糖果公司，但公平贸易糖果公司在美国也有业务。非凡巧克力在伦敦和华盛顿设有办事处，与各种非政府组织保持着强有力的合作关系，其2017—2018年的年收入为1 500万英镑[1]，包括美体小铺（Body Shop）在内的知名公司，都支持非凡巧克力及其组织使命。非凡巧克力目前有大约20名英国员工和12名美国员工。

非凡巧克力一开始仅在英国市场销售巧克力棒，但目前已经打开了全球市场，并以其独特的所有权模式而闻名。加纳农民拥有的合作社 Kuapa Kokoo 提供可可，并拥有非凡巧克力业务的44%的股份。最重要的是，小农户作为企业的共同所有者，"在分配的利润中，占有一定份额，在公司中有发言权，并在全球市场上有发言

---

* 本文作者是贾斯汀·艾斯塔尔·埃里斯、阿拉斯塔尔·科林–琼斯、杰米·哈策尔（Jamie Hartzell）。

权"[2]。可可种植者和零售商之间的这种共同所有权模式,使农民能够用自己种植的可可赚取更多的钱,并看到自身的利益在价值链的上游得到体现。

可可行业当前正面临着巨大的环境、社会和商业挑战。森林砍伐、童工和农民收入低下等问题,都威胁着全球的可可供应。由于整个行业面临着一系列挑战和问题,糖果企业是否有能力应对与可可种植相关的声誉挑战和供应压力的问题仍然存在。可可行业的长期生存能力及可可生产面临的威胁,需要多管齐下的解决方案,以确保可可生产的可持续性[3]。

一、生态系统的痛点

可可价值链面临的诸多严重而复杂的问题,已经是众所周知的。每年,多边倡议都会投入大量的时间和资源,来试图解决可可行业里的农民收入低、生产率低、价格不稳定、童工和毁林等关键问题。世界可可基金会和国际可可倡议等多方利益相关者团体,都正在致力于促进可可生产和供应的可持续性,并保护儿童免于沦为童工而遭受剥削和虐待[4]。

更为复杂的是,种植可可的小农户大多非常脆弱,抗风险能力极低,其中许多人生活在贫困线以下。考虑到他们的艰难处境,种植可可的农民几乎没有能力投资可可农场和改善生活条件。可持续生计的挑战存在于整个可可种植社区,在许多情况下,农民得到的收入不到消费者支付价格的6%[5]。因此,考虑到可可种植社区在提高农民收入的困难中挣扎,公平贸易组织做出为可可种植者提供生活收入的决策就变得更加重要。

考虑到这些众多的挑战,可可种植户的下一代大多不愿意再从事农业或可可种植,这也许并不令人惊讶。这种缺乏继续耕作的动力，在全球对巧克力的需求不断增长的背景下，成为巧克力行业的一个重大障碍。媒体对这一问题的报道，已经敲响了警钟，因为有限的可可豆供应难以满足全球对巧克力需求的增长。随着印度和中国消费市场的增长，再加上"西方人对巧克力及其相关一切产品的显著需求仍在不断增长"，研究表明，到2020年，世界可能面临可可的"全球性短缺"[6]。但是，正如我们在2017年看到的那样，可可过剩和中国市场需求的下降，实际上导致了可可制品的价格下跌。这种无法准确预测需求的情况，使确定针对整个可可价值链的可持续解决方案变得尤为迫切。

当然，许多将可可作为产品主要成分的糖果企业也希望解决可可行业面临的诸多挑战[7]。非凡巧克力的共同所有权结构可能是解决可可供应链中广泛和持久存在的问题的一种可行模式。这家社会性企业已经制定了其商业战略，推动治理和所有权模式的替代方案实施，致力于增强整个生态系统中最弱势群体的能力，使他们能够分享更大比例的利润。非凡巧克力公司认为，通过组织更公平的可可供应链，不仅能为农民提供更好的收入来源，还能够帮助解决整个可可行业中无处不在的问题，它已经为诸多问题的解决，提供了一个可参照的实例。

二、商业战略

非凡巧克力提出的互惠性商业战略的核心内容，是为可可种植农户创造一个平台，使他们能够在价值链更上游的地方拥有一席之地。非凡巧克力的创新故事，始于 Kuapa Kokoo，这是一个成立于1993年的加纳公平贸易合作社。为了销售和分销可可，合作社投票决定成立自己的公平贸易巧克力公司。在喜剧救济基金会（Comic Relief）、双子贸易（Twin Trading）、美体小铺和基督徒互援会（Christian Aid）的帮助下，非凡巧克力于1998年推出，现在已进入多个国际市场。

目前，Kuapa Kokoo拥有非凡巧克力44%的股份，其余的股份由Oikocredit、双子贸易和其他三个较小的社会投资者持有。公司的利润仅按照持股比例进行分配，Kuapa Kokoo拥有全部投票权。Kuapa Kokoo能够决定公平贸易溢价的使用，而分红则是在合作社层面上，以民主的方式，将确保支出与组织的原则保持一致。在治理结构方面，两名合作社成员参加了非凡巧克力的董事会，并参与了所有决策[8]。此外，还存在一份股东协议和其他政策，以确保所有股东的利益保持一致。相较于传统的治理结构，非凡巧克力公司的共同所有权模式，使可可种植者有机会参与更多的管理决策[9]。种植户在公司担任管理者，确保了小农户在非凡巧克力的商业决策中发挥实质性的决定作用。

实际上，非凡巧克力通过加纳可可协会（Cocobod），直接从Kuapa Kokoo购买可可，加纳可可协会是由加纳政府控制的行业机构，以当地货币确定可可的购买价格，并保证公平贸易的最低价格为每吨2 000美元，再加上每吨200美元的额外溢价（在撰写本文时，公平贸易价格和溢价即将提高）[10]。此外，非凡巧克力公司将其营业额的2%重新投入到其可追溯的供应链中，并对其进行全面管理[11]。这是在Kuapa Kokoo从可可销售、公平贸易溢价和股息中获得的金额之外附加的资金。例如，非凡巧克力公司资助了一系列Kuapa Kokoo广播节目，帮助合作社接触到分散在广袤地区的85 000名成员。听广播在加纳是一项非常流行的活动，非凡巧克力赞助的节目讨论了可可新闻、耕作技术、病虫害防治问题和民主决策技术等内容。非凡巧克力的股份也是Kuapa Kokoo公司资产负债表上的一项资产，可以作为借款的担保，如预付款，这帮助解决了加纳农民难以获得贷款这一历史难题。

此外，为了推动性别平等目标的实现，非凡巧克力也已经启动了一些至关重要的做法。Kuapa Kokoo 通过培训和指导，帮助实现妇女赋权[12]。例如，引入配额制（村委会的5名农民中必须有2名女性）这一举措，使 Kuapa Kokoo 合作社中的女性成员的比例达到35%[13]。此外，合作社的共同所有者结构和再投资战略的成功，使合作社有可能执行旨在改善妇女福祉的举措，特别是在教育和平等方面。公平贸易的贡献，也帮助推进了社区建设。从2014年开始，在非凡巧克力的资助下，Kuapa Kokoo 启动了几个识字和算术教育项目，帮助妇女成为商业活动的全面参与者。所有培训项目的参与者中，近70%是女性，她们以前几乎没有接受过任何学校教育。培训建立参与者的信心这个举措，也帮助许多女性扫清了担任领导职务和承担责任时面临的障碍[14]。

除了培训领导技能外，合作社还提供讲习班，帮助农民在淡季开发其他谋生手段。这些举措同样旨在通过为女性提供稳定的收入来源，来增强妇女群体的能力[15]。总的来说，这些互惠性做法最终有助于增强女性对家庭收入的贡献，并提高她们参与全球市场的能力。非凡巧克力将女性群体的突出作用视为企业成功的"关键因素"，并按照联合国可持续发展目标中的目标五的相关规定（性别平等），制定了各种做法和营销策略，以履行其对女性赋权的承诺[16]。重要的是，女性群体在整个组织中，从价值链的最顶端到最底端，都担任着重要角色。

非凡巧克力还帮助 Kuapa Kokoo 合作社进一步完善其自身的治理结构。农民合作社由主要的 Kuapa Kokoo 农民联盟组成，其中包括57个区（每个区都有自己的委员会）和1 300个村社。合作社成员可以参加村、区和联盟委员会每四年一次的选举。该联盟还拥有一个特许购买公司，每年从其成员那里购买约60 000吨可可，占加纳可可市场总量的5%左右。加纳的可可业由政府控制，因此，所有的可可都卖给政府机构——加纳可可协会，由其统一进行可可的出口。加纳可可协会还规定了支付给农民的可可价格底线。

三、业绩表现

非凡巧克力公司成立以来，创造了超过 1 亿英镑的销售额，在 2016 年 6 月—2017 年 6 月的 12 个月期间，非凡巧克力公司从加纳购买了 953 吨可可豆，其中"所有的公平贸易溢价，都支付给种植可可的农民，按照每吨 200 美元的价格"[17]。同时，Kuapa Kokoo 的成员从开始时的 2 000 人，增加到 2018 年的 85 000 人[18]。此外，该合作社提供加纳可可总量的 5%，并且如前所述，35% 的成员是女性。

非凡巧克力的农民共同所有权模式，见证了自治管理服务的发展，许多跨国公司每年花费数千万，与供应商和非政府组织一起致力于培养这种自治服务。例如，Kuapa Kokoo 设立了提升童工问题意识的计划。这一举措推进了不容忍最恶劣形式童工的政策实施，强调了儿童上学的必要性，并教育合作社成员如何帮助他们的孩子避免遭受可可农场对孩子实行任何剥削的危险。此外，合作社还有一个负责传播新闻的外联小组，这个小组还会推广最新的可可种植技术和耕作方法。为了确保企业中包含各种声音，非凡巧克力在村庄、地区和国家层面，都定期召开会议，此外还召开非凡巧克力的年度大会。

四、未来预测

非凡巧克力也不能避免可可供应链中固有的物流和文化挑战。然而，令人鼓舞的是这家社会企业的互惠性实践已经取得了成功，这为类似合作项目的规模化开辟了可能的途径。随着它在当地社区的再投资，非凡巧克力增强了自身改善运作和发展业务的能力。

这家社会性企业仍然致力于推动创始原则的履行，其认为积极的绩效来自以集体和透明决策的形式培养社会资本。从一开始，非凡巧克力就将社区福利、集体行动和信任纳入其商业模式。

有些人可能会怀疑，这样的企业是否能够一直保持其互惠实践的精神，并达到真正的转型规模。然而，另一些人则坚定地认为，社会企业的目的是实现增长和利润，使社会影响最大化。作为一家企业，非凡巧克力已经对整个可可行业产生了巨大的社会影响，虽然企业的增长必然可以带来更大的社会影响，但如果公司的增长需要付出的代价是社会影响的减少，那么企业增长就不应该成为最重要的发展目标。

注释

1. "2016—2017年度报告"，非凡巧克力。
2. "关于我们"，非凡巧克力，http://www.divinechocolate.com/us/about-us.
3. Houston and Wyer（2012）.
4. 有关更多信息，请参阅："使命与远见"，世界可可基金会，http://www.worldcocoafoundation.org/about-wcf/historymission/；"关于我们"，国际可可倡议，http://www. cocoainitiative.org/about-ici/aboutus/。
5. 《商品贿赂：可可》，公平贸易基金会，2016年4月，https://www. fairtrade.org.uk/wp-content/uploads/legacy/Cocoa-commodity-briefifing-6May16.pdf
6. Ford et al.（2014）.
7. Saldinger（2014）.
8. "非凡巧克力的故事"，非凡巧克力，http://www.divinechocolate.com/uk/about-us/research-resources/divine-story.
9. Wanyama（2014）.

10. "常见问题",非凡巧克力,http://www.divinechocolate.com/us/about-us/frequently-asked-questions. 11. Jamie Hartzell (chair, Divine Chocolate), personal communication with the authors, 23 April 2018.

11. Jamie Hartzell,与作者的个人通信,2018 年 4 月 23 日。

12. Slavin and Ley (2017)。

13. 同第 12 条注释。

14. "2015—2016 年度报告",非凡巧克力。

15. "Kuapa Kokoo, Ghana",公平贸易基金会,https://www.fairtrade.org.uk/Farm-ersand-Workers/Cocoa/Kuapa-Kokoo.

16. 同第 12 条注释。

17. 同第 14 条注释。

18. 同第 12 条注释。

第二十九章
蒙德拉贡联合公司：通过合作性战略保持公司的复原力*

当西班牙神父何塞·玛丽亚·阿里斯门迪（José María Arizmendiarreta）在他所在的社区创办了一个小型的工人合作社时，可能没有预料到这样一项看似微小的事业会发展成一个业务覆盖全球的企业。蒙德拉贡成立于 1959 年，现在是一个工业合作协会的联合公司，在 35 个国家拥有 260 多家公司和子公司，尽管蒙德拉贡总部仍然位于其在西班牙巴斯克地区的发源地附近。总的来说，蒙德拉贡联合公司的收入约为 140 亿美元，在全球范围内雇用了超过 7 万名的工人，涉及金融、制造、零售和咨询等领域。像它自己宣称的那样，蒙德拉贡是"由人创造，并为人服务的"，旨在"通过商业发展和创造就业机会，为社会创造财富"。蒙德拉贡联合公司的成功，主要源自其活动的广泛性，以及对员工职业发展和技术研究的重视。联合公司为培训和创新提供资金，支持其自身的 15 个研究和开发中心的运

---

* 本文作者是贾斯汀·艾斯塔尔、埃里斯、阿拉斯泰尔·科林 – 琼斯、艾博·扎噶史蒂（Ibon Zugasti）。

作，而这种投资已经产生了超过460组专利作为回报。

对蒙德拉贡联合公司的结构进行的前期研究，提供了与企业相关的机会和挑战的见解。然而，本案例分析的重点是蒙德拉贡联合公司业绩中的互惠性与其强悍的复原力之间的关系。

复原力，在这里被定义为"企业在困难的经济条件下，维持就业和增长的能力"，是公司业绩中一个往往容易被低估的方面[1]。

一、生态系统的痛点

从一开始，蒙德拉贡对现代经济体系的评估就是：无论是资本主义还是社会主义，都没有为人们的繁荣和企业的竞争性经营提供合适的条件。蒙德拉贡得出的结论是，企业的竞争力必须包含其社会效益，并据此构建其管理实践。换句话说，通过对社会和人力资本的有意识的投资，企业可以实现有竞争力的财务业绩。因此，蒙德拉贡联合公司在现代资本主义背景下，围绕合作、参与、社会责任和创新等核心原则，建立了自身的价值驱动体系。几十年来，它将这些原则付诸实践的方式已经发生了变化，但蒙德拉贡联合公司继续提供了一个重要的例子，说明企业如何在保持经济效益的同时，推动社会转型和发展的实现。最重要的是，蒙德拉贡联合公司的商业案例，强调了对人力和社会资本进行有意识的投资的重要性。因为社会和人力资本的投资，是应对经济危机的重要保障。

从合作社到非营利组织，从社会企业到互惠组织，社会性企业的运作原则是为其成员服务，而不是以投资回报最大化为目的。换句话说，正如经济学家何塞·路易斯·蒙松（José Luis Monzón）和拉斐尔·查尔斯（Rafael Chaves）所描述的那样，社会性企业是"人们组织开展活动的主要目的，是满足人们的需求，而不是为资本主义投资者提供报酬"[2]。蒙松和查尔斯补充说，社会经济的兴起,"反映了对一种经济的需求,这种经济能够调和社会、经济和金融层面的需求,能够创造财富,并且不只是用金融资本来衡量,而且首先是用社会资本来衡量。[3]"这种对考虑人类、社会和自然资本等非金融形式资本的需求,以及它们与金融业绩之间关系的认识,是实现互惠性经济的核心。

合作社的历史表明,成员共同拥有的企业往往在危机时期获得蓬勃发展[4]。从早在19世纪60年代德国的"农业大萧条"时期,到相对较近的苏联解体时期,合作社往往能经受住最糟糕的经济波动。然而,这并不是说合作社只能够在危机中取得成功。相反,"正是合作社在顺境中建立起来的力量,帮助它们渡过了艰难时期。[5]"换句话说,合作社可能有非常成熟的组织结构和做法,能够帮助它们成功地应对经济困难。

根据国际劳工组织的说法,合作社有七个相互关联的特点:自愿和开放的成员资格,民主的成员控制,成员的经济参与,自主和独立,教育、培训和信息,合作社之间的合作,以及对社区的关注[6]。所有这些特点加在一起,可以说有助于在企业和当地社区中,培养一种共同的认同感、所有权和投资意识。员工作为企业的利益相关者,认识到推进联合公司的目标也符合他们自己的最佳利益。由于大多数合作社成员也是同一社区的成员,他们也有强烈的动机,为社区的共同目标而努力。成员与企业决策的结果之间,存在直接的利害关系,这往往会带来"忠诚、承诺、共享知识、成员参与,并以强大的经济激励为基础"等结果[7]。研究表明,在经济衰退时期,这些因素在帮助保护成员拥有的企业方面发挥了关键作用。

构成合作社的复原力必不可少的因素,是合作社通过"雇员买断和救援"帮助保留工作机会和对创造就业的强调[8]。在遭遇经济危机时,合作社没有放任员工自主应对困难,而是更倾向于留住员工。此外,合作社在经济危机时期依然能够长期存在的部分原因,要归功于合作社使用"成员资本",而不是银行贷款来扩大业务,以及它们对"喜欢规避风险的消费者"的吸引力[9]。换句话说,合作社并没有求助于外部的贷款和借贷服务,而是依靠自身的资源和社会资本维持业务的运作。

尤其是在银行业,合作社在金融危机期间一直在蓬勃发展。在2008年的金融危机之后,合作型信用社和金融服务机构继续在同样具有挑战性的经济条件下正常运作,这些艰难的经济条件曾导致一些商业银行倒闭。例如,在2009年,美国信用社的生产性贷款增长达到11%,而传统银行则下降了15%[10];在同一时期,虽然有几家欧洲公共和商业银行倒闭,但没有一家合作银行倒闭[11]。

在2008—2013年,西班牙的经济经历了长时间的二次衰退。2008年的全球金融危机影响了蒙德拉贡联合公司的业务,联盟内的工业部门受到的打击尤为严重。面对这一挑战,蒙德拉贡并没有采取大量裁员或削减福利的措施,而是转而采取了体现其互惠价值观的战略:在关键时刻投资人力资本。

二、商业战略

蒙德拉贡的商业行为,反映了其对合作、参与、社会责任和创新等核心价值观的承诺。对人力资本的投资,是蒙德拉贡保持长期财务业绩和复原力战略的核心秘诀。联合公司的结构设计既能保障又能促成互惠的实践。

合作社的成员资格为员工提供了特殊的福利:所有员工都有平等的投票权和所有权;管理委员会由来自组织各个阶层的员工组成;最高管理者的收入不超过员工最低收入的6倍;通过员工所有者大会,所有成员联合决定如何分配70%的税后利润;联合公司临时员工的比例不得超过20%;在联合公司内,各合作社之间重新分配员工，能够帮助保留工作和为表现最差的业务部门提供支持[12]。总的来说，这些互惠性的战略成为支持蒙德拉贡渡过经济困难时期的可能因素。

在经济稳定时期，Lagun Aro——一个福利保险合作社，在蒙德拉贡联合公司中发挥了重要作用。在危机时期，它为联合公司内的员工福利承担了分外的责任。Lagun Aro 为员工合作社的成员提供保险和福利，如健康保险和补充养老金制度等。在各大企业普遍通过裁员应对经济危机时，Lagun Aro 帮助蒙德拉贡将可能被裁的员工重新安排到联合公司旗下的其他企业就业[13]。这种做法通过提供工作保障，不仅有助于维持高涨的工人士气，而且还有助于加强联合公司内需要额外帮助的企业。在管理数百名工人的就业岗位重新分配时，Lagun Aro 确保员工在到达新的工作地点时，具备从事新工作的必要技能[14]。为此，它还为被派往新部门或新地点的员工支付培训和交通费用[15]。如果员工转岗到一个工资水平较低的合作社，Lagun Aro 或员工之前的雇主都会补偿其工资的差额[16]。最后，如果一个合作社无法将全部员工妥善地安置到联合公司旗下的其他企业，Lagun Aro 也有足够的资源为下岗的员工提供长达两年的遣散费[17]。

这一战略的有效性，在法格电子的案例中得到了充分的体现。在经济危机之后，蒙德拉贡联盟内规模最大的一个合作企业、欧洲排名第五的大型家电制造商——法格电子宣布倒闭[18]。尽管也曾努力尝试重组法格电子，蒙德拉贡联合公司最终还是做出了一个艰难的决定，即法格电子拟议的商业计划不能确保合作社未来的生存能力。法格电子随后申请了破产。研究表明，法格电子的破产是各种相互关联的复杂因素造成的，"包括商业周期、整体经济形势和法格电子经营的特定市场的恶劣条件"，以及治理问题和"高风险增长战略导致的过度债务"[19]，这些因素加在一起，直接促成了法格电子的破产。

虽然蒙德拉贡联合公司无法挽救法格电子的业务，但它呼吁法格电子秉持投资人力资本的精神，并致力于在危急时刻增加整体社会资本。因为法格电子的破产，蒙德拉贡需要为1 800名因此失业的员工安排就业。蒙德拉贡立即开始行动，采取双管齐下的方法，尽量减少工人的就业损失。它首先为参加交叉培训的员工提供资金，让员工能够在联盟内的其他合作社中担任不同的职务，并同时采取资本转移的策略，将现金从财务稳定的合作社转移到那些可能面临破产的合作公司。虽然后一种策略在法格电子的案例中被认为是不可行的，但这种联合公司旗下的子公司之间资本转移的做法，曾帮助其他合作社抵御了最严重的经济危机[20]。此外，得益于交叉培训的结果，在法格电子倒闭后的6个月内，因此而下岗的1 500名员工被安排到集团的其他部门工作[21]。

三、业绩表现

对法格电子公司倒闭的反应，突出了蒙德拉贡联合公司集团保险机制的力量。这种互惠商业行为，有助于确保生态危机造成的损失在集团内部被吸收，而不会扩散到更广泛的社区中去。在大多数情况下，法格电子的员工面临转岗，但没有被裁员。可以说，交叉培训和通过资本转移支持最弱的合作公司的做法，有助于最大限度地减少法格电子的倒闭对企业和当地经济产生的负面影响。

虽然蒙德拉贡仍然面临一些挑战，特别是与扩张和内部改革有关的挑战，但评估其增长和整体表现的比较研究，强调了蒙德拉贡模式的优势。与其他公司相比，蒙德拉贡联合公司在2008年的经济危机中体现出来的复原力是最有意义和价值的[22]。此外，研究表明，蒙德拉贡联合公司的商业活动通过在其本土地区产生的溢出效应，支撑了当地经济的发展[23]。在巴斯克地区，蒙德拉贡联合公司业务范围内的收入不平等的情况较少，这可能需要归功于该企业的积极影响[24]。

四、未来预测

正如前述案例所强调的那样，即使在充满挑战的情况下，蒙德拉贡联合公司仍继续按照团结能够带来创新和稳定盈利的原则运作。虽然该公司很少自我宣传，但其模式无疑使蒙德拉贡联合公司成为社会性企业的领导者[25]。展望未来，蒙德拉贡联合公司可能会在规模扩大的同时，寻求保留其互惠和互助价值的方法。蒙德拉贡联合公司的目标，是在条件允许的情况下继续扩大本企业规模和模式的应用范围。在企业的内部和外部面对全球化的挑战时，蒙德拉贡联合公司认为，这些挑战正在侵蚀社会团结，破坏将人置于利益之上原则的重要性[26]。

注释

1. Bhalla, Jha, and Lampell（2010）.
2. Monzón and Chaves（2017: 11）.
3. Monzón and Chaves（2017: 4）.
4. Birchall and Hammond Ketilson（2009: 5）.
5. Birchall and Hammond Ketilson（2009: 8）.
6. Birchall and Hammond Ketilson（2009: 11）.
7. Birchall and Hammond Ketilson（2009: 12）.
8. Birchall and Hammond Ketilson（2009: 14）.
9. 同第8条注释。
10. Bajo and Roelants（2011: 111）.

11. 同第 10 条注释。
12. 蒙德拉贡内部文件。
13. Roelents et al.（2012: 48）.
14. 同第 13 条注释。
15. 同第 13 条注释。
16. 同第 13 条注释。
17. 同第 13 条注释。
18. Henderson and Norris（2015）.
19. Errasti et al.（2017: 188）.
20. Ibon Zugasti（蒙德拉贡项目经理）与作者们的个人报告，2018 年 4 月 24 日.
21. Henderson and Norris（2015）.
22. 同第 21 条注释。
23. 同第 21 条注释。
24. 同第 21 条注释。
25. MacLeod（1997）.
26. Flecha and Ngai（2014）.

第三十章
京东电商平台：利用电商平台助力中国农村贫困地区脱贫 *

京东是中国两大电子商务巨头之一，与另一个电商巨头——阿里巴巴在中国的 B2C 市场上竞争，B2C 市场规模在 2017 年已经达到了 6 000 亿美元（约合 3.82 万亿人民币）。

阿里巴巴曾凭借类似易趣的客户对客户平台，在中国早期的线上电子商务中取得了领先地位。阿里巴巴的运营模式是先接收买家的付款，由平台托管款项，在买家收到货品并确认收货之后，才将资金拨付给卖方，这个新颖的模式引爆了数十万中国的中小微企业商家和数亿买家的网购热潮。

刘强东在 2004 年创立京东电商平台，在阿里巴巴模式的基础上更进一步，主营高价值商品的交易（如手机、电脑和消费电子产品）以吸引高端买家。京东成为中国第一家直接对接消费者的零售平台，直接向消费者出售京东买入和仓储的品牌产品，并成立京东物流，掌控了物流领域"最后一公里"的运输流程，确保全流程的

---

* 本文作者是白诗莉（Lydia J. Price）、刘晓文（Liu Xiaowen）、倪金华（Ni Jing hua）。

高质量服务。到 2008 年,京东网购平台的产品结构已经覆盖了普通商品的全品类,并正在努力实现京东"成为全球最值得信赖的企业"的愿景[1]。

一、生态系统的痛点

在 2016 年,中国网络零售额占零售总额的比例为 13.5%,而全球平均水平为 8.6%[2]。分析师预测,到 2020 年,中国的网络交易渗透率将达到中国零售市场总额 1.7 万亿美元(约合 10.83 万亿人民币)的 25%[3]。然而,与早年繁荣的沿海城市经济的爆炸性增长不同,中国未来网络零售的增长点将是收入低、基础设施差的内陆农村。

中国政府将电子商务视为解决农村贫困问题的办法,在 2016 年启动的"十三五"规划中,中国政府承诺要消除农村贫困。为履行这一减贫的承诺,中央和省级政府的扶贫专项资金逐年增加。在 2016 年,专项扶贫资金总额达到近 1 000 亿人民币。[4] 此外,政府还指定了 158 个贫困县作为农村电子商务试点地区,鼓励国内电子商务公司在精准扶贫的经济发展计划中为贫困地区提供帮扶和专业知识。与过去 30 年的常规扶贫方案不同,电商精准扶贫方案要求各方根据当地的实际情况,量身打造脱贫方略。如果这些试点取得成功,政府计划在 2019 年之前,将所有贫困县都纳入农村电子商务脱贫计划。

中国的扶贫项目通常包括三个关键部分:政府资助、农民培训和地方的第三方管理。第三方可能是当地政府办公室,甚至是当地企业主,通常负责分配资金,帮助农民提高生产力和收入。在过去,许多政府主导的扶贫项目都失败了,因为这些利益相关者都不了解真正的市场需求。因此,尽管拥有丰富的财政资源,也有现代农业知识和技能,这些扶贫项目通常因为不能弥补生态系统中的其他不足而失败,原因有以下这些。

1. 信息技术、企业家精神、营销知识和技能的缺乏。
2. 缺少对当地市场规模的认识。
3. 没有相匹配的物流基础设施,不能确保农产品能够以合理的成本运往城市市场。

二、商业和扶贫项目战略

2016年,京东与中国国务院扶贫办(全称为国务院开发领导小组办公室,2021年2月更名为国家乡村振兴局)签署了一份谅解备忘录,旨在弥补这些导致扶贫失败的不足,并联合制订了一个"四管齐下"的扶贫计划,为贫困地区提供产业升级、就业机会、创业升级,以及营销和品牌支持。[5]京东为中国农村中的40多万个村庄提供物流服务,还以优惠条件向进行资本采购和投资生产资料(如种子、化肥和牲畜)的农民合作社发放农业贷款。世界银行、杜邦先锋公司和一些当地企业在这些融资计划方面进行合作,提供资金。在就业方面,就业机会包括京东直接提供的岗位,以及京东电子商务网络中其他合作商户提供的岗位。京东还与联合国开发计划署、中国社会企业家基金会以及其他组织合作,为贫困农户提供创业培训,重点是提高电子商务技能和知识。最后,京东还在自家电子商务平台上提供营销支持,建立专门的网站来销售特别指定的扶贫产品。通过京东电子商务网站上的数字营销,以及组织优惠的团购活动,京东致力于提高消费者对这些扶贫商品的认识和购买兴趣。

(一)"走地鸡":成功落地的电商扶贫示范项目

与国务院扶贫办合作一年之后,京东的"四管齐下"扶贫计划，在农村贫困地区创造了 16 000 个直接就业机会和 5 000 个间接就业机会；发放了 2 亿元的贷款；为 5 万人提供了电子商务培训；并从贫困地区采购了超过 1 万种的产品和服务[6]。尽管总体指标令人印象深刻，但在减贫方面最明显的收益来自一个村庄。京东在这里开展了一个高度因地制宜的试点项目，旨在解决实际提高农民收入方面存在的两个可能的障碍：

1. 因为产品质量参差不齐，中国本土农产品的市场价格普遍偏低且容易波动。
2. 小农户的产量太小，即使单价很高，也无法形成规模性效益，无法真正地实现收入提升。

京东的"走地鸡"项目，是为了论证这样一个假设：电商可以从贫困农村地区大规模采购鸡，并在京东商城以高价出售。"走地鸡"试点项目位于武邑县——河北省北部最贫困的地区，但其沙质土壤和气候条件有利于养鸡和种植新鲜水果、蔬菜和作为鸡饲料的谷物。京东与当地政府合作，建立了一个 200 亩的围栏式养殖区，在不影响风景的情况下，实现养鸡业规模化、集中化[7]。因为"走地鸡"的集中养殖并未破坏当地的自然风景，该地区仍然是一个值得推荐的生态旅游目的地，并有望将生态旅游作为未来收入的一个额外来源。政府批准集中用地的决策，也解决了农户散养导致的碎片化问题（这是一个历史遗留问题，根源可追溯到 20 世纪 70 年代启动的经济改革。彼时，中国的集体土地被分割并分给符合条件的农民，但后来有关土地所有权和转让的法律改革进展缓慢，导致碎片化问题遗留至今）。但京东试点项目的养鸡场足够大，每次可以放养 15 000 — 16 000 只鸡，即平均密度为每亩不到 80 只鸡。

京东邀请当地农民合作社来管理集中养殖场（通常相当于每个

家庭 100 只鸡），并承诺只要遵循严格的养殖标准，京东将以平均市场价格的 3 倍购买"走地鸡"。其中最主要的要求是，每只"走地鸡"在屠宰前至少达到 100 万步的运动量；另一个要求是给"走地鸡"提供健康的饮食，包括每天两次谷物和每周至少三次的新鲜水果和蔬菜。合作社雇用了一个第三方组织来经营养殖场，而该组织则雇用了当地农民作为劳动力。通过安装在"走地鸡"脚上的电子计步器和安装在农场的摄像头，京东能够对"走地鸡"的生长环境进行数字化监控。京东从合作社购买"走地鸡"后，合作社获得的资金被分配给各个参与养殖的农户家庭。

"走地鸡"项目共涉及四个主要的利益相关者——京东、当地农民合作社、中国政府和当地的第三方组织（在"走地鸡"扶贫项目中，第三方组织是一个互联网企业主）。京东向合作社提供不需要任何抵押的无息贷款，用于购买小鸡和饲料，因为当地政府为合作社的贷款提供了灾难性风险的保险。雏鸡和饲料目前从京东电商合作网络中的供应商处采购，但最终目标是从当地供应商处采购，尽管目前还没有建立具体的计划来培养这些当地供应商。在"走地鸡"达到出栏标准后，京东就会收购合格的鸡，并以京东专有的"走地鸡"品牌出售，价格为普通鸡的 3 倍。京东正在密切监测"走地鸡"的销售情况及养殖条件，以确定养殖方法、供应质量和市场需求之间的联系。

三、业绩表现

对于所有外部利益相关者来说，"走地鸡"是一个成功的项目。第一年就卖出了 3 万只"走地鸡"，消费者普遍对京东出具的健康证书和鸡肉的高品质感到满意。2017 年，有 600 多个贫困家庭加入了"走地鸡"项目，其中大部分是年老或多病的农民，他们受教育程度低，几乎没有其他谋生手段。在扣除贷款偿还和种植费用后，一个通过合作社加入"走地鸡"养殖计划的普通农民能够实现每月2 000 — 3 000元的收入增长[8]。

除了直接的农业收入外，武邑县还创造了与清洁鸡场和在种植养殖期结束后屠宰鸡的兼职工作。一旦在当地建立起可靠的供应链，经营鸡场的场主也将成为当地水果和蔬菜的买家。最后，中国政府方面获得了一个新的、更有效的扶贫商业模式，并切实减少了国家贫困案例。在这一成功的基础上，"走地鸡"项目在2018年吸纳了武邑县更多的贫困户，目的是将2017年的整体项目规模翻一番。同时，类似的扶贫计划的试点工作也在同步开展，以便在其他贫困县复制类似的成功。如果成功落地，河北省的"飞鸽"扶贫项目和江苏省的"下水鸭"扶贫项目，将在2018年加入京东平台的可追溯优质家禽产品高端系列。

四、未来预测

京东从"走地鸡"项目中获得的收益很难在短期内衡量，为了实现可持续的长期发展，京东正与政府和大学紧密合作，以此设定土鸡养殖和加工的农业标准。利用这些标准，地方组织将来应该能够将独立的农户拉入土鸡养殖和供应链中，而不需要再依赖于京东提供的资金、人力和社会资本。

目前，京东并没有从短期盈利能力的角度评估"走地鸡"计划的成功程度。像许多年轻的互联网企业一样，京东正在花费投资者的资金积攒市场实力和建立网络，并期望在将来将其货币化。2014年，京东在纽约纳斯达克交易所成功上市，再加上来自机构生态系统合作伙伴（主要是腾讯公司和沃尔玛）的持续投资，京东的市场份额和生态系统服务的规模得到不断扩张。京东自营的强大物流网络将帮助京东深入到中国不断增长的农村电子商务领域、扩大平台的活跃用户群、增加关键的销售量，以抵消平台较低的平均产品利润率。同时，高质量、可追溯的家禽来源将帮助京东占领不断增长的中国鲜肉市场。在2015年，鲜肉消费市场的规模已经达到1 591亿美元（约合10.1万亿人民币）；2010年以来，这个市场仍一直以每年6.5%的速度增长[9]。2017年，京东自有公司的在线鲜肉销售同比增长了780%，与整体市场的增长趋势保持一致。"走地鸡"扶贫计划，与实现京东致力于"成为全球最值得信赖的企业"这一愿景的整体推动之间，存在着互惠互利、相互促进的关系。

注释

1. http://corporate.jd.com/missionValues/.

2. "2016年中国零售市场报告"，德勤会计师事务所。

3. http://www.alizila.com/online-shopping-in-china-to-double-by-2020-goldman report/.

4. 使用2018年的1＝6.3美元的汇率计算，约为159亿美元。

5. Xiong, Nie, Bi, and Waqar（2017）.

6. 同第5条注释。

7. 大约等于13公顷或32英亩。

8. 按2018年的1＝6.3美元的汇率计算，该汇率为317—476美元。

9. http://www.agr.gc.ca/eng/industry-markets-and-trade/international-agri-food market-intelligence/asia/market-intelligence/sector-trend-analysis-pork-trends in-china/?id=1481126666257.

第三十一章
凯特·丝蓓公司：将社会目标整合到核心业务运营中 *

凯特·丝蓓公司的故事始于 1993 年，当时凯特·布罗斯纳安·丝蓓（Kate Brosnahan Spade）开始设计凯特·丝蓓公司的第一款手提包[1]，其设计和色彩缤纷的图案受到客户和时尚编辑的热烈欢迎。同名品牌得以于 1996 年在纽约市开设其第一家商店。在 2007 年被时尚集团丽诗卡邦（Liz Claiborne）收购后，凯特·丝蓓公司扩大了其产品组合，包括服装、珠宝、床上用品、香水、裤袜等。2017 年，凯特·丝蓓公司被 Tapestry 公司（原为美国集团 Coach）收购，现在是 Tapestry 奢侈品牌之家的下属公司，其设计的产品在全球 450 多个地方销售，在美国有 140 家零售店和折扣店，在全球总共有超过 175 家商店[2]。

2013 年，凯特·丝蓓创立了"社会宗旨"（On Purpose）项目，这是一个创新的商业方法，旨在将凯特·丝蓓对赋予女性权

---

* 本文作者是泰伦·博德（Taryn Bird）、艾达·哈茨克、凯特·罗尔、朱迪斯·C.斯托尔赫。

利的社会承诺融入其核心业务运营。通过"社会宗旨"的商业倡议，凯特·丝蓓出资在卢旺达建立了营利性社会企业 Abahizi Dushyigikirane（ADC）。

一、生态系统的痛点

在全球服装行业中，劳工权利已经成为一个越来越受到重视的问题。因此，道德时尚项目在全球的国际组织、人权和劳工权利活动家、各个国家的不同消费者群体中获得了大量关注。在成立项目之前，凯特·丝蓓很早就致力于为这一道德时尚运动做出贡献，将其社会影响战略的重点放在女性赋权上，同时与大型非营利组织结盟，并从非营利性组织采购，而这些非营利性组织又与冲突后国家的女性合作。然而，这个致力于为女性提供经济赋权的企业社会责任式项目在很大程度上失败了。女性从凯特·丝蓓处获得的支持，往往严重依赖于生态系统中另一个组织的能力，这使该项目成为一种非常不科学和在经济上不可持续的商业模式。

为了实现更持久和自我维持的商业模式，凯特·丝蓓决定将其重点从为每件产品捐款或与大型非营利组织合作的常见方式，转向社会企业的赋权模式。通过与卢旺达的女性企业家合作共建新的业务，凯特·丝蓓解决了全球服装业中女性群体的一个特殊痛点。

与许多饱受极度贫困之苦的国家一样，卢旺达的女性在获得更大的财务自主权和决策权方面面临许多障碍。她们通常缺乏经营企业所需的财务能力和领导能力，还受到其他问题的影响，如缺乏家庭支持和自信心不足等。卢旺达当地劳动力市场上的就业机会往往不适合这些女性，因为它们不允许女性身上的脆弱性存在，而当地的机构也缺乏足够的能力来解决这些问题。

二、商业策略

社会企业 ADC 是由凯特·丝蓓于 2013 年通过"社会宗旨"项目倡议建立的。ADC 公司在卢旺达的马索罗村起步,由其员工共同拥有,并由当地董事会管理。研究表明,通过创造责任感和让员工在企业中拥有个人利益、共同所有权等,能够带来积极的结果。因此,向女性转让所有权的目的是加强她们对企业的个人贡献,鼓励她们积极参与,并在经济上和情感上赋予她们权力,这二者具有同等重要性[3]。

ADC 公司的使命是为全球时装业生产高质量产品的同时,赋予女性权利,同时给她们的社区带来积极变化。虽然共同所有权在早期的能力建设中发挥了至关重要的作用,但该企业的目的是确保员工能够在未来吸引其他客户,并鼓励买方的多样化,作为"长期财务增长的可持续路径"。

凯特·丝蓓致力于为女性员工创造一个支持性的工作环境,并通过赋权和培训计划,投资于员工的福祉,解决当地女性员工的特殊需求。为了实现企业的可持续发展,并满足女性员工的相关需求,凯特·丝蓓与乔治敦大学开展合作,请乔治敦大学利用凯特·丝蓓的信息,评估哪些额外因素对卢旺达女性员工而言至关重要。双方在 2015—2016 年进行的合作研究中发现,提高女性的社会地位和整体地位将减少使女性容易受到外部冲击的因素,如身为单身母亲、遭受饥饿和疾病等。

服装供应链领域同时涉及了低级和高级的技能。低技能水平的企业执行简单的装配任务;而高层次的任务,如设计、生产计划和营销,通常在其他地方进行。在较先进市场的企业通常从事"一条龙"的商业活动;而在欠发达市场的企业可能只从事附加值较低的任务,如组装、缝制等。

第三十一章 凯特·丝蓓公司：将社会目标整合到核心业务运营中

因此，全球价值链（GVCs）的分工动态，在ADC的背景下发挥着重要作用。发展中国家利用价值链益处的能力往往取决于业务是发生在价值链的较高层还是较低层（即附加值的高低之分）[4]。而高端和非物质的生产活动，如后加工阶段的营销，可能发生在发达国家，欠发达经济体则往往从事低端和物质性的生产活动，产生较少的产品附加值，从而导致收入较低。全球服装供应商共同面临的挑战是如何将其活动沿着价值链向上推进，并将全球价值链的更多利益分配给贫困国家。

凯特·丝蓓的大多数供应商都是从事"一条龙"生产活动，因此，能够将ADC公司的手工艺人的地位提升到全球价值链的更高层次。为了实现从简单组装到更高附加值工艺的转变，ADC需要在培训和技能方面，付出额外的努力和投资。通过与跨国公司的直接互动，ADC能够让手工艺人了解物流、生产和人力资源等领域的最佳做法，进而推动她们的地位沿着价值链向上发展。

在合作项目中，凯特·丝蓓保留了其质量标准，并希望ADC生产的手袋能够满足品牌的期望，而ADC积极参与生产过程并提高技能，是满足这些标准的一种方法。

ADC公司一开始主要侧重于"切割和制造"供应商任务，根据客户的规格要求，使用买方提供的材料，制造手袋及其装饰产品。但整个生产过程的质量原则要求优质的皮革、织物、紧固件和其他部件的持续供应，但这些部件无法在非洲本土采购，因此需要从中国和韩国的供应商处进口。通过对ADC员工进行高质量的培训，这个合作项目也使卢旺达的手工艺人能为其他时装供应商生产产品，使这家社会企业具备更强的独立性和自给自足的能力。

中等奢侈品手袋的整个产品开发和生产周期，可能需要持续一年的时间。凯特·丝蓓让ADC员工参与设计过程，并向Masoro社区发送"技术包"（手袋的设计规格和说明），让工匠制作初始样品。

在对初始样品进行审查，确定其合格并批准生产之后，纽约的设计师就会发送最终的规格，ADC 就根据这些规格，制作最终的样品。最终样品获得质量认可后，凯特·丝蓓公司开始订购原材料，然后 ADC 开始批量生产。在收到最终样品约 5 个月后，手袋就可以出售了。

三、业绩表现

凯特·丝蓓的"社会宗旨"商业倡议，通过三种方式为创造人力资本做出贡献。第一个贡献是共同的所有权结构，它将企业的手工艺人确立为 ADC 公司的共同所有者，而凯特·丝蓓则扮演社会影响的投资者、客户和导师的角色。

第二个贡献是试图将女性的贡献转移到价值链上游，使她们在供应链中有可能获得更高的附加值和更高的收益。

第三个贡献是，凯特·丝蓓还确保女性赋权能够对本地的女性手工艺人的不同生活领域产生积极影响，在 Masoro 社区的更大范围内产生溢出效应，包括改善儿童教育和营养等。为此，乔治敦大学在 2016 年依据财务、经济、社会和心理方面的指标，对该项目的赋权成功程度进行了衡量。

（一）财务赋权

这个社会型项目给卢旺达女性群体在财务方面的赋权，以报酬和消费能力是否充足为依据进行评估。ADC 公司为手工艺人提供的最低工资远远高于私营部门的中位数工资，达到卢旺达平均报酬的 40%（见表 31.1）。

根据 Masoro 社区的整体生活水平，这个工资标准可以让一个成年人加上一个学龄儿童过上"体面的生活"，其中包括了储蓄能力。

表 31.1 ADC 薪资的比较分析

职业	净值（美元/月）
ADC 样品制作部组长	103
ADC 缝纫部助理组长	84
石工、管道工和电气工（建筑领域）	83
ADC 缝纫工	78
护士	76
ADC 工匠［基本（最低）工资］	72
小学教师	57
建筑工人	42
矿工（变动的计件率）	42
农业散工	28

资料来源：Soule，Tinsle 和 Rivoli（2017 年）。

正如凯特·丝蓓所希望的那样，其在"社会宗旨"项目中提供就业，增强女性群体的财务能力，显然给 Masoro 社区带来了积极的溢出效应，使女性能够为其家庭做出贡献。加强人力资本，以及强化援助机构的设计和建设，有助于促进较贫困社区的进一步发展。因此，在一个秉持了"社会宗旨"的供应商处获得就业的未来结果预计将体现为就业群体整体较高的受教育程度，以及女性社会参与度的全面提升，而不仅是在 ADC 工作的女性得到了发展和进步。

（二）社会和心理赋权

乔治敦大学的研究还发现，与 Masoro 社区的其他人相比，ADC 的工匠表现出更高的自信心水平，尤其在主观社会地位方面，与邻居和其他社区成员相比，她们认为自己的社会地位得到了积极的提升。研究人员使用麦克阿瑟主观社会地位量表（MacArthur Scale of Subjective Social Status）测试了 ADC 工匠和一组随机选择的当地社区成员（与 ADC 无关）。被选中的所有参与者都认为她们过去的社会地位非常低。然而，调查结果显示，工匠对她们目前和未来的社会地位的评价比社区其他成员高得多。

调查认为，ADC工匠与其他社区成员之间的差异，可能是因为几个主要的因素，其中最重要的是关怀式管理、学习和进步的机会，以及通过经济和社会赋权实现的自尊心提高。在卢旺达，进步和自我发展的机会，被认为是尤为重要的因素，与Masoro社区的其他女性相比，就职于ADC的女性在个人和家庭财务方面的决策自由也得到了改善。

最后，在全球市场上建立新的商业网络，并与凯特·丝蓓之外的全球买家供应链上的公司建立关系，被认为是ADC进一步赋予工匠社会权利的证明。

（三）商业表现

鉴于凯特·丝蓓的"社会宗旨"商业模式被专门设计为一个互惠性的合作项目，而不仅是一个社会影响项目，凯特·丝蓓也期望取得良好的商业业绩和实现ADC的自我可持续发展。而事实上，到2017年3月31日，ADC的生产就已经能够产生正的净收入结果。

在不影响质量和学习曲线的情况下，凯特·丝蓓已经提出，使ADC公司在全球市场上更具竞争力将成为其未来几年的一个高度发展的重点。凯特·丝蓓旨在通过适度增加员工人数来提高产量，从而实现价格竞争力等战略目标，并希望通过大量依靠增加工人经验和持续的员工培训来推动目标的实现。

四、未来预测

在过去的5年里，凯特·丝蓓为"社会宗旨"商业项目付出了大量的努力，但也得到了很多回报。由于时尚行业受到国际社会的强烈关注，不仅包括来自活动家和非营利组织的关注，还包括来自消费者的关注，因此，像卢旺达这样的互惠合作计划可以为时尚品牌带来宝贵的声誉效益。

ADC 已经克服了最初的挑战，取得了关键的里程碑式的成就，研究已经证明，它有能力进一步改善，并产生更大的积极溢出效应。这为其他企业的实践提供了经验教训，表明全面的人力资本评估可以在提升员工福利和工作绩效效率方面取得巨大成功。

在未来，凯特·丝蓓的目标是开展更进一步的完善工作，进一步推动 ADC 的增长和潜力。凯特·丝蓓确信，它能够把 ADC 的产量提高到在每个生产期产出 16 000 件手袋。同时，通过增加培训和提供更广泛的产品规模来减少成本。凯特·丝蓓的目标是实现 ADC 公司的财务可行性，并使该企业能够实现长期的自我维持和生存。ADC 具备一些明显的竞争优势，这将有助于未来目标的实现，首先，ADC 的工匠已经证明她们有能力在满足供应商的不同需求和偏好方面具备足够的灵活性和创新性；其次，与中国等其他服装制造国相比，卢旺达的劳动力成本仍然很低；最后，卢旺达的工匠拥有优秀的刺绣和缝纫技能（得益于当地文化），使卢旺达成为时尚供应商的强大人力基地。下一步，凯特·丝蓓将致力于改善 ADC 的客户群，以及推动 Tapestry 的另一个品牌在卢旺达的规模化生产。

注释

1. Kate Spade & Company 2018, http://www.katespade.co.uk/uk/about-us/page/ aboutus.

2. 同第 1 条注释。

3. http://www.katespade.co.uk/content/ebiz/shop/resources/images/additional-images/ 2018march/category-landing/onpurpose/impact_report_24.pdf.

4. Baldwin（2014）.

第三十二章
马恒达首选公司：协调二手车生态系统*

马恒达是一家成立于 1945 年的印度跨国公司，主营业务已从钢铁制造领域扩展到包括汽车制造在内的 20 个不同行业。马恒达的企业理念是：挑战传统思维、创新，以及为其利益相关者带来积极的变化。在 2011 年，这种方法通过一个新的品牌标志"崛起"（Rise）来传达，该标志旨在增强与马恒达有关的每个人的能力，无论是内部人员还是外部人员。

2008 年，马恒达涉足"售后市场"和二手车领域，推出马恒达首选品牌（MFC），以满足日益增长的二手车主群体的需求[1]。

在印度，购买二手车的主要考虑因素是服务成本和零部件的可用性。然而，尽管 2012 年印度的二手车市场的规模已经与新车市场相当，但只有 15% 的交易是在有序组织的引导下完成，再加上二手车市场的整合趋势，就为拥有资本和获得零部件渠道的可靠公司在二手车市场上发挥重要作用留下了机会了。[2]

鉴于大多数二手车交易都是非正式的，二手车领域呈现了无组

---

* 本文作者是本·杰克逊、吉纳维芙·乔伊（Genevieve Joy）。

织、分散、缺乏透明度和信任等显著特征，并在本质上存在着社会资本的缺失[3]。马恒达公司看到了一个新的商机，其意识到通过填补二手车市场的前述空白和创造激励机制，就可以使整个二手车交易市场正规化，进而发展出一个更有效的生态系统。马恒达可以利用自身值得信赖的品牌名称、金融资源和数据，来促进卖家和买家获取更换零件、服务维修以及关于汽车价值和历史的诸多信息[4]。

但仅凭一己之力，马恒达公司无法满足售后市场不断增长的需求。它需要利用其他利益相关者的资产、数据、经验和积极参与。马恒达相信，通过支持整个生态系统的发展，马恒达首选自身也可以成长。

一、生态系统的痛点

马恒达公司已经大致了解了印度二手车行业的瓶颈问题，但要解决这些问题，它需要了解不同利益相关者到底面临了哪些具体的问题。因此，它首先开始绘制利益相关者的地图，研究了二手车销售是如何发生的，以及是在谁之间发生的；然后扩大研究的范围，研究二手车交易的其他流程，包括维修、服务和融资。通过将二手车行业——而不是马恒达公司本身——置于核心地位，马恒达公司能够对更大的生态系统形成更清晰的认识。

在这个空间里，存在六个关键角色：消费者（买家）、消费者（卖家）、汽车制造商、独立的二手车经销商、独立的汽车维修厂和银行。然后，马恒达首选公司建立了客户档案，以了解瓶颈、痛点和真正的需求，并与相关各方共同制定解决方案。

（一）消费者（买家）

1. 公平的价格：有意向购买二手车的消费者很难知道他们为一

辆二手车支付的价格是否合理，尤其是在直接从卖家或独立经销商处购买二手车时。

2. 车况：买家可能很难知道二手车的使用历史，包括是否遭遇过事故和转手的次数等。

3. 相关法律文件的保障：买家没有任何参考系统确保直接卖家或独立经销商提供的文件是合法的。

4. 可靠而及时的服务：买家往往要等待很长时间才能获得维修二手车所需的配件，尤其是在印度的小城市里。

（二）消费者（卖家）

1. 公平的价格：二手车卖家要么不知道二手车的真正价值，要么缺乏支撑售价的数据，所以最终可能以低于实际价值的价格出售。

2. 以旧换新：卖家出售车辆的目标，往往是买更好的车，因此卖家面临与买家相同的问题。但他们往往计划通过出售旧车来购置新车，因此还需要处理一个额外的复杂问题。

（三）汽车制造商

1. 竞争：汽车制造商不得不与其他汽车制造商（包括马恒达在内）和多品牌连锁店竞争，后者可以提供更多种类的车辆和不同的价位选择。

2. 如何渗透到小城市：单一品牌的经销商和修理厂在小城市经营是不可行的，因为它们的消费群体较小且分散，但这些是重要的未饱和市场。

3. 如何应付印度竞争管理局的审查：该委员会旨在通过鼓励竞争和公平竞争来避免巨头企业对行业的垄断。因此，受欢迎的汽车制造商有时会面临来自印度竞争管理局的压力，他们被要求展示与其他品牌和竞争对手的合作。

（四）独立的二手车经销商

盈利性：独立的二手车经销商存在吸引客户并实现盈利方面的困难。

（五）独立的汽车维修厂

1. 零部件供应：品牌配件的供应受到限制，使这些维修厂难以按时提供服务，导致服务不达标。[5]

2. 技能差距：培训员工很耗时，尤其是在高流动率的情况下，这导致了员工的整体技术能力不高。

3. 员工流失率高：员工的工资普遍很低，所以公司的忠诚度很低。高流动率也加剧了培训方面的问题。

（六）银行

1. 转售价值：银行缺乏关于被收回的汽车历史和转售价值等方面的相关信息。这意味着银行需要承担的财务风险较高，导致以汽车为抵押品的贷款减少，并最终导致二手车交易总量减少。

2. 收回的汽车难以出售：银行担心收回的二手车会砸在手里，因为它们没有二手车销售的渠道。

（七）设计二手车交易的生态系统

由于缺乏信任、信息和透明度，印度二手车市场的运作并不理想，因此在开始设计解决方案时，前述各方的关注要点也成了马恒达首选公司的主要关注点。值得注意的是马恒达首选公司在内部专门设立一个小团队处理这些问题，而不是由母公司马恒达集团处理。这使马恒达首选公司能够采取更加创新和灵活的处理方法。作为一个独立的实体，马恒达首选公司发展了一种敏捷的创业文化，使其能够保持品牌的独立性并独自承担风险。

马恒达首选公司致力于通过解决未被满足的需求和痛点，将二手车交易生态系统中分散的部分专业化，并利用二手车领域其他参与者拥有的资产和交易，为整个生态系统增加价值。[6]

马恒达首选公司的二手车交易团队直接与不同的利益相关者合作，打造能够解决后者痛点的产品，然后进行测试和部署。最终，创造出的产品和服务将满足每个利益相关者的需求。这些创新中，有些是重叠的，或者需要创建额外的解决方案，因此也扩大了二手车交易生态系统的范围，包括以下几个方面。

- 第三方汽车检查服务：马恒达首选公司开发了一种标准化的检查服务，以大约10美元的价格查看二手汽车，并对车况进行评估。这对不确定二手车质量的消费者或必须出售被收回的二手车的银行来说特别有用[7]。然而，这项服务只有在大规模的情况下才具备效益，所以马恒达首选公司决定创建一个多品牌汽车经销商特许经营权，以推广二手车检查系统[8]。
- 多品牌汽车经销商特许经营：马恒达首选公司创建了一个特许经营模式，提供系统和服务，以换取特许权使用费。这些服务包括用于库存管理和客户关系管理（CRM）的IT系统、汽车检查服务、质量和流程支持、保修服务，以及马恒达品牌名称及其带来的营销和声誉[9]。
- 保修服务：通过IT系统收集的交易数据，马恒达首选公司能够为保修模式定价，并与经销商分享保修的收益[10]。
- 《印度二手车交易价格蓝皮书》（IBB）：马恒达首选公司获得的汽车交易和价格数据，也被用于制定二手车交易的价格基准，并创建了行业内第一份印度二手汽车估价指南[11]。

马恒达首选公司将《印度二手车交易价格蓝皮书》免费公开到网上，解决了买卖双方和银行家之间的公平定价问题。虽然该产品没有提供货币化标准，但它确实促进了更多二手车交易，这对生态系统的健康发展是有好处的[12]。

- B2B（企业对企业的）拍卖平台[13]：马恒达首选公司提供了一个在线拍卖平台，使银行可以将收回的汽车卖给经纪人，然后经纪人再将这些汽车的部件卖给企业。[14]
- 马恒达首选公司专营维修店：二手汽车客户有时候对他们在独立修车厂得到的服务水平不满意，所以马恒达首选公司创建了自己的维修服务车间。然而，它很快就了解到，问题不在于汽修厂的服务，而在于零部件的供应链。因此，马恒达首选公司关闭了新建的修理厂，转而专注于解决真正的问题（备件的供应链）[15]。
- 枢纽式和辐射型供应链布局：马恒达开发了软件，优化了印度全国各地的零部件供应和配送，并建立了小型供货枢纽[16]。如果这个体系被证明在马恒达的加盟商网络中运作良好，马恒达计划将其扩大到其他汽车制造商，以确保可靠的配件供应。但是，印度多数的汽车制造商对与竞争对手的合作犹豫不决，所以马恒达首选公司不得不主动推动与他们的合作[17]。
- 与汽车制造商合作：说服汽车制造商与马恒达首选公司合作的唯一方法是为他们解决一个痛点问题，或为制造商的流程增加价值。马恒达首选公司意识到，个体汽车销售者通常会寻求升级到更好的二手车或新车。因此，他们建议将卖家推荐给汽车制造商。马恒达首选公司还通过《印度二手车交易价格蓝皮书》提供了宝贵的定价知识，使制造商能够了解其他公司汽车的换购价值；通过自营的 B2B 拍卖平台，帮助其他汽车制造商销售这些汽车。此外，与马恒达首选公司的合作，帮助其他汽车制造商避免了竞争管理局的垄断质疑，因为他们显示了与其他公司合作以产生配件供应的实际行动[18]。

- 多品牌配件目录：马恒达首选公司向所有汽修厂提供了一份目录，提供了有关配件供应和可以使用的替代品的信息。这个系统从特许经营店的数据开始，然后通过众包的信息进行扩展[19]。
- 多品牌维修店的特许经营：在保障了配件供应渠道的基础上，马恒达首选公司为现有的独立维修厂提供了成为特许维修店的机会。在经历了汽车经销商的特许经营之后，马恒达首选公司对特许经营模式非常熟悉。此外，将修理厂作为运营生态系统的一部分，意味着它们可以有效执行汽车经销商销售的保证[20]。
- 二手车诊断和维修系统：马恒达首选公司开发了一个系统，引导汽车维修技师完成诊断过程，通过减少经验不足的员工的学习曲线，减轻了雇主的高额培训负担[21]。

二、未来预测

构建和协调二手车交易市场的生态系统，不存在可以照搬的模板或捷径，但马恒达首选公司提供了一些可以遵循的基本步骤。

1. 明确定义问题和目的。
2. 绘制利益相关者地图。
3. 确定利益相关者的痛点。
4. 制定解决方案，直接满足利益相关者的需求，发展二手车生态系统。

5. 试行解决方案，放弃失败的方案，并扩大成功方案的规模。

对失败的开放态度、灵活变更商业路线的能力，是确保马恒达首选公司取得成功的重要因素。马恒达首选公司的首席执行官纳根德拉·帕勒（Nagendra Palle）表示："马恒达首选公司的所有尝试中，70%都失败了，为此我们意识到，所有的尝试和赌注都必须经过周密的规划和斟酌。我们不是以共识为导向，而是以倾听为导向。"当马恒达首选公司看到其公司拥有的服务车间没有解决问题时，它关闭了这些车间，并转向一个新的解决方案，最终给出了一个能同时解决许多问题的解决方案，且还能改善生态系统中所有利益相关者的关系和信任程度。

作为一家大型成熟集团中的小型团队，马恒达首选公司有两个获益匪浅的方面：它有一个专门的团队，具有敏捷的创业心态，这是颠覆性创新的关键因素；而它的母公司让它在与合作伙伴打交道时，拥有强大的品牌声誉。小型创新团队可以创造出"行业第一"的产品；而制造商、经销商和银行也愿意测试这些产品，因为马恒达集团的企业声誉降低了可能产生的风险[22]。

在外界看来，马恒达首选公司创建一个多品牌的经销商和维修特许经营连锁店，与马恒达公司的经销商和维修厂竞争似乎有悖常理。免费出版的《印度二手车交易价格蓝皮书》也可能违背了商业利益，但生态系统建设方法的重要性就在于此。通过发展生态系统，提高信任度和效率，马恒达首选公司从这种增长中获得了巨大的利益，尽管它并没有从每一笔交易和连接中直接获得价值[23]。

作为一个生态系统的协调者，意味着金融交易不再是业务增长的唯一重点。相反，重点是促成——有时是控制——多种形式的资本与生态系统的交换和积累。马恒达首选公司对二手车交易生态系统的最大贡献,不是建立实体维修店,而是创建提供信息的系统和渠道,这反过来又促进了利益相关者之间的信任。生态系统的协调方法增加了经营的复杂性,但同时也推动了创新,为所有利益相关者共同提供了富有创造性和有成效的解决方案。

值得再次强调的是,我们从这个案例中得到了两个明显的经验教训:首先,通过向其他利益相关方开放自己的需求和能力,马恒达首选公司能够理解问题的现实,并由此获得从利益相关方角度解决这些问题的知识。其次,马恒达首选公司认识到,自身盈利的能力不仅是财务层面的,为所有利益相关者解决问题也意味着企业的成功,这是一种互惠互利的模式和心态。例如,以金融资本为重点的解决方案,是收购系统中的各种参与者直接控制这些活动,然后通过马恒达集团拥有的更广泛的体系在 IT 和银行业务中实现效率的提升。试图在一个存在重大问题的生态系统中有效地管理更多的业务,这不仅是一项成本高昂的尝试,还会造成巨大的持续成本和压力。相比之下,《印度二手车交易价格蓝皮书》这个旨在解决交易各方信任问题的方案很好地说明了生态系统的协调如何带来经济效益和社会价值。

尽管马恒达首选公司并没有将互惠经济的方法作为其商业方法的核心,但对于想要实施互惠经济的企业来说,马恒达首选公司的尝试,是一个值得分析和借鉴的示范。

注释

1. Das et al.(2015).马恒达的第一选择服务:创造一个价值主张。理查德·艾维商学院基金会。
2. 同第 1 条注释。
3. 采访马恒达的员工。
4. Das et al.(2015).

5. 同第 3 条注释。
6. Kyrtatou et al.（2015）. 商业模式、生态系统、数据和数字：来自宠物护理探路者之旅的关键见解。
7. 同第 3 条注释。
8. 负责任的商业论坛演示文稿。
9. 同第 8 条注释。
10. 同第 8 条注释。
11. Kyrtatou et al.（2015）.
12. 同第 8 条注释。
13. 同第 3 条注释。
14. 同第 8 条注释。
15. 同第 8 条注释。
16. 同第 3 条注释。
17. 同第 8 条注释。
18. 同第 8 条注释。
19. 同第 3 条注释。
20. 同第 8 条注释。
21. 同第 8 条注释。
22. 同第 3 条注释。
23. 同第 8 条注释。

第三十三章
诺和诺德公司：以生态系统的方法预防糖尿病*

诺和诺德是一家全球性的医疗保健公司，拥有 43 200 名员工，总部位于丹麦的巴格斯韦德。诺和诺德从事糖尿病预防和治疗已经有 90 多年，同时也为血友病、生长障碍、肥胖症和其他一些严重慢性疾病治疗提供服务和建议。诺和诺德在 5 个国家拥有战略生产基地，并在 80 个国家拥有合作伙伴或分支机构，生产的胰岛素约占世界总量的 50%，还生产多种品牌的药物，并在 1989 年合并后成为一家集团公司。诺和诺德也是欧洲制药工业和协会联合会（EFPIA）的成员。2018 年 10 月，诺和诺德被商业杂志《福布斯》评为企业责任感最强的全球企业第 5 名，是前 30 名中唯一的制药公司。

1 型糖尿病是一种终身性疾病，患者要依赖胰岛素治疗才能生存。1 型糖尿病的病因是患者身体无法产生胰岛素，进而导致葡萄糖留在血液中，而不是被细胞吸收。因此，1 型糖尿病患者需要确保每天接受胰岛素治疗。

2 型糖尿病是一种慢性疾病，又名非胰岛素依赖型糖尿病，其

---

* 本文作者是本·杰克逊、亚辛·埃尔·卡茨奇。

特点是人体自身不能制造足够的胰岛素，即控制血液中葡萄糖总量的荷尔蒙，或者能够产生胰岛素但细胞无法对其做出反应使胰岛素的效果大打折扣，这被称为"胰岛素抵抗"。2型糖尿病可能在几个月，甚至几年内持续发展。如果得到早期诊断，2型糖尿病可以通过饮食和运动来控制，但在仅靠饮食和运动不足以控制血糖水平的情况下，可能还需要服用药物作为辅助。最重要的是要接受糖尿病的筛查，并及早发现预警症状。如果你是中老年群体，存在超重情况，或有家族糖尿病史，则更有可能患上2型糖尿病。预警的信号包括极度口渴、多尿、疲倦、视力模糊和体重下降。2型糖尿病存在不同的发展阶段，如果仍处于前期，则血糖水平可以通过改变生活方式来控制，如更健康的均衡饮食，以及规律的体育活动。如果病情继续发展变得更加严重，医生可能会建议用药物来帮助控制血糖。

诺和诺德的经营范围涵盖了整个制药价值链，从创意探索和早期研究、扩大规模、临床测试和提交监管文件，到最终将新的创新药物和设备带给患者的整个流程。在从理念到药物成型的整个过程中，诺和诺德的目标是为科学家的发明创造完美的条件，使之成为现实。

一、生态系统的痛点

根据国际糖尿病联合会（International Diabetes Federation）在2017年的估计，全世界约有2.12亿人患有未经诊断的2型糖尿病。许多人在确诊时已经出现了并发症，包括对其腿脚、眼睛、肾脏和心脏造成损害。4/5的糖尿病患者生活在低收入和中等收入国家。在这些国家，许多患者无法获得糖尿病的治疗和护理，因为此类服务不存在，或者价格过于昂贵，患者无法负担。城市被广泛认为是与糖尿病作斗争的前线，因为 2/3 的糖尿病患者生活在城市地区。

虽然许多发展中国家正在加大对医疗保健投入的比例，但世界各地的城市人口正在迅速扩大，以至于卫生基础设施难以跟上。无序的城市扩张，也是城市居民贫困的一个主要原因。目前，全世界有 9 亿人生活在城市贫民窟。联合国估计，到 2030 年，大约 60% 的城市居民将在 18 岁以下。许多城市医院也变得拥挤不堪，因为病人意识到，只有在医院里才能够找到最好的医生，而医院拥有最前沿的研究和最先进的技术。但这也意味着初级保健被忽视了，这可能导致不规范、不安全和无效的私人医疗保健服务的产生。根据世界卫生组织（WHO）的数据，在一些非洲城市，公共初级保健几乎已经消失了。此外，城市也会影响人们的生活、旅行和饮食方式。所有这些因素，都会影响到城市居民的健康状态。

二、商业战略

诺和诺德的核心宗旨是推动可战胜糖尿病和其他慢性疾病的变革，其理念是"发现、开发和生产更好的生物药物，并让全世界的糖尿病患者都能获得这些药物"。然而，诺和诺德也认识到，要让糖尿病患者过上正常和健康的生活，需要的不仅是药物。当前，有 4.25 亿人——约占世界成年人口的 9%——患有糖尿病，其中大多数是 2 型糖尿病，这个数字在 2000 年以来已经翻了一番，预计到 2045 年，糖尿病患者数量将达到 6.29 亿。

在 2014 年，诺和诺德推出了"城市改变糖尿病"合作计划，以应对其所谓的"不可持续的，全球 2 型糖尿病的上升"。这个平台创建了一个公私合作关系，致力于汇集不同利益相关者和专业知识，找到共同的解决方案，解决一个复杂的公共卫生问题，即城市地区糖尿病患者人数的上升，此外，这项计划还创造并贡献了"城市糖尿病"这个术语。

在人们聚焦于糖尿病防治之际，这个举措的提出可谓恰逢其时。在诺和诺德提出这个举措的前一年，墨西哥城成为全球第一个对含糖饮料征税的城市。因为含糖饮料被认为是墨西哥肥胖症和糖尿病发病率居世界前列的一个重要诱因。诺和诺德希望通过与患者、政策制定者、医疗专业人员和非政府组织合作，降低城市地区的糖尿病风险，确保糖尿病患者更早得到诊断，并获得足够的护理，使他们的生活尽可能少受限制。这个项目有三个全球合作伙伴——哥本哈根斯泰诺糖尿病中心、伦敦大学学院、诺和诺德公司，它们与合作伙伴城市的100多个当地合作伙伴一起工作。

"城市改变糖尿病"合作计划，旨在将城市糖尿病置于全球卫生保健议程的首位。诺和诺德行动小组的经验表明，只有在医疗保健系统得到充分调动，并将特定疾病视为一个需要紧急处理的重要问题时，才有可能将其潜在的毁灭性影响控制到最小。诺和诺德行动小组估计，全球肥胖症比例必须减少25%才能将全球糖尿病发病的上升率控制在10%。

在构建未来的城市时，将城市糖尿病列入建设议程也同样至关重要：城市规划在落实健康改善举措方面，可以发挥关键作用。诺和诺德行动小组还为自己设定了一项挑战，即调查城市糖尿病负担的挑战、根源和风险因素，同时推动各个利益相关方采取行动，阻止糖尿病发病率的持续上升，并改善公民的群体健康状态。项目成立之后，哥本哈根、休斯敦、墨西哥城、上海和天津5个城市加入了计划，后来又新增了14个城市，包括约翰内斯堡、罗马、温哥华、厦门、杭州、北京、雅加达、布宜诺斯艾利斯、米兰、梅里达、马德里、莱斯特、鸟山和贝鲁特。

2014年以来,"城市改变糖尿病"合作计划采取了一种系统化的方法:先通过绘制伙伴城市的挑战地图,然后确定和试行实地行动方案,最后分享结论和成果来作为例证。诺和诺德将此称为"地图－分享－行动"框架。

地图:这部分进行的研究,能够帮助各个利益相关方采取全面和多学科的方法,解决城市中的糖尿病问题。它为各个利益相关方提供理解问题和采取行动方面的支持,同时通过同行评审的出版物、政策文件、研究工具及研究网络内的知识共享,来分享学习成果。

分享:这个城市合作的计划,旨在打破各自为政的局面,以便显著地提升效率和效益。城市政府(18%)、研究部门(22%)和地方非政府组织,如社区组织和病人组织(26%),是在城市层面参与"城市改变糖尿病"合作计划的主要部门。

行动:"城市改变糖尿病"合作计划的主要作用是促进、推动和加快糖尿病预防和管理领域的重大举措的落实。根据诺和诺德2014—2016年的影响审查结果,这个计划在6个城市发起了18个相关项目,其中大部分项目围绕着社区参与健康(30%)、促进健康的政策(38%)和加强卫生系统(27%)展开。

诺和诺德还牵头创建了一个"城市改变糖尿病"工具箱,使世界各地的城市能够创建一个应对糖尿病相关情况的行动计划。在这一方面,19个城市的合作伙伴正在通力协作,致力于提供新的知识和见解。

工具箱里提供的关键工具,包括糖尿病脆弱性评估。这个研究工具主要用于确定那些导致容易患上糖尿病的因素。此外还有糖尿病预测模型,旨在说明减少肥胖症的发病率将如何减少糖尿病的负担;城市糖尿病风险评估工具,主要用于确定一组参与者对健康和糖尿病的共同优先权和态度；最后是定量研究工具。这是一个框架，说明需要各个参与计划的城市消除哪些差距，才能确保每个糖尿病患者得到诊断和治疗，并实现更健康的结果。

在2015年底，诺和诺德与C40建立了以研究为基础的伙伴关系。C40是指城市气候领导小组（Cities Climate Leadership Group），汇集了全球超过85个最伟大的城市。

三、未来预测

2014—2016年，诺和诺德对2型糖尿病的风险因素进行了近三年的研究，尤其是社会文化方面的因素。在伦敦大学学院和哥本哈根Steno糖尿病中心的支持下，诺和诺德的影响评估小组进行了内部合作审查。这项审查包括对36个合作伙伴的访谈和外部进行的覆盖率趋势分析，并将分析的结果与蒙特雷、奥斯陆、杭州、北京、达拉斯和米兰等参照城市进行比较。这项评估衡量了"城市改变糖尿病"合作计划的好处和影响、价值驱动因素、挑战和对未来的想法。

评估发现，截至2016年底，墨西哥城、哥本哈根、休斯敦、天津、上海和罗马等地，共集体启动了18个糖尿病相关的项目或活动。虽然有几项倡议适用于一个以上的行动领域，但其发起的行动大多涉及社区参与健康（38%）、促进健康的政策（26%）和加强卫生系统（31%）。然而，影响评估的结果显示，截至2016年底，城市规划是全部行动领域中开展活动最少的领域（5%）。这个项目包含了下列举措。

- 在墨西哥城，这个项目的伙伴关系致力于通过在墨西哥城最贫穷的郊区Iztapalapa建立一个专门的糖尿病防治中心来解决问题。该中心每年可治疗 8 000 名糖尿病患者。
- 在哥本哈根,当地合作伙伴制定了一个同行方案,帮助"弱势"男性管理他们的健康,积极参与当地社区,并使他们有可能重新加入劳动力市场。诺和诺德计划在未来将这个方案纳入哥本哈根的健康促进和预防活动。
- 应世界卫生组织非传染性疾病全球协调机制的要求,世界经济论坛在其主办的利益相关者对话中,介绍了天津市"城市改变糖尿病"合作计划的实施情况和成果。

同时,"城市改变糖尿病"的合作伙伴还写了一封公开信,为城市健康敲响了警钟,这封信在第三届世界人居大会(Habitat III)之前,被刊登在《纽约时报》上。

评估发现,在展望未来和在谈到如何实现效益和影响时,"城市改变糖尿病"的合作伙伴列出了一系列与如何管理伙伴关系有关的主题,其中灵活性和开放性成了确保项目取得成功的关键驱动因素。

一些受访者主张对"城市改变糖尿病"合作伙伴的选择,以及对伙伴关系的管理采取更加标准化和系统化的方法,但大多数人认为不存在"放之四海而皆准"的方法。评估认为,人际关系是推动项目成功的重要因素,即使没有新的报告,合作伙伴之间的沟通与联系也能不断培养和加强合作伙伴关系,推进合作伙伴的活动。此外,最常提到的挑战是资源有限。

一些受访者呼吁,城市应该在现有和新出现的研究成果的基础上采取更多的实际行动,包括评估正在进行的干预措施,以及开发和衡量基于研究的干预措施的影响,以确定改善糖尿病预防和管理的最有效的方法。一些受访的合作伙伴提出,更有针对性的干预方法可能是使项目影响最大化的一种方式。

此类更有针对性的干预方法的例子，包括将计划干预措施针对特定的目标群体，如年轻人；围绕特定的挑战，如初级预防、筛查或改善已确诊糖尿病的患者的控制等。

大多数受访的利益相关者认为，有必要对项目的影响进行测量和评估。然而，对于如何测量，以及在什么水平上测量，受访者并没有提供统一的答案。虽然人们普遍认为，在城市层面衡量有针对性的干预措施的影响相对简单，但要了解和确定一揽子干预措施的影响，尤其是对城市和国家的影响，被认为是一个更艰巨的挑战。

一些人认为，衡量各城市卫生成果的变化是这项计划长期专注于推动变革的唯一途径，这就要求该计划采取统一和系统的方法衡量影响。

"城市改变糖尿病"合作计划在未来的一个关键主题，是加强合作和扩大伙伴关系。尽管一些合作伙伴担心关注新的城市会分散各方对持续研究和实施已启动地方行动的关注，但大多数人支持这个项目在国家和国际层面的扩展，以覆盖更多的城市。要做到这一点，关键就是要鼓励各个参与项目的城市增加和加强彼此的合作和分享最佳做法。

结　论*

---
* 本文作者是科林·迈耶、布鲁诺·罗奇。

本书旨在展示企业将自身的社会性宗旨付诸实践的可能性和实用性。本书提倡的一个概念是企业应该主动履行自身有益于社会的宗旨,而不是等着法律、法规或机构投资的变化来反推它来完成。本书特别强调的一个重点是企业可以从根本上改变自己的商业模式,从专注于追逐利润到将社会性宗旨放在核心地位。这并不意味着在正常商业活动的基础上,添加一点慈善的点缀,或将做善事视为慈善活动,用以弥补企业为了追逐利润而做下的肮脏事情。服务于社会的宗旨,要求企业转变思维,认识到企业存在的原因是"为有关人类和地球的问题,提供有利的解决方案",而不是"为了牟取利润,不惜给人类和地球制造问题"。

这是商业思维方式的一个深刻变革,与生产或"囤积贱卖"无关。它要求企业搞清楚自己致力于解决什么问题,为谁解决问题,(客户、员工、供应商、分销商、社区、环境和社会)如何解决问题,什么时候解决问题,为何自家公司特别适合解决这些问题等;它要求企业搞清楚不同利益相关方正面临的诸多问题的本质,以及解决这些问题需要什么;它要求企业与私营、公共和非营利部门的各种不同组织和个人建立强有力的伙伴关系,并知道需要用什么来促进彼此达成共同的目标和理解；它要求企业在人力、自然和社会，以及金融和物质资本等不同方面进行支出和投资；它还要求企业构建能够衡量不同类型资本的绩效指标，以掌握其关键绩效指标和数据。

最后，企业还需要一个全新的会计框架，适当承认人力、自然和社会资本的支出是投资，也是经常性支出，而此类非金融资本的维护类似物质资本的折旧要求。因此，构建互惠的损益表需要企业将支出重新归类为资本而不是当期成本，并为相关资本的维护预留适当的人力、资源和资金的储备。

本书不仅阐述了这种管理创新的原则和实践，而且还展示了来自不同行业、不同地区、不同发展阶段的企业是如何践行互惠经济原则的。因此，本书展示了将企业的社会性宗旨付诸实践所需的实践现实及概念性理论。

概念性理论之所以重要，是因为从利润生产，甚至商品和服务的生产，转向问题的解决，是企业在未来重建其在社会中应有的信誉和地位的一个手段。一旦人们——无论是顾客、消费者、雇员、供应商，还是社会——相信企业的存在是为了帮助自己解决问题，那么他们就会对这个企业产生信任，哪怕当前他们极不信任这个组织。这样一来，利润就从企业和社会之间冲突的根源转化为维持信任水平的手段，从而避免了企业对慈善事业或政府支持的依赖。

这种信任是企业和其投资者从这种互惠性的经营方式中获得互惠利益的基础。信任是企业最重要的一项资产，但在很大程度上被企业忽略。信任是企业赢得更高的客户忠诚度、更敬业的员工、更可靠的供应商，以及更有支持性的股东和社会的根源。因此，信任能够帮助企业创造更高的收入，更进一步降低成本，从而扩大利润的空间。但信任并不是来自企业对这些利润的追求，而是在企业将解决他人的问题内化为自身的经营宗旨，从而带来的一个附加效益。

虽然这本书有力地证明了企业转变其商业模式,以实现社会性宗旨的实际情况,但同时也揭示了在互惠性经济成为传统的、公认的准则之前,我们还有漫长的路要走。首先,书中报告的案例表明这些方法得到了各行各业的广泛采用,但在几乎所有的案例中,这些都是公司在部分业务领域,而不是全部业务中采用互惠互利的做法。即使在玛氏公司的案例中,我们也注意到围绕互惠含义本身的模糊性,其能够在业务的不同部门试验这一概念。然而,这也意味着在整个玛氏公司中,没有统一地采用互惠性原则。玛氏公司对互惠性的试验,是一系列有趣的试点项目,而不是整个玛氏公司的指导原则。

其次,虽然玛氏公司和其他公司被证明都能够采用互惠性经营原则,但在一个完全由私人家族拥有的公司中,比在暴露在资本市场和机构投资者要求下的公司中,互惠性原则的可行性要高很多。虽然国家的政策制定者越来越强调投资者对企业的互惠性管理,但企业仍然对其投资者和受益人负有主要责任,而这些投资者和受益人仍主要对财务回报及(通常是短期的)业绩衡量感兴趣。他们中只有少数例外会有兴趣进行社会性企业投资。因此,机构投资者持有的公司面临着优先考虑利润和短期回报的压力,这削弱了他们促进其他社会性或互惠性目标的能力。

再次,虽然法律总体上适当地考虑了董事对其利益相关者及股东的责任,但其出发点依然是企业为了实现股东的利益,而促进公司(长期)业绩的增长。换句话说,法律对企业的社会性宗旨和促进股东以外的其他各方利益的看法是外部的,而不是强调其内在的利益。这并不是企业围绕解决人类和地球问题的可行方案,以及重新制定企业宗旨的充分基础。

最后,人们通常从弗里德曼学说的角度看待企业的管理(游戏规则的制定和执行），即强调企业要让股东价值最大化。在公司履行公共职能的情况下，如作为公用事业或基础设施供应商提供商品和服务，企业的管理并不被视为确保企业的自身目标与公共利益相一致的工具。

　　因此，本书表明，在现行的所有权、法律和监管框架下，公司采用互惠原则是完全可行的，但在多大程度上可以做到互惠互利仍存在诸多限制。本书对这些广泛的政策问题，只做了简单的介绍，因为它们不是本书的重点。然而，这绝不应该削弱企业的决策者对改革必要性的认识。企业必须要从根本上转变商业思维，因为这既是解决世界各国面临的日益紧迫的社会、政治、环境和技术问题必需的转变，也是本书论述的出发点。

本书作者列表（第二部分）

博扬·安吉洛夫（Bojan Angelov） 在玛氏公司的内部智囊团玛氏智库指导企业文化实践和定性研究。在担任此职务之前，博扬是"两行一点"（two lines and a dot）的负责人和创始人。这是一家创新管理和服务设计工作室。他还曾是帕森斯设计学院（纽约）的兼职教授，以及纽约大学理工学院的讲师和研究员。博扬的研究课题包括企业文化、创新和设计管理及服务设计。博扬拥有纽约大学理工学院的技术管理博士学位，以及管理学硕士学位和电子工程硕士学位。

理查德·巴克（Richard Barker） 既是赛德商学院的会计学教授，也是牛津大学基督教堂的管理学导师。作为财务报告方面的专家，理查德是企业报告委员会（Corporate Reporting Council）的成员，这是英国会计准则的咨询委员会。他曾在国际会计准则委员会担任研究员。理查德在为阿斯利康制药公司工作时获得了会计师资格。他目前正在研究自然资本会计、企业可持续发展和监管"非财务"企业报告的体制结构等问题。他是可持续发展会计（A4S）的专家小组成员。

海伦·坎贝尔·皮克福德（Helen Campbell Pickford） 专门研究组织机构中的学习、最佳实践准则的发展、投资基金、跨国公司和发展中国家当地社区之间的关系，以及企业主导的社会干预的影响。她致力于从人种学角度理解人们和组织构建与分配知识及意义的方式，尤其是在政策制定方面。海伦的背景是发展和教育，她曾在斯里兰卡、肯尼亚、马来西亚、刚果和阿曼工作。她曾参与冲突后的社区教育工作，分析企业、非政府组织、社区利益相关者和政府在教育中的作用。

阿拉斯泰尔·科林-琼斯（Alastair Colin-Jones）于2016年加入玛氏智库，负责玛氏智库与全球各大学合作伙伴之间联合研究项目的日常管理。他为在大型企业内部实施供需双方的互惠经济提供支持。此前，他是赛德商学院斯科尔社会创业中心的知识经理。在此之前，他曾帮助在牛津创办了一家社会企业。阿拉斯泰尔以优秀毕业生的身份获得了牛津大学本科学位和研究生学位。

弗朗西斯科·科达罗（Francesco Cordaro）从玛氏公司内部智囊团玛氏智库创建开始，就参与了互惠经济的研究工作。在过去的12年中，他一直是非金融形式资本（自然资本、人力资本和社会资本）评估背后的指标模型设计师，这也是互惠经济基金会的核心。在此之前，弗朗西斯科在比利时和美国管理玛氏智库的数据分析实验室。在长达20年的任期内，他主导了玛氏公司的一系列研究项目，例如，分析应用于西非可可作物建模的天气预报；开发评估、预测和优化电视广告对销售和购买行为影响的关键指标；对来自广告曝光反应和认知过程的神经生理逻辑数据进行建模；应用实物期权方法，评估研发项目的风险和机会等。

阿兰·德杜瓦（Alain Desdoigts）既是巴黎第一大学索邦分校的经济学教授，也是巴黎第一大学发展研究学院的研究助理。德杜瓦在巴黎多芬大学获得金融学硕士学位，并在欧洲大学研究所（意大利佛罗伦萨）获得经济学博士学位。他的主要研究领域是经济增长和发展、国际经济学、制度和家庭农业等。他的著作包括在学术期刊（《国际经济评论》《非洲经济杂志》《经济增长杂志》《国际经济学杂志》等）上发表的文章，以及本书收录的文章。

凯瑟琳·多兰（Catherine Dolan）是伦敦大学亚非学院（SOAS）的人类学教员，在牛津大学的詹姆斯·马丁研究所和格林·坦普尔顿学院，以及皇家艺术、制造和商业协会（RSA）担任研究员。她的研究重点是市场和道德经济的交叉点，特别是企业如何通过"替代性"商业模式和市场形式来解决道德问题。在过去的 15 年里,她在 10 多个非洲国家,指导了有关食品、劳工、贫困和性别方面的道德资本主义的跨学科项目,重点是东非地区。她最近出版的书籍,包括与他人合著的《企业社会责任人类学》(The Anthropology of CSR)和《数字食品行动主义》(Digital Food Activism)。

罗伯特·G. 艾克尔斯(Robert G. Eccles)曾是哈佛商学院的终身教授,现在是牛津大学赛德商学院的管理实践客座教授。他是可持续发展会计标准委员会的创始主席、影响管理项目的顾问,以及斯德哥尔摩经济学院米斯特拉可持续市场中心的董事会成员。艾克尔斯是一个"资本市场活动家",致力于确保资本市场的发展,通过综合报告等机制支持可持续发展。他也是一个热爱举重的运动员。

亚辛·埃尔·卡茨奇(Yassine El Ouarzazi)具有工程教育背景。他在消费金融、汽车和快速消费品行业中,有 14 年的经验,并担任各种商业分析相关的职务。在转向商业模式创新研究之前,他曾在玛氏的循证营销项目中,以管理者的身份工作了 7 年。2014 年以来,他一直在开发和部署玛氏智库标志性的"互惠经济"流程,以帮助企业实现互惠的目标——从生态系统图谱到干预设计,再到衡量标准等。亚辛来自摩洛哥,于 2000 年毕业于巴黎矿业大学。他对技术和教育充满热情,并作为志愿者为 https://www.khanacademy.org 网站的法语翻译做出了贡献。

马塞尔·法夫尚(Marcel Fafchamps)既是弗里曼·斯波格利国际研究所的高级研究员,也是斯坦福大学经济系的教授。在加入弗里曼·斯波格利国际研究所之前,法夫尚曾担任牛津大学经济系的发展经济学教授。他还担任过非洲经济研究中心的副主任,之后又担任联合主任等职务。他的研究兴趣包括经济发展、市场机构和社会网络。他当前的研究重点是非洲和南亚的创业精神、要素市场和社会网络的效率。

贾斯特斯·冯·盖布勒(Justus von Geibler)是德国伍珀塔尔研究所可持续生产和消费部门创新实验室的共同负责人。在可持续发展评估和创新方面深耕20多年后，他具备了丰富的专业经验，他的研究重点是可持续发展标准、自然资源核算、公司和价值链的开放式创新及生活实验室。他拥有德国波鸿鲁尔大学的经济地理学博士学位、瑞典隆德大学的环境管理和政策硕士学位，以及德国哥廷根大学的森林科学文凭。他在几所大学里教授自然资源管理和可持续供应链管理，并撰写了几本书和100多份科学出版物。

保罗·吉尔伯特（Paul Gilbert）是一位人类学家，也是苏塞克斯大学全球研究学院的国际发展讲师。他的研究兴趣分为两个主要领域：私营部门机构、专业知识和资金在国际发展中的作用；以及围绕采掘业项目的环境正义、暴力和环境精神捍卫。他在孟加拉国、英国和南非进行了民族图形学研究，与杰西卡·斯克莱尔（Jessica Sklair）共同编辑了 Focaal 的《与全球精英的民族学交往：相互性、共谋性和批判性》特刊。

尼古拉斯·格拉迪（Nicolas Glady）既是计量经济学博士，也是巴黎高等经济商学院（ESSEC）的教授和执行副院长。他的研究论文发表在《管理科学》《国际营销研究杂志》和《服务研究杂志》等杂志上，以及《金融时报》《哈佛商业评论》《赫芬顿邮报》《世界报》《费加罗报》《回声报》和 Slate 等管理类杂志上。他为不同行业的公司提供有关这些主题的咨询，包括银行和保险、电信、快速消费品、分销、制药等。Poets&Quants 排名网站认为，他是世界上最杰出的40位40岁以下的B类学校教授之一。

安德里亚斯·G. F. 赫普纳（Andreas G. F. Hoepner）是一位金融数据科学家，致力于推动无冲突资本主义愿景的实现。尽管这是一个不太可能彻底实现的愿景，但安德里亚斯的观点是所有人都可以努力为减少滥用的利益冲突做出经常性的贡献，从而提高人类社会及其金融体系的公平性。安德里亚斯是都柏林大学学院（UCD）Michael Smurfit 商学院的操作风险、银行和金融的全职教授。自2018年6月起，安德里亚斯担任欧盟可持续金融技术专家组的成员。

杰伊·雅各布（Jay Jakub）是玛氏智库的一员。杰伊出生在新泽西州的拉威——这里是金融资本主义创始人米尔顿·弗里德曼的故乡。杰伊是玛氏智库的外部研究高级主管,并共同管理"互惠经济"计划。杰伊与妻子埃莱尼共同养育两个儿子。他在牛津大学圣约翰学院获得博士学位,他是《完成资本主义》(*Completing Capitalism*)的作者之一,并是《间谍与破坏者》的作者。

朱莉·克洛科斯塔(Julie Kolokotsa) 在华盛顿特区、布鲁塞尔和雅典等地从事公共政策工作超过25年的时间,是运动和非政府组织的组织者、可持续商业杂志的记者,以及客座和兼职讲师。她研究的课题包括与利益相关者一起创造可持续性的价值。她开发了关于企业宗旨明确的公司如何利用商业生态系统的协调来创造社会价值和股份持有人价值的研究。她在学术期刊上发表了关于政策制定的文章,并在杂志上发表了关于与利益相关者的可持续性的文章,她拥有政治/国际关系的本科学位、环境管理和可持续性的硕士学位,目前她正在攻读政治和政策制定的博士学位。

弗朗索瓦·劳伦(François Laurent) 是玛氏智库驻巴黎的高级研究员,他拥有工商管理硕士学位(法国北方高等商学院)。他在欧洲和非洲从事了7年的审计和咨询工作,然后成为玛氏和箭牌的财务总监,在不同的国家和地区工作了18年时间。他曾经在中东、中欧、东欧、西欧和亚太等区域担任财务副总裁,弗朗索瓦获得了在不同市场环境和文化环境下管理和发展业务的独特经验。他在国际会计标准、财务报告和审计方面也有丰富的经验。

李倩(Li Qian) 是卡迪夫大学卡迪夫商学院的可持续商业运营讲师和公共价值参与研究员。她曾在牛津大学赛德商学院的商业互助项目中担任博士后研究员。她当前的研究重点是环境、社会和治理领域的风险和股东价值之间的实证联系,非政府组织行动主义的影响,以及人力资本的驱动力。她的研究具有跨学科性质,涉及企业财务、战略管理、环境经济学和商业伦理学。她获得了雷丁大学国际资本市场协会中心的商业伦理和资产管理博士学位。

科林·迈耶（Colin Mayer）是牛津大学赛德商学院管理研究的教授。他是牛津大学瓦德姆学院的教授和副院长，牛津大学奥里尔学院和圣安学院的荣誉研究员，英国学院和欧洲公司治理研究所的研究员。他是英国政府自然资本委员会和牛津剧团董事会的成员。在 2017 年的新年荣誉中，他被授予大英帝国司令勋章（CBE），以表彰他在商业教育和经济领域做出的司法管理的贡献。他在 1986—2010 年担任 Oxera 有限公司的董事长，并协助将该公司建设成为现在欧洲最大的独立经济学咨询机构。他是能源建模公司 Aurora 能源研究有限公司的董事。他为世界各地的公司、政府、国际机构和监管机构提供咨询，并领导英国学院进行"企业的未来"的调查。他是《公司的承诺：解构信任危机，重塑社会信任》（*Firm Commitment: Why the Corporation Is Failing Us and How to Restore Trust in It*）的作者。

穆罕默德·梅基（Muhammad Meki）是牛津大学彭布罗克学院的博士后研究员。他在牛津大学圣约翰学院完成了经济学博士论文。在他的研究中，他对类似股权的金融合同的影响感兴趣，这些合同涉及收益和损失的分享和/或资产所有权的分享，对发展中国家的微型企业的投资和增长有重大意义。在进入学术界之前，他在金融市场工作了 5 年，分别在伦敦的美国银行和新加坡的德意志银行工作，从事政府债券、固定收入产品和外汇衍生品交易。

乔纳森·米基（Jonathan Michie）是牛津大学的创新和知识交流教授，牛津大学继续教育系的主任和凯洛格学院的院长，还是社会科学院的研究员。在 2008 年回到牛津之前，他曾在伯明翰大学商学院担任院长。在此之前，他在伦敦大学伯克贝克学院担任塞恩斯伯里管理系主席，并担任管理和组织心理学学院院长。更早之前，他曾是剑桥大学贾奇商学院的会计和财务讲师。

简·昂德鲁斯（Jan Ondrus）是信息系统专业的副教授，目前担任巴黎高等经济商业学院亚太学院的副院长。此外，他还是数字商业卓越中心的研究主任。他的研究兴趣包括数字商业模式和创新、数字平台和生态系统战略、移动支付和金融科技，以及IT战略。他还是《电子商务研究与应用》（ECRA）杂志的副编辑。近年来，他一直在夏威夷大学、成均馆大学、曼海姆大学、洛桑大学、凯斯西储大学、首尔国立大学和韩国发展研究所（KDI）担任访问学者。昂德鲁斯教授拥有瑞士洛桑高等商学院（洛桑大学）的信息系统学硕士和博士学位。

马丁·珀西（Martyn Percy）是英国圣公会的牧师和神学家。他自2014年10月起担任牛津大学基督教堂的院长，此前曾任牛津大学里彭学院（Ripon College Cuddesdon）的校长。珀西在神学和宗教学院任教，他也是伦敦大学国王学院的神学教育教授，曾担任伦敦大学海斯罗普学院的教授级研究员。他是索尔兹伯里大教堂的荣誉教士，也曾是谢菲尔德大教堂的荣誉教士，后来担任神学教士。他于2018年成为伦敦国王学院的研究员。

西蒙·奎恩（Simon Quinn）是一名发展经济学的研究者，他对企业的作用特别感兴趣。他目前在牛津大学经济系担任副教授，也是非洲经济研究中心的副主任。他是圣安东学院高级学院的成员。

苏哈尔·罗摩·墨菲（Sudhir Rama Murthy）是牛津大学赛德商学院的研究员。他也是斯克尔社会创业中心的早期职业研究员，以及牛津大学圣安东尼学院高级学院的成员。他的研究兴趣是可持续制造、循环经济和利益相关者管理。他是剑桥大学圣约翰学院曼莫汉·辛格博士奖学金的获得者，并拥有印度科学研究所的硕士学位。苏迪尔的研究动机是发展中国家的可持续工业化。

西尔万·雷米（Sylvain Remy）在欧洲和亚洲做了25年的经济和商业分析员、研究员、教师和管理顾问。他曾在巴黎为金融跨国公司担任信息系统管理顾问。后来，他被法国财政部派往首尔，担任经济分析员和贸易外交官。凭借丰富的商业和政府经验，他转向新加坡的高等教育，参与了应用和学术研究、课程设计和教学，以及围绕商业网络和负责任商业主题的课程开发和指导。他同时完成了关于创业地理学的博士论文。

布鲁诺·罗奇（Bruno Roche）是"互惠经济"的创始人和执行董事。他既是玛氏公司的前首席经济学家，也是玛氏智库的常务董事。2020年，玛氏公司认识到其重塑商业、金融和管理教育格局的潜力，并支持布鲁诺将互惠经济重新部署为一个结构独立的公共利益基金会，并设立了管理咨询部门，以确保互惠经济适用于玛氏公司之外的领域和行业。现在，他在瑞士日内瓦领导互惠经济学会，并得到玛氏公司主要合作伙伴的支持。他在牛津大学和中欧国际工商学院（上海）创建了互惠经济实验室。布鲁诺还在全球各个大学担任访问讲师，并担任世界经济论坛的专家。他的教育和学术研究兴趣是沿着应用数学的道路专攻国际经济与金融和管理科学。布鲁诺与杰伊·雅各布合著的《互惠资本主义：从治愈商业到治愈世界》已经出版了中英文版本（Berrett-Koehler 英文版，2017年；中信出版社中文版，2018年）。

凯特·罗尔（Kate Roll）是牛津大学的一名政治学家，专注于权力和脆弱性的研究。她有国际发展的背景，对包容性商业的挑战和伦理、私营部门的减贫方法，以及技术在这些领域日益增长的作用感兴趣。她曾在印度尼西亚、菲律宾和肯尼亚对"金字塔底层"发展项目进行实地研究。在赛德商学院，她为战略和创新课程做出贡献，并担任政治和管理方面的讲师。

克劳迪亚·西内克（Claudia Senik）是索邦大学和巴黎经济学院的经济学教授。她是 CEPREMAP 幸福观察站的联合主任，德国劳动研究所和法国大学研究所的成员。她曾在巴黎高等师范学院接受教育，并在法国社会科学高等研究院获得博士学位。她的主要研究领域是幸福经济学，对收入增长、收入分配和主观幸福感，以及工作中的幸福感之间的关系特别感兴趣。她还进行了一项关于性别差距的研究。她在权威期刊上发表了许多文章，还出版了几本书，如《幸福的经济，理想的共和国》（*L'économie du bonheur, la République des idées*）（苏伊尔出版社，2014年），以及《法国人的金钱和幸福观》（*Les Français, le bonheur et l'argent*）（ENS 出版社，2018年），合著者分别是扬·阿尔甘（Yann Algan）和伊丽莎白·比斯利（Elizabeth Beasley）。

朱迪斯·C.斯托尔赫（Judith C. Stroehle）是牛津大学赛德商学院的博士后研究员，她的研究主要集中在非财务衡量和会计，以及可持续投资和参与策略方面。朱迪斯拥有米兰大学的经济学和社会学博士学位，在德国在线创业领域拥有多年的行业工作经验，并担任过国际渠道营销的数据战略顾问。朱迪斯与多家非营利组织、公司和资产管理公司，就其非财务战略，以及报告和衡量实践进行合作。

本书作者列表（第三部分）

迈克·巴里，玛莎百货

亚力山德拉·贝莱比，贝勒探索者部门

泰伦·博德，凯特·丝蓓

海伦·坎贝尔·皮克福德，牛津大学

阿拉斯泰尔·科林-琼斯，玛氏智库

亚辛·埃尔·卡茨奇，玛氏智库

贾斯汀·艾斯塔尔·埃里斯，牛津大学

艾达·哈茨克，（原属）牛津大学

杰米·哈策尔，非凡巧克力

倪金华，京东

本·杰森，弗洛伊德通信集团

吉纳维芙·乔伊，牛津大学

莱昂内尔·卡里尔，玛氏智库

乔恩·邱，英特飞集团

路易斯·科赫，戴尔公司

休·洛克，小农联盟

亚历山大·麦基尔雷思，添柏岚

大卫·纳什，苏黎世基金会

白诗莉，中欧国际工商学院

汉娜·拉德万,(原属)玛氏智库

苏哈尔·罗摩·墨菲,牛津大学

斯蒂芬·罗伯特,戴尔集团

凯特·罗尔,牛津大学

让·玛丽·索尔维,苏威化工集团

卡洛琳·索尔兰,贝尔探索者部门

朱迪·C.斯托尔赫,牛津大学

米里亚姆·特纳,伦敦动物学会

维克拉姆·沃拉,Sabka 牙科诊所

迈克尔·沃什,苏威化工集团

刘晓文,京东集团

艾博·扎噶史蒂,蒙德拉贡联合公司

参考书目和拓展阅读
（此部分内容来自英文原书）

Addison, P. F. E., Bull, J. W., and Milner-Gulland, E. J. (2019). 'Using Conservation Science to Advance Corporate Biodiversity Accountability', *Conservation Biology* 32(2).

Adler, R., Mansi, M., Pandey, R., and Stringer, C. (2017). 'United Nations Decade on Biodiversity: A Study of the Reporting Practices of the Australian Mining Industry', *Accounting, Auditing & Accountability Journal* 30: 1711–45.

Adner, R. (2017). 'Ecosystem as Structure: An Actionable Construct for Strategy', *Journal of Management* 43(1): 39–58.

Arratia, Ramon (2014). 'The Environmental Footprint of Carpet Tile,' Cut the Fluff, 30 October, http://www.interfacecutthefluff.com/tag/carpet-tile-environmental-footprint/.

Austin, James E. and Seitanidi, M. May (2012a). 'Collaborative Value Creation: A Review of Partnering between Nonprofits and Businesses: Part I. Value Creation Spectrum and Collaboration Stages', *Nonprofit and Voluntary Sector Quarterly* 41(5): 726–58. https://doi.org/10.1177/0899764012450777.

Austin, James E. and Seitanidi, M. May (2012b). 'Collaborative Value Creation: A Review of Partnering Between Nonprofits and Businesses. Part 2: Partnership Processes and Outcomes', *Nonprofit and Voluntary Sector Quarterly* 41(6): 929–68. https://doi.org/10.1177/0899764012454685.

B20 Germany (2017). 'Shaping an Interconnected World Building Resilience—Improving Sustainability—Assuming Responsibility', B20 policy recommendations to the G20. Available at https://www.b20germany.org/fileadmin/user_upload/documents/B20/b20-summary-doc-en.pdf.

Badger, Stephen M., II. (2014). Editorial. *The Brewery*, January: 2–3.

Bajo, Claudia Sanchez and Roelants, Bruno (2011). *Capital and the Debt Trap: Learning from Cooperatives in Global Crisis*. London: Palgrave Macmillan.

Baldwin, Robert (2014). 'From Regulation To Behaviour Change', Modern Law Review 77(6), https://onlinelibrary.wiley.com/doi/abs/10.1111/1468-2230.12094.

Banerjee, A. V., and Duflo, E. (2011). *Poor Economics: A Radical Rethinking of the Way to Fight Global Poverty*. New York: Public Affairs.

Banerjee, A., Duflo, E., Glennerster, R., and Kinnan, C. (2015). 'The Miracle of Microfinance? Evidence from a Randomized Evaluation', *American Economic Journal: Applied Economics* 7(1), 22–53.

Banerjee, A., Karlan, D., and Zinman, J. (2015). 'Six Randomized Evaluations of Microcredit: Introduction and Further Steps', *American Economic Journal: Applied Economics* 7(1): 1–21.

Bandiera, Oriana, Barankay, Iwan and Rasul, Imran (2010). 'Social incentives in the workplace', *Review of Economic Studies* 77(2), 417–58.

Baker, C.R., Bettner, M. (1997). Interpretative and critical research in accounting: a commentary on its absence from mainstream accounting research. *Critic Perspect Accounting* 8(4): 293–310.

Barker, R. (2019). 'Corporate Natural Capital Accounting', *Oxford Review of Economic Policy* 35(1): 68–87.

Barker, R. and Mayer, C. (2017). 'How Should a "Sustainable Corporation" Account for Natural Capital?' Saïd Business School Working Paper 2017-15.

Bebbington, J., and Gray, R. (2001). 'An Account of Sustainability: Failure, Success and a Reconceptualization', *Critical Perspectives on Accounting* 12: 557–87.

Bebiak, J., Sarathy, V., Morawietz, M., and Gotpagar, J. (2017). '2017 Chemical Industry Trends: Delivering Profitable Growth in a Hypercompetitive, Low-Growth World', Strategy& and PwC, https://www.pwc.com.br/pt/assets/strategyand/2017-Chemicals-Industry-Trends.pdf.

Berry, W. (2003). *The Art of the Commonplace*, ed. Norman Wirzba. Washington DC: Counterpoint.

Bhalla, A., Jha, P., and Lampell, J. (2010). 'Model Growth: Do Employee-Owned Businesses Deliver Sustainable Performance?' Cass Business School, City University London.

Bhattacharya, C. B. (2016). 'How Companies Can Tap Sustainability to Motivate Staff', Knowledge@WhartonPartners, September. http://knowledge.wharton.upenn.edu/article/how-companies-tap-sustainability-to-motivate-staff/.

Bhimani, A. and Bromwhich, M. (2010). *Management Accounting: Retrospect and Prospect*. Kidlington: CIMA/Elsevier.

Birchall, Johnston and Hammond Ketilson, Lou (2009). 'Resilience of the Cooperative Business Model in Times of Crisis', International Labour Organization, Geneva.

Blundell-Wignall, A., Hu, Y., and Yermo, J. (2008). 'Sovereign Wealth and Pension Fund Issues', OECD Working Papers on Insurance and Private Pensions, No. 14, OECD Publishing.

Blundell-Wignall, A.Atkinson, P.E. (2008), 'The subprime crisis: causal distortions and regulatory reform', in Bloxham, P.Kent, C. (eds), *Lessons from the Financial Turmoil of 2007 and 2008*, Reserve Bank of Australia, July.

Boiral, O. (2016). 'Accounting for the Unaccountable: Biodiversity Reporting and Impression Management', *Journal of Business Ethics* 135: 751–68.

Boiral, O. and Heras-Saizarbitoria, I. (2017). 'Corporate Commitment to Biodiversity in Mining and Forestry: Identifying Drivers from GRI Reports', *Journal of Cleaner Production* 162: 153–61.

Bowles, S. and Gintis, H. (2002). 'Social Capital and Community Governance', *The Economic Journal* 112: F419-F436.

Brady, Arlo (2014). 'A Brief History of Business in Society: From Liturgies to Lehman Brothers', *The Brewery*, January: 4–6.

Burchell, S., Clubb, C., Hopwood, A., Hughes, J., and Nahapiet, J. (1980). 'The Roles of Accounting in Organizations and Society', *Accounting, Organizations and Society* 5(1): 5–21.

CBD (2017). Article 2: Use of Terms. Available at: https://www.cbd.int/convention/articles/default.shtml?a=cbd-02].

CDSB (2018). 'Uncharted Waters: How Can Companies Use Financial Accounting Standards to Deliver on the TCFD Recommendations?' London: Climate Disclosure Standards Board.

Chu, J., Fafchamps, M., and Jonason, D. (2018). 'The Importance of Just Process: Mutual Dissatisfaction between Managers and Workers in Foreign-Owned Companies', Stanford University Working Paper.

Circle Economy, PGGM, KPMG EBRD, and WBCSD (2018). 'Lineal Risks'. Online available at: https://www.wbcsd.org/Programs/Energy-Circular-Economy/Factor-10/Resources/Linear-Risks.

Clark, G. and Knight, E. R. W. (2010) 'Temptation and the Virtues of Long-Term Commitment: The Governance of Sovereign Wealth Fund Investment', *Asian Journal of International Law* 1(2). DOI: 10.2139/ssrn.1669281.

Clark, G. and Urwin, R. (2008) 'Best-Practice Pension Fund Governance', *Journal of Asset Management* 9(1): 2–21.

Crawford, Matthew (2009). *Shop Class as Soulcraft: An Inquiry into the Value of Work*. London: Penguin.

Davies, William and Michie, Jonathan (2012). 'Employee Ownership: Defusing the Business Succession Time-Bomb in Wales', The Wales Co-operative Centre, Cardiff.

Day, A. (2017). *The Religious Lives of Older Laywomen*. Oxford: Oxford University Press.

de Guzman, Nickky Faustine P. (2017). 'From Nets to Carpets and Cash', *Business World Online*, 9 August, http://www.bworldonline.com/content.php?section=Weekender&title=from-nets-to-carpets-and-cash&id=110335.

De Mel, S., Mckenzie, D., and Woodruff, C. (2008). 'Returns to Capital in Microenterprises: Evidence from a Field Experiment', *The Quarterly Journal of Economics* 123(4): 1329–72.

De Mel, S., Mckenzie, D., and Woodruff, C. (2010). 'Who Are the Microenterprise Owners? Evidence from Sri Lanka on Tokman v. de Soto'. In J. Lerner and A. Schoar, eds, *International Differences in Entrepreneurship*. Boston, MA: National Bureau of Economic Research.

Deegan, C. (2013). 'The Accountant Will Have a Central Role in Saving the Planet... Really? A Reflection on Green Accounting and Green Eyeshades Twenty Years Later', *Critical Perspectives on Accounting* 24: 448–58.

Deegan, C. (2014). 'An Overview of Legitimacy Theory as Applied within the Social and Environmental Accounting Literature'. In J. Bebbington, B. O'Dwyer, and J. Unerman, eds, *Sustainability Accounting and Accountability*. London: Routledge.

De Neve, E., Krekel, C., and Ward, G. (2019), 'Employee Wellbeing, Productivity and Firm Performance', Centre for Economic Performance Discussion Papers, DP1605, LSE.

Doh, J. and Guay, T. (2006). 'Corporate Social Responsibility, Public Policy, and NGO Activism in Europe and the United States: An Institutional-Stakeholder Perspective', *Journal of Management Studies* 43(1): 47–73.

Dolan, Catherine (nd). 'The Ambiguity of Mutuality: Discourse and Power in Corporate Value Regimes', unpublished manuscript.

Dowling, J. and Pfeffer, J. (1975). 'Organization Legitimacy: Social Values and Organizational Behaviour', *Pacific Sociological Review* 28(1): 122–36.

EU (2014). *Directive 2014/95/EU of the European Parliament and of the Council*. Brussels: European Union.

eftec, RSPB, and PwC (2015). 'Developing Corporate Natural Capital Accounts', Final Report for the Natural Capital Committee.

Eccles, R. G. and Krzus, M. P. (2010). *One Report: Integrated Reporting for a Sustainable Strategy*. New Jersey: Wiley & Sons, Inc.

Eccles, R. G. and Krzus, M. P. (2014). *The Integrated Reporting Movement: Meaning, Momentum, Motives, and Materiality*. New Jersey: Wiley & Sons, Inc.

Elkington, John (1998). 'Partnerships from Cannibals with Forks: The Triple Bottom Line of 21st-Century Business', *Environmental Quality Management* 8(1): 37–51.

Erdal, David (2011). *Beyond the Corporation: Humanity Working*. London: Penguin.

Errasti, Anjel, Bretos, Ignacio, and Nunez, Aitziber (2017). 'The Viability of Cooperatives: The Fall of the Mondragon Cooperative Fagor', *Review of Radical Political Economies* 49(2): 188.

EVPA (2019). *Practical Guide to Measuring and Managing Impact*. https://evpa.eu.com/knowledge-centre/publications/measuring-and-managing-impact-a-practical-guide

Fafchamps, M., Mckenzie, D., Quinn, D., and Woodruff, D. (2014). 'Microenterprise Growth and the Flypaper Effect: Evidence from a Randomized Experiment in Ghana', *Journal of Development Economics* 106: 211–26.

Fankhauser, Sam and Thomas K. J., eds, (2016). *The Economics of Climate-Resilient Development*. Cheltenham: Edward Elgar Publishing.

Field, E., Pande, R., Papp, J., and Rigol, N. (2013). 'Does the Classic Microfinance Model Discourage Entrepreneurship among the Poor? Experimental Evidence from India', *American Economic Review* 103(6): 2196–226.

Fischer, G. (2013). 'Contract Structure, Risk-Sharing, and Investment Choice', *Econometrica* 81(3): 883–939.

Flecha, Ramon and Ngai, Pun (2014). 'The Challenge for Mondragon: Searching for the Cooperative Values in Times of Internationalization', *Organization* 21(5).

Ford, Tamasin et al. (2014). 'The Cocoa Crisis: Why the World's Stash Is Melting Away', *The Guardian*, 21 November, https://www.theguardian.com/lifeandstyle/2014/nov/21/cocoa-crisis-world-chocolate-stash-melting-away.

Freiner, Linda (2016). 'Zurich: Changing Lives along Java's Bengawan Solo', Zurich Insurance Group, June, https://www.zurich.com/en/knowledge/articles/2016/06/changing-lives-along-javas-bengawan-solo.

Friedrichs, R. W. (1970). *A Sociology of Sociology*. New York: Free Press.

Frooman, J. and Murrell, A. (2005). 'Stakeholder Influence Strategies: The Roles of Structural and Demographic Determinants', *Business and Society* 44(1): 3–31.

GHG (2015). 'The Greenhouse Gas Protocol: A Corporate Accounting and Reporting Standard', revised edition. The Greenhouse Gas Protocol.

Gambhir, R. S. and Gupta, T. (2016). 'Need for Oral Health Policy in India', https://www.ncbi.nlm.nih.gov/pmc/articles/PMC4849117/

Gartenberg, C., Prat, A., and Serafeim, G. (2016). 'Corporate Purpose and Financial Performance', *Organization Science* 30: 1–18.

Geert Hofstede (2001). *Culture's Consequences Comparing Values, Behaviors, Institutions and Organizations Across Nations*. Tilburg University, Netherlands.

Geibler, J.V., Cordaro, F., Kennedy, K., Lettenmeier, M., and Roche, B. (2016). 'Integrating Resource Efficiency in Business Strategies: A Mixed-Method Approach for Environmental Life-Cycle Assessment in the Single-Serve Coffee Value Chain', *Journal of Cleaner Production* 115: 62–74.

Gerhardt, S. (2010). *The Selfish Society: How We All Forgot to Love One Another and Made Money Instead*. London: Simon & Schuster.

Gewirth, Alan (1978). 'The Golden Rule Rationalized', *Midwest Studies in Philosophy* 3: 133–47.

Gladwin, T. N., Kennelly, J. J., and Krause, T. S. (1995). 'Shifting Paradigms for Sustainable Development: Implications for Management Theory and Research', The Academy of Management Review 20(4): 874–907.

Glasbergen, Pieter (2007). 'Setting the Scene: The Partnership Paradigm in the Making'. In P. Glasbergen, F. Bierman, and A. P. J. Mol, eds, *Partnerships, Governance and Sustainable Development*. Cheltenham: Edward Elgar Publishing.

Global Reporting Initiative, 2016. GRI 101: Foundation. https://www.globalreporting.org/media/55yhvety/gri-101-foundation-2016.pdf?page=23

Goodman, J. C., Hebb, T., and Hoepner, A. G. F. (2014). 'Shareholder Dialogue behind the Scenes: Addressing the Bulk of the Iceberg', Proceedings of the 2014 Academy of Management Meeting, Philadelphia.

Googins, Bradley K. and Rochlin, Steven A. (2000). 'Creating the Partnership Society: Understanding the Rhetoric and Reality of Cross-Sectoral Partnerships', *Business and Society Review* 105(1): 127–44.

Granovetter, Mark (1985). 'Economic Action and Social Structure: The Problem of Embeddedness', *American Journal of Sociology* 91(3): 481–510.

Gray, R. (1992). 'Accounting and Environmentalism: An Exploration of the Challenge of Gently Accounting for Accountability, Transparency and Sustainability', *Accounting Organizations and Society* 17: 399–425.

Gray, R. (1994). 'Corporate Reporting for Sustainable Development: Accounting for Sustainability in 2000 AD', *Environmental Values* 3: 17–45.

Green, S. (2009). *Good Value: Reflections on Money, Morality an Uncertain World*. London: Allen Lane.

Greenovate Europe (2012). 'Guide to Resource Efficiency in Manufacturing: Experiences from Improving Resource Efficiency in Manufacturing Companies', https://www.greenovate-europe.eu/sites/default/files/publications/REMake_

Greenovate%21Europe%20-%20Guide%20to%20resource%20efficient%20manufacturing%20%282012%29.pdf.

Griffin, Dale and Tversky, Amos (1992). 'The Weighting of Evidence and the Determinants of Confidence', *Cognitive Psychology* 24: 411–35.

Gudeman, Stephen (2009). 'Necessity or Contingency: Mutuality and Market'. In C. Hann and K. Hart, eds, *Market and Society: The Great Transformation*. Cambridge: Cambridge University Press.

Guay, T., Doh, J., and Sinclair, G. (2004). 'Non-Governmental Organizations, Shareholder Activism, and Socially Responsible Investments: Ethical, Strategic, and Governance Implications', *Journal of Business Ethics* 52(1): 125–39.

Guesné, J.M. and Ménascé, D. (2014). "Sharing Cities: an innovative partnership between the Bel Group and street vendors," *Journal of Field Actions, Field Actions Science Reports*, Special Issue 12.

Gulati, R., Puranam, P., and Tushman, M. (2012). 'Meta-Organization Design: Rethinking Design in Interorganizational and Community Contexts', *Strategic Management Journal* 33(6): 571–86.

Gunter, G. and Matthias, M. (2015). 'Foundation-Owned Firms in Germany: A Field Experiment for Agency Theory', ZBW-Deutsche Zentralbibliotek für Wirtshaftswissenschaften, Leibniz-Informationszentrum Wirtschaft.

Hansmann, H. and Thomsen, S. (2013). 'Virtual Ownership and Managerial Distance: The Governance of Industrial Foundations', Copenhagen Business School Working Paper

Hare, D. (2009). *The Power of Yes*. London: Faber.

Hebb, T., Hoepner, A. G. F., Rodionova, T., and Sanchez, I. (2018). 'Power and Shareholder Saliency'. In Helen Borland, Adam Lindgreen, Joelle Vanhamme, Francois Maon, Veronique Ambrosini, Beatriz Palacios Florencio, eds, *Business Strategies for Sustainability: A Research Anthology*. London: Gower Publishers.

Helliwell, J. F., Huang, H. (2009). How's the Job? Well-Being and Social Capital in the Workplace. Industrial and Labor Relation Review 63(2), 205–27.

Helliwell, J. F. and Wang, S. (2011). Trust and Wellbeing. International Journal of Wellbeing, 1(1).

Helm, D. (2015). *Natural Capital*. New Haven, CT: Yale University Press.

Henderson, Rebecca and Norris, Michael (2015). '1worker1vote: MONDRAGON in the U.S.', *Harvard Business Review*, 28 February.

Hoepner, A. G. F., de Aguiar, T. R. S., and Majithia, R. (2013). 'The Level of Compliance with the International Code of Marketing of Breast-Milk Substitutes: Does It Matter to Stock Markets?' *Journal of Business Ethics* 119(3): 329–48.

Houston, Holly and Wyer, Terry (2012). 'Why Sustainable Cocoa Farming Matters for Rural Development,' Center for Strategic and International Studies, 6 September, https://www.csis.org/analysis/why-sustainable-cocoa-farming-matters-rural-development.

Hower, M. (2015). 'Dell Cuts E-Waste with Recycled Carbon Fiber', GreenBiz, 23 October, https://www.greenbiz.com/article/dell-cuts-e-waste-recycled-carbon-fiber

IPCC (International Panel On Climate Change: Geneva) (2018). 'Global Warming of 1.5°C'. An IPCC Special Report on the impacts of global warming of 1.5°C above pre-industrial levels and related global greenhouse gas emission pathways. Geneva: International Panel on Climate Change. https://www.ipcc.ch/sr15/.

Ivanova, M. (2016). 'Shareholder Activism and the Ethical Harnessing of Institutional Investors—The Unique Case of ShareAction Critical Perspectives on International Business', *Critical Perspectives on International Business* 12(2): 189–214.

Jackson, K. T. (2016). 'Economy of Mutuality: Merging Financial and Social Sustainability', *Journal of Business Ethics* 133(3): 499–517.

Jackson, Matthew O. (2009). *Social and Economic Networks*. Princeton, NJ: Princeton University Press.

Johnson, S. (2015). 'Here Be Modern Day Fossil Fuel Dragons', *Financial Times*, 5 February.

Kahneman, Daniel (2011). *Thinking Fast and Slow*. London: Penguin Books.

Karim, L. (2008). 'Demystifying Micro-Credit: The Grameen Bank, NGOs, and Neoliberalism in Bangladesh', *Cultural Dynamics* 20(1): 5–29.

Kasurinen, T. (2002). 'Exploring Management Accounting Change: The Case of Balanced Scorecard Implementation', *Management Accounting Research* 13: 323–43.

Kitsara, Irene (2014). 'E-Waste and Innovation: Unlocking Hidden Value', *Wipo Magazine*, June, http://www.wipo.int/wipo magazine/en/2014/03/article0001.html.

Kustin, Bridget, et al. (2018). '"Mutuality" through Time: Corporate Possibilities for New Economic Thinking', unpublished manuscript.

Lazonick, Willian and O'Sullivan, Mary (2000). 'Maximizing Shareholder Value', *Economy and Society* 29(1): 13–35.

Liedtke, C., Bienge, K., Wiesen, K., Teubler, J., Greiff, K., Lettenmeier, M., and Rohn, H. (2014). 'Resource Use in the Production and Consumption System: The MIPS Approach', *Resources* 3: 544–74.

Mcdonnell, M. and King, B. (2013). 'Keeping up Appearances: Reputational Threat and Impression Management after Social Movement Boycotts', *Administrative Science Quarterly* 58(3): 387–419.

Mace, G. (2019). 'The Ecology of Natural Capital Accounting', *Oxford Review of Economic Policy* 35(1): 54–67.

Mackey, J. and Sisodia, R. (2013). *Conscious Capitalism: Liberating the Heroic Spirit of Business*. United States: Harvard Business Review Press.

MacLeod, Greg (1997). *From Mondragon to America: Experiments in Community Economic Development*. Sydney, Nova Scotia: Cape Breton University Press.

Mars, Incorporated (2017). 'Who We Are: The Five Principles: Freedom', http://www.mars.com/global/about-us/five-principles/freedom.

Maslow, A. H. (1943). 'A Theory of Human Motivation', *Psychological Review*, 50(4), 370–96.

Masterman, M. (1970). 'The Nature of a Paradigm'. In I. Lakatos and A. Musgrave, eds, *Criticism and the Growth of Knowledge: Proceedings of the International*

Colloquium in the Philosophy of Science, London, 1965. Cambridge: Cambridge University Press.

Mayer, Colin (2013). *Firm Commitment.* Oxford: Oxford University Press.

Mayer, Colin (2015). 'The Meaning of Fair Return and Mutuality in Business', unpublished manuscript, Saïd Business School, University of Oxford, 4 June.

Mayer, Colin (2018). *Prosperity: Better Business Makes the Greater Good.* Oxford: Oxford University Press.

Mazzucato, M. (2018). *The Value of Everything: Making and Taking in the Global Economy.* London: Allen Lane/Penguin Random House.

Michie, Joznathan (2011). 'Promoting Corporate Diversity in the Financial Services Sector', *Policy Studies* 32(4): 309–23.

Michie, Jonathan (2017). 'The Importance of Ownership'. In J. Michie, J. Blasi, and C. Borzaga, eds, *The Oxford Handbook of Mutual, Co-operative, and Co-owned Business*, Oxford: Oxford University Press.

Michie, Jonathan and Oughton, Christine (2013). 'Measuring Diversity in Financial Services Markets: A Diversity Index', Working Paper 097_DP113, The Centre for Financial and Management Studies, The School of Oriental and African Studies, University of London.

Michie, Jonathan and Oughton, Christine (2014). 'Corporate Diversity in Financial Services: An Updated Diversity Index', Building Societies Association, London, https://www.bsa.org.uk/BSA/files/6b/6b587676-ebcb-41df-aa12-eb4f006b8ee7.pdf.

Milne, M. J. and Gray, R. (2013). 'W(h)ither Ecology? The TBL, the GRI, and the Institutionalisation of Corporate Sustainability Reporting', *Journal of Business Ethics* 118: 13–29.

Montgomery, R. (1996). 'Disciplining or Protecting the Poor? Avoiding the Social Costs of Peer Pressure in Micro-Credit Schemes', *Journal of International Development* 8(2): 289–305.

Monzón, Jose Luis and Chaves, Rafael (2017). 'Recent Evolutions of the Social Economy in the European Union', European Economic and Social Committee, European Union, Brussels.

NCC (2016). *Natural Capital Protocol.* London: Natural Capital Coalition.

Naranjo-Gil, D., Maas, V., and Hartman, F. G. H. (2009). 'How CFOs Determine Management Accounting Innovation: An Examination of Direct and Indirect Effects', *European Accounting Review* 18(4): 667–95.

Norton, B. G. (1991). *Toward Unity in Environmentalists.* New York: Oxford University Press.

Ostrom, E. and Ahn, T. K., eds (2003). *Foundations of Social Capital.* Cheltenham: Edward Elgar.

Ownership Commission (2012). 'Better Owned Firms Are the Key to Responsible Capitalism', Mutuo, London, http://www.mutuo.coop/ownershipcommission/.

Pendleton, Andrew (2001). 'Employee Share Ownership and Human Capital Development: Complementarity in Theory and Practice', *Economic and Industrial Democracy* 32(3): 439–57.

Pina-Cabral, João de (2013). 'The Two Faces of Mutuality: Contemporary Themes in Anthropology', *Anthropological Quarterly* 86(1): 257–75.

Platteau, Jean-Philippe (1994a). 'Behind the Market Stage Where Real Societies Exist: Part I—The Role of Public and Private Order Institutions', *Journal of Development Studies* 30(3): 533–77.

Platteau, Jean-Philippe (1994b). 'Behind the Market Stage Where Real Societies Exist: Part II—The Role of Moral Norms', *Journal of Development Studies* 30(4): 753–815.

Polanyi, Karl (1944). *The Great Transformation*. New York: Holt, Rinehart, and Winston.

Porter, Michael and Kramer, Mark (2011). 'Creating Shared Value', *Harvard Business Review* 89(1–2): 62–77.

Pounds, N. (2001). *The History of the English Parish Church*. Oxford: Oxford University Press.

Putnam, R. D. (2000). *Bowling Alone: The Collapse and Revival of American Community*. New York: Simon & Schuster.

RSPB (2018). 'Accounting for Nature: A Natural Capital Account of the RSPB's Estate in England', https://www.rspb.org.uk/globalassets/downloads/documents/positions/economics/accounting-for-nature.pdf.

Rabin, Matthew (2002). 'Inference by Believers in the Law of Small Numbers', *Quarterly Journal of Economics* 117: 775–816.

Rahman, A. (1999). 'Micro-Credit Initiatives for Equitable and Sustainable Development: Who Pays?' *World Development* 27(1): 67–82.

Rangan, S. (2015). *Performance and Progress: Essays on Capitalism, Business, and Society*. Oxford: Oxford University Press.

Rangan, S. (2018). *Capitalism beyond Mutuality? Perspectives Integrating Philosophy and Social Science*. Oxford: Oxford University Press.

Reed, B. (1978). *The Dynamics of Religion: Process and Movement in Christian Churches*. London: Darton, Longman & Todd.

Reid, E. and Toffel, M. (2009). 'Responding to Public and Private Politics: Corporate Disclosure of Climate Change Strategies', *Strategic Management Journal* 30(11): 1157–78.

Ritthoff, M., Rohn, H., and Liedtke, C. (2002). 'Calculating MIPS: Resource Productivity of Products and Services', Wuppertal Spezial 27e. Wuppertal Institute, Wuppertal.

Roche, B. and Jakub, J. (2017). *Completing Capitalism: Heal Business to Heal the World*. Oakland, CA: Berret-Koehler Inc.

Roelents, Bruno et al. (2012). 'The Resilience of the Cooperative Model: How Worker Cooperatives, Social Cooperatives, and Other Worker-Owned Enterprises Respond to the Crisis and its Consequences', CECOP—CICOPA The European Confederation of Cooperatives Industrial and Service Cooperatives, Brussels.

Roll, Kate and Dolan, Catherine (nd). 'Remote Engagement: Corporations, Risk, and Spanning the Institutional Voids at the Base of the Pyramid', unpublished manuscript.

Roland Benabou, Efe A. Ok (2001). 'Social Mobility and the Demand for Redistribution: The Poum Hypothesis', *The Quarterly Journal of Economics*, 116(2): 447–87.

Roodman, D. and Morduch, J. (2014). 'The Impact of Microcredit on the Poor in Bangladesh: Revisiting the Evidence', *Journal of Development Studies* 50(4): 583–604.

Rubin, James (2015). 'E-Waste: The Circular Economy's Achilles Heel,' *edie newsroom*, 26 June, https://www.edie.net/library/E-Waste-The-circular-economy-s-achilles-heel/6611.

Sainsbury, D. (2013). *Progressive Capitalism: How to Achieve Economic Growth, Liberty and Social Justice*. London: Biteback Publishing.

Saldinger, Adva (2014). 'Can (Ghana's) Cocoa Farmers Ever Emerge from Poverty?' *Devex*, 6 August, https://www.devex.com/news/can-ghana-s-cocoa-farmers-ever-emerge-from-poverty-83883.

Sandel, Michael (2012). *What Money Can't Buy*. London: Allen Lane.

Saurat, M. and Ritthoff, M. (2013). 'Calculating MIPS 2.0', *Resources* 2(4): 581–607.

Schein, Edgar (2010). *Organization Culture and Leadership*. San Francisco, CA: Jossey-Bass.

Schmidt-Bleek, F. (1994). *How Much Environment Do Humans Need? The Measure of Ecological Economies (Wieviel Umwelt braucht der Mensch? Das Maß für ökologisches Wirtschaften)* (in German). Berlin: Birkhäuser.

Schoar, A. (2010). 'The Divide between Subsistence and Transformational Entrepreneurship', *Innovation Policy and the Economy* 10(1): 57–81.

Selsky, John W. and Parker, Barbara (2005). 'Cross-Sector Partnerships to Address Social Issues: Challenges to Theory and Practice', *Journal of Management* 31 (6): 849–73.

Sennett, R. *Together: The Rituals, Pleasures and Politics of Cooperation* (London: Allen Lane, 2012)

Slavin, Terry and Ley, Rebecca (2017). 'Female Cocoa Farmers "Key to Divine Chocolate's Success,"' Ethical Corporation, 15 March, http://www.ethicalcorp.com/female-cocoa-farmers-key-divine-chocolates-success.

Soule, E., Tinsley, C., and Rivoli, P. (2017). 'A Social Enterprise Link in a Global Value Chain: Performance and Potential of a New Supplier Model', Georgetown University Women's Leadership Institute, Georgetown University, Washington, DC, http://womensleadershipinstitute.georgetown.domains/on-purpose-kate-spade/.

Stanley, Chris (2013). 'Topic Guide: Engaging Suppliers in Sustainability', Best Foot Forward, May, http://www.wrap.org.uk/sites/files/wrap/Engaging%20suppliers%20in%20sustainability%20Topic%20Guide%20-%20final%20v1.pdf.

Strong, M. (2009). *Be the Solution: How Entrepreneurs and Conscious Capitalist Can Solve All the World's Problems*. New Jersey: John Wiley & Sons.

Suchman, M. C. (1995). 'Managing Legitimacy: Strategic and Institutional Approaches', *Academy of Management Review* 20(3): 571–610.

Surminski, Swenja and Oramas-Dorta, Delioma (2013). 'Flood Insurance Schemes and Climate Adaptation in Developing Countries', *Journal of Disaster Rick Reduction* 7: 154–64, http://eprints.lse.ac.uk/66294/1/Binder1.pdf.

Tandon, S. (2004). 'Challenges to the Oral Health Workforce in India', *Journal of Dental Education* 68: 28–33.

Tanner, K. (2010). 'Is Capitalism a Belief System?' *Anglican Theological Review* 92(4): 617–35.

Thomsen, Steen and Rose, Caspar (2004). 'Foundation Ownership and Financial Performance: Do Companies Need Owners?' *European Journal of Law and Economics* 18(3): 343–64.

UN (2015). 'Transforming our World: The 2030 Agenda for Sustainable Development', http://www.un.org/ga/search/view_doc.asp?symbol=A/RES/70/1&Lang=E.

Vock, Marlene, van Dolen, Willemijn, and Kolk, Ans (2014). 'Micro-Level Interactions in Business–Nonprofit Partnerships', *Business & Society* 53(4): 517–50.

WEF (2018). *The Global Risks Report 2018*, 13th edition. Geneva: The World Economic Forum.

Wanyama, Frederick (2014). 'Cooperatives and the Sustainable Development Goals: a contribution to the post-2015 development debate,' International Labour Organization, Geneva.

Williams, R. (2012). 'From Faust to Frankenstein: Markets Alone Should Not Determine our Conception of What Is Desirable', *Prospect* (23 April): 75.

Williams, Sandra L. (2011). 'Engaging Values in International Business Practice', *Business Horizons* 54: 315–24.

Williamson, O. E. (1991). 'Comparative Economic Organization: The Analysis of Discrete Structural Alternatives', *Administrative Science Quarterly* 36(2): 269–96.

Wilson, E. O. (2016). *Half-Earth: Our Planet's Fight for Life*. New York: Liveright Publishing Corporation.

Winderl, Thomas (2014). 'Disaster Resilience Measurements: Taking Stock of Ongoing Efforts in Developing systems for Measuring Resilience', United Nations Development Programme, February, http://www.preventionweb.net/files/37916_disasterresiliencemeasurementsundpt.pdf.

World Wild Life Fund (2018). Living Planet Report. https://www.worldwildlife.org/pages/living-planet-report-2018.

Xiong, Xue, Nie, Fengying, Bi, Jieying, and Waqar, Muhammad (2017). 'The Research on the Path of Poverty Alleviation of E-Commerce: A Case Study of Jing Dong', *Journal of Simulation* 5(2).